A TOLICE DA INTELIGÊNCIA BRASILEIRA

JESSÉ SOUZA

A TOLICE DA INTELIGÊNCIA BRASILEIRA

Ou como o país se deixa manipular pela elite

2ª edição

LeYa

Preparação de texto
FERNANDA MELLO

Revisão de texto
MAITÊ ZICKUHR

Diagramação
ESTÚDIO ASTERISCOS

Capa
ANGELO ALLEVATO BOTTINO

Dados Internacionais de Catalogação na Publicação (CIP)
Angélica Ilacqua CRB-8/7057

Souza, Jessé
A tolice da inteligência brasileira: ou como o país se deixa manipular pela elite / Jessé Souza. – 2.ed. – Rio de Janeiro: LeYa, 2018.
272 p.

ISBN 978-85-441-0730-0

1. Ciência política 2. Economia – Brasil 3. Brasil – Política e governo I. Título

CDD 320

Índice para catálogo sistemático:
1. Ciência política

EDITORA CASA DA PALAVRA
Av. Calógeras, 6 | sala 701
20030-070 – Rio de Janeiro – RJ
www.leya.com.br

Para Matias

Para o Tuca
com todo
meu amor.

João Pessoa, 19/12/2018.

SUMÁRIO

PARTE IV
CONCLUSÕES: PARA ENTENDER A CRISE ATUAL

PREFÁCIO

A realidade social não é visível a olho nu, o que significa que o mundo social não é transparente aos nossos olhos. Afinal, não são apenas os músculos dos olhos que nos permitem ver, existem ideias dominantes, compartilhadas e repetidas por quase todos, que, na verdade, "selecionam" e "distorcem" o que os olhos veem, e "escondem" o que não deve ser visto. O leitor pode se perguntar: mas por que alguém faria isso? Por que existiria o interesse em esconder, distorcer ou, como dizemos na vida cotidiana, o interesse em "mentir" sobre como o mundo social realmente é? Ora, como diria o insuspeito Max Weber, os ricos e felizes, em todas as épocas e em todos os lugares, não querem apenas ser ricos e felizes. Querem saber que têm "direito" à riqueza e felicidade. Isso significa que o privilégio – mesmo o flagrantemente injusto, como o que se transmite por herança – necessita ser "legitimado", ou seja, aceito mesmo por aqueles que foram excluídos de todos os privilégios.

Nas sociedades do passado o privilégio era aberto e religiosamente motivado: alguns tinham "sangue azul" por decisão supostamente divina, o que os legitimava terem acesso a todos os bens e recursos escassos. A sociedade moderna, no entanto, diz de si mesma que superou todos os privilégios injustos. Isso significa que os privilégios injustos de hoje não podem "aparecer" como privilégio, mas sim como, por exemplo, "mérito pessoal" de indivíduos mais capazes, sendo, portanto, supostamente justificável e merecido.

É isso que faz com que o mundo social seja sistematicamente distorcido e falseado. Todos os privilégios e interesses que estão ganhando dependem do sucesso da distorção e do falseamento do mundo social para continuarem a se reproduzir indefinidamente. A reprodução de todos os privilégios injustos no tempo depende do "convencimento", e não da "violência". Melhor dizendo, essa reprodução depende de uma "violência simbólica",* perpetrada com o consentimento mudo dos excluídos dos privilégios, e não da "violência física". É por conta disso que os privilegiados são os donos dos jornais, das editoras, das universidades, das TVs e do que se decide nos tribunais e nos partidos políticos. Apenas dominando todas essas estruturas é que se pode monopolizar os recursos naturais que deveriam ser de todos, e explorar o trabalho da imensa maioria de não privilegiados sob a forma de taxa de lucro, juro, renda da terra ou aluguel.

A soma dessas rendas de capital no Brasil é monopolizada em grande parte pelo 1% mais rico da população. É o trabalho dos 99% restantes que se transfere em grande medida para o bolso do 1% mais rico. Este livro é uma reflexão acerca do que torna possível desigualdade tão abissal e concentração de renda tão grotesca em um país formalmente democrático como o Brasil de hoje.

A tese central deste livro é que tamanha "violência simbólica" só é possível pelo sequestro da "inteligência brasileira" para o serviço não da imensa maioria da população, mas do 1% mais rico, que monopoliza a parte do leão dos bens e recursos escassos. Esse serviço que a imensa maioria dos intelectuais brasileiros sempre prestou e ainda presta é o que possibilita a justificação, por exemplo, de que os problemas brasileiros não vêm da grotesca concentração da riqueza social em pouquíssimas mãos, mas sim da "corrupção apenas do Estado".

E isso leva a uma falsa oposição entre Estado demonizado e mercado – concentrado e superfaturado como é o mercado brasileiro –, como o reino da virtude e da eficiência. E em um contexto no qual não existe fortuna de brasileiro que não tenha sido construída à sombra de financiamentos e privilégios estatais nem corrupção estatal sistemática

---

* Esta é uma noção do sociólogo francês Pierre Bourdieu para se diferenciar da noção de "ideologia" em Marx e enfatizar o trabalho da dominação social como tendo seu núcleo na tentativa de fazer o dominado aceitar por "convencimento" as razões da própria dominação.

sem conivência e estímulo do mercado. E também em um cenário em que as classes sociais que mais apoiam essa bandeira como se fosse sua – os extratos conservadores da classe média tradicional e setores ascendentes da nova classe trabalhadora – são precisamente as classes que mais sofrem com os bens e serviços superfaturados e de qualidade duvidosa que o 1% mais rico vende a elas.*

Indivíduos e classes sociais inteiras têm que, efetivamente, ser feitos de "tolos" para que a reprodução de privilégios tão flagrantemente injustos seja eternizada. Daí ser fundamental compreender como intelectuais e especialistas distorcem o mundo para tornar todo tipo de privilégio injusto em privilégio merecido ou, na maior parte dos casos, privilégio invisível enquanto tal. Os poucos que controlam tudo precisam desses intelectuais e especialistas do mesmo modo que os coronéis de antigamente necessitavam de seu pequeno exército de cangaceiros. Eles são seu "exército de violência simbólica" assim como os coronéis do passado possuíam seu "exército de violência física".

Não basta aos endinheirados controlar todos os grandes jornais e redes de TV para legitimar seus próprios interesses. Hoje em dia esses interesses precisam ser "justificados" de modo que pareçam "razoáveis" a fim de "convencer" os que são feitos de tolos por essas falsas justificações. Os endinheirados e poderosos têm que ser inteligentes o bastante para criar uma "ciência para seus interesses", como de fato construíram no Brasil, o que, espero, demonstraremos neste livro para além de qualquer dúvida. Afinal, a "ciência" – e os cientistas e especialistas que a incorporam – é, atualmente, quem herda o "prestígio" das grandes religiões do passado e diz o que é certo e o que é errado. Não existe notícia em jornal ou TV que não necessite do "aval" de um especialista.

---

* Os serviços de telefonia celular no Brasil é um excelente exemplo que pode ser multiplicado para vários setores. Ramo privatizado no governo FHC em nome da "eficiência do mercado", apresenta uma das taxas de preço mais altas do mundo para um serviço de péssima qualidade e campeão de reclamações do PROCOM – em 2013, era um total de 172.000 reclamações. (Ver https://www.youtube.com/watch?v=PeBgppmiAKU). O mesmo acontece com o mercado automotivo: o preço que o brasileiro paga pelo automóvel chega a ser três vezes maior que nos outros países. (Ver http://www.noticiasautomotivas.com.br/lucro-brasil-faz-o-consumidor-pagar-o-carro-mais-caro-do-mundo/).

É por isso que este livro parte da crítica da ciência social conservadora imperante até hoje no Brasil como o fundamento último da dominação material e efetiva – que a grotesca divisão do PIB, ou seja, da riqueza social entre as pessoas, mostra tão bem – das classes do privilégio entre nós. A dominação social material e concreta de todos os dias só é efetiva e tende a se eternizar se é capaz de se "justificar" e convencer. E produzir "convencimento" é precisamente o trabalho dos intelectuais no mundo moderno, substituindo os padres e religiosos do passado.

A ação combinada do "culturalismo conservador" com o "economicismo", os dois pilares da "inteligência brasileira" que criticaremos neste livro, leva a um extremo empobrecimento do debate político nacional. É preciso sempre levar em conta que, na sociedade contemporânea, a legitimação da dominação social é realizada pela "ciência" de modo semelhante à maneira como as grandes religiões do passado faziam nas sociedades tradicionais. São sempre ideias de intelectuais e especialistas que estão na base de programas de partido político, de planejamento do Estado, do que se ensina em salas de aula, do que se decide em tribunais e daquilo que se publica em jornais. Como a genealogia das ideias dominantes não é realizada ou explicitada, temos a impressão de que as ideias "brotam" espontaneamente. Isso não é verdade. São ideias-força de intelectuais e especialistas que se conectam a "interesses poderosos" e logram se "institucionalizar" como leitura dominante de toda uma sociedade sobre si mesma.

Este livro é uma história das ideias dominantes do Brasil moderno e de sua institucionalização. Na verdade, tanto o culturalismo, com sua generalização da corrupção apenas do Estado como contraposta a um mercado supostamente virtuoso, quanto o economicismo, com sua leitura superficial e simplificadora da realidade, levam a um mesmo resultado. Essas duas leituras dominantes e complementares acarretam uma confusão das hierarquias a respeito das questões mais importantes da sociedade brasileira e uma superficialidade e fragmentação da própria percepção da realidade social.

Retira-se dos indivíduos a possibilidade de compreender a totalidade da sociedade e suas reais contradições e conflitos, os quais são substituídos por falsas questões. A fragmentação do conhecimento serve aos interesses dos que estão ganhando na sociedade, já que evitam sua mudança possível. A ação da mudança, a capacidade moral e política de escolher caminhos alternativos pela vontade de intervir no mundo, pressupõe "conhecimento do mundo" para não ser "escolha cega". É isso que faz com que todo conhecimento fragmentário e superficial seja necessariamente conservador. Ele ajuda a manter e justificar o que já existe. Mostraremos neste livro como essa justificação dos privilégios injustos se faz possível no Brasil pela continuação do culturalismo e do economicismo como leituras dominantes fragmentárias e superficiais de nossa realidade.

A "crítica das ideias" dominantes é a primeira trincheira de luta contra os "interesses dominantes" que se perpetuam por se travestirem de supostos interesses de todos. Esse é precisamente o nosso objetivo neste livro: apelar para a inteligência viva daqueles que foram feitos de tolos, ou seja, todos nós, vítimas de uma violência simbólica bem perpetrada. Nosso compromisso e desafio é fazê-lo de tal modo que qualquer leitor de boa vontade – que ama a verdade e percebe o esforço que sua conquista envolve – possa compreendê-lo. Ainda que a desconstrução do senso comum seja um desafio não só cognitivo, mas também emotivo – afinal, são visões de mundo que nos acostumamos a perceber como "nossas" –, nosso empenho foi eliminar do texto todo e qualquer vocabulário "técnico" dispensável. Normalmente a linguagem técnica dos especialistas só serve para criar um abismo entre estes e leigos, para proteger e "distinguir" o especialista dentro de uma linguagem hermética para iniciados e permitir o uso do conhecimento como mero "fetiche" do mesmo modo que se utiliza o dinheiro na vida social: para "comprar" reconhecimento e legitimar privilégios.

Nosso esforço, ao contrário, foi utilizar o conhecimento como "arma de combate", para rearmar o cidadão que foi destituído das precondições para entender seu cotidiano e as lutas sociais, nas quais se encontra inserido sem o saber, para torná-lo sujeito de seu destino. O pressuposto é que as pessoas que foram feitas de "tolas" podem ser tão inteligentes na política quanto o são nas outras esferas da vida cotidiana e estão aptas a recuperar o que lhes foi tomado: a capacidade de refletir e julgar com autonomia e independência.

PARTE I

CAPÍTULO 1

A falsa ciência

Max Weber e o Brasil: ou como o "racismo científico" da sociologia moderna é "engolido" e transformado em pensamento social brasileiro.

Os seres humanos são animais que se interpretam.[1] Isso significa que não existe "comportamento automático", este é sempre influenciado por uma "forma específica de interpretar e compreender a vida". Essas interpretações que guiam nossas escolhas na vida foram obras de profetas religiosos no passado. Nos últimos duzentos anos essas interpretações, que explicam o mundo e nos dizem como devemos agir nele, foram obras de intelectuais seculares. O mais importante desses intelectuais no Ocidente moderno foi – juntamente com Karl Marx – o sociólogo alemão Max Weber. Afinal, foi da pena de Weber que se originou a forma predominante como todo o Ocidente moderno se autointerpreta e se legitima. As ideias dominantes que circulam na imprensa, nas salas de aula, nas discussões parlamentares, nas conversas de botequim – em todo lugar – são sempre formas mais simplificadas de ideias produzidas por grandes pensadores.

Daí a importância de recuperar o sentido original dessas ideias que são tão relevantes para nossas vidas ainda que, normalmente, não nos demos conta disso. Afinal, a ciência herda o prestígio da religião no contexto pré-moderno e assume, em boa parte, pelo menos, o papel de explicar o mundo moderno. Não existe tema que seja discutido na esfera pública de qualquer sociedade moderna que não invoque a "palavra do especialista" que fala pela ciência. Assim, o potencial da ciência de produzir efetivo aprendizado individual e coletivo está ligado e muitas vezes decisivamente condicionado, por força de seu prestígio público, a servir de instância legitimadora e primeira e decisiva trincheira da luta social e política pela definição legítima de "boa vida" e "sociedade justa". Em outras palavras: não existe ordem social moderna sem uma legitimação pretensamente científica desta mesma ordem.

Talvez o uso de Max Weber e sua obra seja um dos exemplos mais significativos do caráter bifronte da ciência: tanto como mecanismo de esclarecimento do mundo quanto como mecanismo de encobrimento das relações de poder que permitem a reprodução de privilégios injustos de toda espécie. É um atestado da singular posição que Weber ocupa no horizonte das ciências sociais perceber que, precisamente por ter captado a "ambiguidade constitutiva" do racionalismo singular ao Ocidente,* ele tenha formulado os dois diagnósticos da época mais importantes para a autocompreensão do Ocidente até nossos dias: uma concepção liberal, afirmativa e triunfalista do racionalismo ocidental; e uma concepção crítica extremamente influente desse mesmo racionalismo, que procura mostrar sua superficial e unidimensionalidade.

Para a versão liberal e afirmativa, Weber fornece, por um lado, sua análise da "revolução simbólica" do protestantismo ascético; para ele, a efetiva revolução moderna, na medida em que transformou a "consciência" dos indivíduos e, a partir daí, a realidade externa, é a figura do protestante ascético, que com vontade férrea e armas da disciplina e do autocontrole cria o fundamento histórico para a noção do "sujeito moderno". É esta ideia que gera a noção moderna de "personalidade" enquanto entidade percebida como um todo unitário com fins e motivos conscientes e refletidos. Essa ideia é o fundamento da noção de "liberalismo moderno", uma espécie de "religião secular" da época,

* A palavra "racionalismo" para Weber significa a forma como determinada formação cultural percebe e avalia o mundo em todas as suas dimensões. Ver, sobre o tema, Souza, Jessé. *Patologias da modernidade: um diálogo entre Weber e Habermas*. São Paulo: Annablume, 1997 e, também, Schluchter, Wolfgang. *Die Entwicklung des okzidentalen Rationalismus*. Tubinga: J.C.B. Mohr, 1979.

sendo a base de toda a ética e toda a lógica, seja na dimensão institucional, seja na individual.

A grande maioria das versões apologéticas do "sujeito liberal" nutre-se com fundamento empírico na história da pujança econômica e política norte-americana, em maior ou menor grau, na figura do pioneiro protestante weberiano. Além disso, por outro lado, é Weber quem reconstrói sistematicamente a lógica de funcionamento tanto do mercado competitivo capitalista quanto do Estado racional centralizado, de modo a percebê-los como instituições cuja eficiência e "racionalidade" não teriam comparação. Ainda que a perspectiva liberal apologética se restrinja ao elogio do mercado, confluem, aqui, os aspectos subjetivos e objetivos (institucionais) que fundamentam, de modo convincente, a afirmação do "dado", ou seja, do mundo como ele é.

Mas Weber, e nisso reside sua influência e atualidade extraordinárias, também compreendia, no entanto, o lado sombrio do racionalismo ocidental. Se o pioneiro protestante ainda possuía perspectivas éticas na sua conduta, seu "filho" e, muito especialmente, seu "neto", habitante do mundo secularizado, são percebidos por Weber de modo bastante diferente. Para descrevê-los, Weber utiliza dois "tipos ideais", ou seja, modelos abstratos – neste caso, modelos abstratos de condução de vida individual, os quais se encontram sempre misturados em proporções diversas na realidade empírica concreta. Esses "tipos ideais" que explicam o indivíduo típico moderno para Weber são, por um lado, o "especialista sem espírito", que tudo conhece sobre seu pequeno mundo de atividade e nada sabe (nem quer saber) acerca de contextos mais amplos que determinam seu pequeno mundo, e, por outro, o "homem do prazer sem coração", que tende a amesquinhar seu mundo sentimental e emotivo à busca de prazeres momentâneos e imediatos.[2]

Se a primeira leitura fornece o estofo para a apologia liberal do mercado e do sujeito percebido como independente da sociedade e de valores supraindividuais, a segunda marcou profundamente toda a reflexão crítica da sociedade moderna até nossos dias. A percepção do indivíduo moderno como suporte das ilusões da independência absoluta e da própria perfeição narcísica (quando, na verdade, realiza sem saber todas as virtualidades de uma razão instrumental que termina em consumismo e conformismo político) está na base de grande parte das vertentes críticas mais influentes do século XX.*

Neste primeiro capítulo, nosso interesse é examinar de perto o elemento apologético e o uso do prestígio científico weberiano para a afirmação de uma visão distorcida, conformista e superficial da realidade. Minha tese é a de que a própria construção de uma oposição substancial entre sociedades avançadas do centro – Europa ocidental e Estados Unidos – e sociedades atrasadas da periferia – por exemplo, as sociedades latino-americanas – foi feita, pelo menos na versão mais "moderna" e "culturalista", em grande medida com base nas categorias weberianas.

Nesse sentido, as categorias científicas são utilizadas "por debaixo do pano", ou seja, sem que seu real caráter fique efetivamente explícito, como justificação de uma violência simbólica que, ao fim e ao cabo, funciona como uma espécie de "equivalente funcional" do racismo. Estou consciente de que a aproximação entre "racismo" e "ciência" provoca desagrado a certos espíritos delicados. Talvez o desagrado seja, como quase sempre, simplesmente o "sintoma" de um problema real. Afinal, para o mesmo Weber que estamos discutindo, os ricos e felizes não querem apenas ser ricos e felizes, mas também ter o "direito" de ser ricos e felizes. O aspecto que mais caracteriza Weber como pensador crítico é precisamente sua atenção aos processos que "legitimam" o poder social fático e o tornam "sagrado" – no contexto das grandes religiões analisadas por Weber – e "científico", ou seja, o equivalente a "sagrado" no mundo desencantado de hoje.

Assim, do mesmo modo que o "racismo científico", que possuía projeção internacional até a década de 1920, partia da superioridade "racial" dos povos brancos e de olhos azuis, a versão "culturalista" do racismo parte da superioridade de certo "estoque cultural" das sociedades do "Atlântico Norte" como fundamento da "superioridade" dessas

---

* De Georg Lukács até a escola de Frankfurt, passando por Jürgen Habermas e Pierre Bourdieu é difícil se pensar em um grande expoente da teoria social crítica não influenciado por Max Weber. Ver, acerca dessa influência, Habermas, Jürgen. *Die theorie des kommunikativen Handelns*. Vol. II. Berlim: Suhrkamp, 1986.

sociedades. Da mesma forma que no racismo de fundo "racial" é construída uma separação "ontológica" entre sociedades "qualitativamente distintas", nas quais as diferenças não são de "grau", ou seja, não são quantitativas, mas de "essência", implicando a noção de "sociedade superior" – assim como de "indivíduos superiores" que a compõem – no sentido moral do termo.

É preciso notar, especialmente para certo tipo de leitor que receia uma "extensão indevidamente polêmica" do conceito de racismo, que o "procedimento" (a distorção simplificadora da realidade) e o "efeito" (a construção de uma fronteira entre "gente" e "subgente" de modo "ontológico", funcionando como uma "pré-compreensão", uma dimensão não discutida, de grande parte dos conceitos e noções que utilizamos) são precisamente os mesmos do "racismo científico". Minha tese é, portanto, que a obra de Max Weber foi utilizada em sua versão apologética para conferir "prestígio científico" a uma visão de mundo atrelada a interesses particulares que se mascaram com a universidade e a neutralidade apanágio do prestígio científico. Isso fica claro quando o termo "universal" é atrelado às sociedades centrais, e o atributo de "particular" ou "regional" é reservado às sociedades periféricas. O objetivo deste texto é, nesse sentido, construir a categoria de "racismo culturalista" e demonstrar o caráter de violência simbólica desta visão científica hegemônica tanto no centro quanto na periferia do mundo atual.

Pretendo defender essa tese em dois passos: a) reconstruindo o debate central e periférico que usam essas categorias como seu eixo central; e b) demonstrando o potencial de distorção sistemática da realidade social dessas teorias hegemônicas no centro e na periferia, no discurso científico internacional.

CAPÍTULO 2

Um teatro de espelhos do patrimonialismo brasileiro

Confiança/racionalidade × corrupção/afeto

O RACISMO VELADO do "culturalismo científico" opõe e separa como configurações qualitativa e substancialmente diferentes as sociedades consideradas "avançadas" e as ditas "atrasadas", ou, como manda o politicamente correto, as "sociedades em desenvolvimento". Essa oposição é construída simultaneamente na dimensão cognitiva e moral, ou seja, as sociedades avançadas – e por extensão seus membros – são percebidos como mais "racionais", isto é, o dado cognitivo, assim como "moralmente superiores", o dado moral. Como essas categorias só são compreensíveis na relação especular e dual com suas oposições binárias, as sociedades atrasadas, as latino-americanas no nosso caso, têm então que ser construídas como negatividade tanto na esfera cognitiva quanto na esfera moral. E é precisamente o que acontece na realidade. Assim, para fazer a oposição especular perfeita, as sociedades latino-americanas são percebidas por todas as versões hegemônicas desse culturalismo como "afetivas e passionais" e, consequentemente, corruptas, dado que supostamente "personalistas", como se houvesse sociedades "impessoais".

Tendo em vista que o afeto e a emoção são percebidos na hierarquia moral ocidental como o "outro negativo" da razão de Platão,* e a

* O argumento que liga a herança platônica à hierarquia moral do Ocidente talvez tenha sido melhor desenvolvido em todas as suas consequências por Charles Taylor do

doutrina platônica da virtude foi transformada no caminho cristão da salvação, essa doutrina tornou-se a base cotidiana e inconsciente de toda a ética ocidental. Quando Santo Agostinho, no começo de nossa era, interpreta a virtude cristã como controle dos afetos pelo "espírito", cristaliza a forma como primeiro a Igreja e depois todos nós "avaliaremos" o mundo. Em grande parte, como resultante da própria ideia da dominação dos afetos, temos também a ideia de uma suposta orientação "particularista" (a famosa preferência "pessoal" em vez de o domínio da "impessoalidade") do comportamento das sociedades latino-americanas, que as tornariam essencialmente corruptas. A corrupção ou a desconfiança generalizada também seria, claro, um apanágio dos habitantes dessas mesmas sociedades.

Como essa oposição é criada e legitimada "cientificamente" e o que isso tem a ver com a obra weberiana? Max Weber oferece os conceitos centrais por meio dos quais foram pensados e tornados vida prática essa divisão racista entre "gente" superior, das sociedades avançadas, e "subgente" inferior, das sociedades latino-americanas e periféricas. Mais do que isso, Weber é uma espécie de "chave mestra" que nos permite abrir o registro profundo desse "racismo científico" dominante, ainda que até hoje inarticulado, mas, por isso mesmo, "naturalizado" e aceito por todos no âmbito científico e na esfera prática e cotidiana de todas as sociedades modernas.*

Na impossibilidade de tratar de todos os elementos que explicam essa conexão, escolherei os mais representativos e importantes de modo a tornar convincente e plausível meu argumento. Tomemos então três obras que reproduzem com fidelidade o que acabamos de dizer: nos Estados Unidos, os trabalhos de Talcott Parsons, o mais importante sociólogo norte-americano do século XX; e, no Brasil, as obras de Gilberto Freyre e Sérgio Buarque, os fundadores da moderna sociologia brasileira.

que por qualquer outro pensador. Ver *Sources of the self: the making of the modern identity*. Cambridge: Harvard, 1989.

* Jürgen Habermas empregou procedimento semelhante no seu *Der philosophische Diskurs der Moderne*. Berlim: Suhrkamp, 2005, ao utilizar Nietzsche como "chave mestra". (*Drehscheibe*) do pensamento pós-moderno.

Weber foi utilizado por Talcott Parsons, a partir dos anos 1930, para criar uma imagem idealizada da sociedade norte-americana, especialmente na construção de seus "*pattern variables*" (padrões variáveis), que se tornou o eixo fundamental de toda a "teoria da modernização", influente ainda hoje, mesmo com outras roupagens. E foi empregado por teóricos latino-americanos, também a partir dos anos 1930, para a construção de uma interpretação "orientalizada" da América Latina.* O conceito central dessa versão ainda dominante foi o de "patrimonialismo", retirado de modo a-histórico e sem rigor analítico da obra weberiana, como veremos em maior detalhe a seguir.

Ambas as construções são como espelhos que refletem uma à outra. À construção do predomínio do "primitivo", "pessoal" e "corrupto", como marcas da sociedade patrimonialista, temos a afirmação da "modernidade", "impessoalidade" e "confiança" típicas das sociedades centrais. Esse quadro vigora até hoje nas hegemônicas "ciências da ordem" praticamente sem críticas. Esse ponto é fundamental, posto que permite demonstrar que, a partir de um fundamento comum – uma leitura unilateral da tese weberiana da especificidade do Ocidente – pôde se constituir uma leitura hegemônica das ciências sociais contemporâneas, cujo núcleo é um "equivalente funcional" do racismo científico sem disfarces antes dominantes. O que outrora era legitimado como diferença racial e biológica passa a ser obtido pela noção de "estoque cultural" – em um caso, o das sociedades do Atlântico Norte, cognitiva e moralmente superior, e, no exemplo das sociedades latino-americanas, cognitiva e moralmente inferior.

É importante sempre notar que não são apenas as sociedades que são "inferiores" nos dois aspectos decisivos da moralidade dominante, o cognitivo e o moral. Também os "habitantes" dessas sociedades passam a ser vistos como potencialmente corruptos e indignos de confiança, basta ver a representação dos mexicanos na imensa maioria dos "faroestes" norte-americanos.

Mas isso ainda não é o mais importante. Atualmente parte-se do princípio de que a "teoria da modernização" morreu no final da década

* Uso aqui uma adaptação livre do termo cunhado por Edward Said.

de 1960,[1] quando alguns de seus arautos mais importantes passaram a criticar de forma decidida alguns pressupostos centrais dessa teoria.* Isso simplesmente não é verdade. Os pressupostos do "racismo cultural" da teoria da modernização continuam a operar até hoje em literalmente todas as grandes teorias sociais que pretendem lidar com a sociedade mundial. Algumas indicações acerca disso serão feitas na segunda parte deste livro.

E como o que é discutido nos jornais, na televisão, nas universidades, nos tribunais e nos parlamentos é sempre alguma forma de repetição mais simplificada da produção de pensadores influentes, conhecer esses argumentos "intelectuais" é entender de que modo o mundo funciona. No mundo cotidiano essas ideias parecem não ter autoria e ser tão "naturais" como ter-se duas pernas e dois olhos. Por conta disso, resgatar sua gênese perdida é o mesmo que recuperar o sentido mais profundo de nossas ações e avaliações no mundo.

De que maneira se inicia o "racismo culturalista" dominante e como ele se desdobra em uma versão central e outra periférica? O culturalismo, que passa a ser a leitura dominante nas ciências sociais norte-americanas com a crítica ao "racismo científico", em boa parte devido ao prestígio da obra de Franz Boas[2] na primeira metade do século XX, não começa com Parsons. Mas Parsons constrói a síntese mais coerente do ponto de vista teórico e mais influente do ponto de vista pragmático/político.

A questão básica da sociologia para Parsons é perceber como a ação social pode ser integrada por meio de valores compartilhados socialmente. Nesse sentido, perceber como os valores sociais orientam a ação prática é o objetivo maior da ciência social. A construção das "*pattern variables*", levada a cabo por Parsons e Edward Shills em *Toward a general theory of action*,[3] espelhava precisamente pares dicotômicos de orientações valorativas que permitiriam determinar o sentido da ação social em qualquer contexto. Os polos dessas variáveis refletiam precisamente os opostos que estamos discutindo

---

* Como, por exemplo, Eisenstadt, Shmuel. *Tradition, Wandel und Modernität*. Berlim: Surhkamp, 1979.

aqui, como as oposições entre racional, impessoal e universal, de um lado, e afetivo, personalista e particularista, de outro.

A importância deste esquema para as ciências sociais norte-americanas, e depois para toda a ciência social do pós-guerra, foi retumbante. Não existia praticamente nenhuma área das ciências sociais que não fosse dominada pela procura da demonstração empírica da validade teórica universal dessas categorias.[4] No começo, o aspecto mais importante era simplesmente legitimar científica e politicamente – com farto financiamento das agências estatais norte-americanas nos Estados Unidos e fora dele – a superioridade norte-americana em relação a todas as outras sociedades.[5] Isso incluía tanto sociedades europeias quanto muito especialmente as do terceiro mundo, de modo a transformar a sociedade norte-americana do pós-guerra em modelo absoluto, concreto e realizado de todas as promessas da modernidade ocidental. A oposição moderno/tradicional utilizada por Weber para explicar a gênese da singularidade do Ocidente e o "aparecimento do capitalismo apenas no Ocidente", no contexto de seus estudos sobre as grandes religiões mundiais, foi utilizada para o estudo dos "entraves para a expansão do capitalismo em escala global".

Toda a ambiguidade de Max Weber em relação ao capitalismo – produtor de seres humanos amesquinhados precisamente nas dimensões cognitiva e moral (os especialistas sem espírito e homens do prazer sem coração) – e à própria sociedade norte-americana – seu texto nunca comentado pelos culturalistas sobre a hipocrisia como marca indelével da "confiança" interpessoal utilitária do protestantismo norte-americano[6] – foi cuidadosa e intencionalmente posta de lado. Houve um esforço deliberado e consciente para a retirada de todas as ambiguidades da obra weberiana para o uso pragmático e apologético de suas categorias para a percepção da sociedade concreta norte-americana do pós-guerra como exemplo acabado de perfeição.[7] Foi a partir desse esforço "científico", politicamente financiado, que toda a hierarquia mundial passou a ter o exemplo concreto norte-americano como modelo máximo, com todas as outras sociedades sendo percebidas como versões mais ou menos imperfeitas desse modelo.

Os efeitos "políticos" desse modelo tornado hegemônico de pensar o mundo são fáceis de serem identificados. Primeiro, o efeito conservador e de acomodação "para dentro", dado que, se os Estados Unidos já são o perfeito exemplo de modernidade realizada, então não existe nenhuma mudança desejável para a própria sociedade norte-americana. Segundo, visto que a modernidade é percebida como um conjunto unitário e homogêneo de orientações valorativas, todas apenas positivas, então a legitimação científica da dominação fática dos Estados Unidos se torna completa. Novamente, porque a repetição na ciência pode ter a mesma importância que tem na música: esse esquema interpretativo geral não é apenas norte-americano, muito menos limitado ao período do pós-guerra, como é sempre muito repetido. Depois da recuperação europeia a partir dos anos 1960 e 1970, esse esquema continuou a ser utilizado apesar das críticas às suas categorias principais. A única diferença é que se usa agora a palavra "Ocidente" como algo restrito às sociedades do "Atlântico Norte", ou seja, Europa ocidental e Estados Unidos/Canadá. É por isso que – fato que sempre surpreende alguns latino-americanos –, nesses lugares, se fala do Brasil e da América Latina não só como não integrantes do Ocidente, mas também como perfeito exemplo do "orientalizado" oposto ao Ocidente.

Mas que a ciência hegemônica e não crítica nas sociedades afluentes legitime seu próprio poder fático não é muito de se admirar. Afinal, a ciência crítica, aquela que explicita e critica seus pressupostos, é minoritária em todo lugar. O que causa mais espanto, no entanto, é o fato de que precisamente o mesmo esquema interpretativo foi utilizado também pelas sociedades periféricas – como a brasileira – para explicar suas próprias sociedades. Este é o fato mais intrigante, e nosso desafio a seguir.

Apesar de Parsons e da teoria da modernização terem exercido – e, sempre vale a pena repetir, ainda exercerem – impacto avassalador nas ciências sociais brasileiras e latino-americanas a partir dos anos 1960, a gênese do "culturalismo brasileiro" é operada de modo independente de sua obra. A interpretação culturalista brasileira foi criada e imediatamente se tornou hegemônica na década de 1930, com a publicação de *Casa-grande & senzala*, de Gilberto Freyre. Essa autointerpretação realiza, pelo próprio punho dos pensadores periféricos, a mais perfeita relação especular com a definição de modernidade e tradição, esta última como apanágio da pré-modernidade, que Parsons e seus colaboradores realizariam mais tarde. Na versão original de Gilberto Freyre inexiste a influência de Max Weber, mas a versão mais poderosa, e até hoje francamente predominante, se deve a uma reformulação – baseada em conceitos weberianos – levada a cabo por Sérgio Buarque a partir da interpretação freyriana.

Desde a publicação do livro *A modernização seletiva*,[8] defendi a tese de que a interpretação da realidade social brasileira que se tornou dominante no século XX – certamente generalizável a diversas sociedades latino-americanas –,[*] envolve, na verdade, a articulação das noções de personalismo/patrimonialismo de modo a justificar uma suposta singularidade cultural e social pré-moderna entre nós. Essa "pré-modernidade" é o núcleo, nunca explicitado, de noções hoje correntes como "jeitinho brasileiro"; da visão do Brasil e das sociedades latino-americanas como funcionando a partir de uma hierarquia comandada pelo "capital social de relações pessoais". Seria esse capital de relações com pessoas influentes que constituiria tanto o "personalismo", ou seja, relações de favor/proteção enquanto fundamento da hierarquia social; quanto o "patrimonialismo", isto é, uma vida institucional que tem como fundamento uma "elite estatal", também pré-moderna, que parasitaria toda a sociedade.

Atualmente, essa tese da "singularidade cultural" brasileira, *pensada de modo absoluto* como um povo com características únicas e incomparáveis – para o bem e para o mal –, é como uma "segunda pele" para todos os brasileiros, intelectuais ou não. Essa singularidade é constituída pela junção e combinação das noções descritas acima de personalismo e patrimonialismo.

A figura de Gilberto Freyre é central nesse tema, pois Freyre fundou, efetivamente, a forma dominante como o Brasil contemporâneo

---

* As obras de Octávio Paz no México e de Gino Germani na Argentina demonstram que esses temas não eram apenas brasileiros, mas, também, latino-americanos em sentido amplo.

percebe a si mesmo, não apenas neste "romance da identidade nacional" chamado *Casa-grande & senzala*,[9] mas em toda a sua obra. Ainda que os temas recorrentes usados na imagem da "identidade" do brasileiro, como "o encontro de raças", sejam tão velhos quanto a Independência do Brasil[10] – José Bonifácio já percebia a necessidade prática de se criar uma fonte de solidariedade social, além do poder local e pessoal dos donos de terra e gente, ou seja, a partir de um "mito nacional" para a jovem nação que se constituía – foi apenas quando Freyre inverteu a fórmula "racista científica", que condenava a nação de mestiços a um futuro sombrio, que a "identidade nacional" passou a ser um elemento de extraordinário sucesso, tomando corações e mentes de brasileiros de norte a sul. Foi Freyre, afinal, o primeiro a articular a tese do "mestiço *is beautiful*", permitindo interpretar a miscigenação visível e palpável da sociedade brasileira como uma "virtude cultural" – quando durante todo o século XIX e até os anos 1930 era considerado por todos como nosso principal defeito – e sinal, "empiricamente verificável nas ruas", da suposta tolerância e abertura cultural brasileira. Foi Freyre, portanto, quem construiu o "vínculo afetivo" do brasileiro com uma ideia de Brasil, em alguma medida, pelo menos, "positiva", com a qual a nação e seus indivíduos podiam se identificar e se autolegitimar.

Essa ideia caiu "como uma luva" nos interesses de arregimentação política do governo industrializante e modernizante de Getúlio Vargas e passou, como política de Estado, a ser ensinada nas escolas e cantada em prosa e verso como fundamento da "unidade morena" da nação brasileira. Afinal, a miscigenação racial funcionava como "redutor de todas as diferenças", especialmente das de classe social e prestígio, além de permitir uma associação "espontânea" com ideias como "calor humano", hospitalidade, sensualidade, cordialidade e todas as qualidades ambiguamente "pré-modernas" que hoje são patrimônio afetivo de todo brasileiro. Essa ideia é hoje, portanto, "evidência não passível de discussão", tornada uma "segunda natureza" e vinculada à identidade individual de todo brasileiro que se imagina incorporar virtualidades do comportamento humano que só existiriam por estas bandas tropicais.

O mais interessante no nosso contexto é examinar o modo como o mito da brasilidade e sua celebração das virtudes ambíguas da pré-modernidade se transformam em "ciência" conservadora com toda a "aparência de ciência crítica". Isso nem Parsons e seus colaboradores lograram com tanto sucesso. Esse ponto é fundamental para compreendermos de que maneira as "ideias" dos intelectuais passam a afetar decisivamente a vida prática de uma sociedade, legitimando e reproduzindo um cotidiano, como no caso brasileiro, de desigualdade e humilhação. Afinal, no mundo moderno, é a "ciência", substituindo a função das religiões éticas nas sociedades pré-modernas, que detém a "autoridade legítima" para falar no espaço público sobre qualquer assunto relevante. A esfera política não é exceção. A forma dominante de se perceber a política no Brasil foi produto de intelectuais cujas "ideias" foram associadas, de modo intencional ou não, a "interesses" poderosos. Depois de institucionalizadas, essas ideias ganham vida própria e "esquecem" sua gênese, passando a influenciar a pauta dos jornais e a imaginação dos políticos e homens de ação. Se quisermos compreender de que modo percepções arbitrárias do mundo se tornam norma de conduta "legítima", inclusive para aqueles que são oprimidos por ela, precisamos "relembrar" sua gênese.

Se dissemos acima que Freyre é o pai-fundador da concepção dominante de como o brasileiro se percebe no senso comum, então Sérgio Buarque é o pai-fundador das ciências sociais brasileiras do século XX e, consequentemente – e muito mais importante –, o autor da forma dominante como a "sociedade brasileira" contemporânea se compreende até hoje com a chancela e a autoridade "científica". Sérgio Buarque fez sua obra-prima, *Raízes do Brasil*, em 1936, ou seja, três anos após a publicação de *Casa-grande & senzala*, em 1933. Como todos os brasileiros desse período, Buarque foi influenciado decisivamente por Freyre nas ideias pioneiras que desenvolveu nesse livro, que me parece, sem dúvida, o mais influente do pensamento social brasileiro no século XX, na medida em que construiu a "ideia-força" (ideia articulada a interesses poderosos que permite mascará-los e justificá-los) mais importante da vida política do Brasil moderno.

Qual é a ideia-força que domina a vida política brasileira contemporânea? Minha tese é a de que essa ideia-força é uma espécie muito peculiar de percepção da relação entre mercado, Estado e sociedade, onde o Estado é visto, *a priori*, como incompetente e inconfiável e o mercado como local da racionalidade e da virtude. O grande sistematizador dessa ideia foi precisamente Sérgio Buarque de Holanda. Buarque toma de Gilberto Freyre a ideia de que o Brasil produziu uma "civilização singular" e "inverte" o diagnóstico positivo de Freyre, defendendo que essa "civilização" e seu "tipo humano", o "homem cordial", são, na verdade, ao contrário de nossa maior virtude, nosso maior problema social e político.

Na realidade, Buarque assume todos os pressupostos metateóricos e teóricos da tese de uma sociedade pré-moderna e dominada pela emotividade e pessoalidade como formulada por Freyre. O que Buarque acrescenta de (aparentemente) novo é a transformação da ênfase no personalismo – a emotividade como um dado psicossocial que guia as relações interpessoais de favor/proteção – típica da interpretação freyriana em ênfase no aspecto institucional e político, ou seja, supostamente patrimonial. O patrimonialismo é uma espécie de amálgama institucional do personalismo, de resto compartilhando com efeito todos os seus duvidosos pressupostos inseridos para fins pragmáticos na construção do "mito" freyriano. É isso que confere o aparente "charminho crítico" de sua tese. Afinal, o "homem cordial" é emotivo e particularista e tende a dividir o mundo entre "amigos", que merecem todos os privilégios, e "inimigos", que merecem a letra dura da Lei. Quem exerce a crítica patrimonialista no Brasil o faz com "ar de denúncia", fazendo pose de "intelectual crítico".* O interessante no argumento de Buarque é que, apesar de o "homem cordial" estar presente em todas as dimensões da vida, sua atenção se concentra apenas na ação do "homem cordial" no Estado.[11]

É o Estado dominado pelo homem cordial e particularista que se tornará o conceito mais importante da vida intelectual e política

---

* Em entrevistas empíricas que realizamos mais de 90% dos brasileiros tendem a identificar os problemas sociais brasileiros com a corrupção estatal. Souza, Jessé *et al.* *Valores e Política*. Brasília: UnB, 2000.

brasileira até hoje: o "patrimonialismo" do Estado e da "elite" corrupta. Nos inúmeros seguidores de Buarque, parte expressiva da intelectualidade brasileira, essa oposição se torna ainda mais simplista.[12] O mercado capitalista deixa de ser uma instituição ambivalente – fruto de longo aprendizado histórico, que permite tanto separar o interesse econômico de considerações éticas (e com isso produzir riquezas em quantidades inauditas) como também produzir e legitimar desigualdades injustas de todo tipo indefinidamente – para ser apenas o reino da "virtude" por excelência. O Estado, também ambivalente, podendo refletir interesses de todo tipo, sendo ele próprio um campo de lutas intestinas, é "congelado" ao lado de uma suposta "elite privilegiada", a qual, como ninguém a define, se refere a todos e a ninguém e pode ser usada em qualquer contexto a bel-prazer do falante (quase sempre, ele próprio, de alguma "elite").

Mas o "toque de Midas" dessa ideologia, que explicará sua adesão popular, é a associação, efetuada "por baixo do pano" e sem alarde, entre mercado e sociedade como um todo, nos "convidando" a nos sentir tão virtuosos, puros e imaculados como o mercado. A partir daí, como a "recompensa narcísica" é o aspecto decisivo, a associação é tornada "afetiva" e, em grande medida, infensa à crítica racional. É precisamente este aspecto que permite a "adesão popular" de setores que não têm nada a ganhar com a "mercantilização" da sociedade como um todo. Desse modo, os partidos doutrinariamente liberais no Brasil – ainda que todos os partidos sem exceção estejam submetidos à sua hegemonia –, que representam interesses de uma elite muito pequena, podem "universalizar" seus interesses particulares ao demonizar a intervenção estatal como sempre ineficiente e corrupta.

É a partir desse raciocínio que o tema da corrupção política passa a ser um dos assuntos mais centrais e recorrentes do debate acadêmico e político brasileiro. O que está em jogo, no entanto, não é a melhoria do combate à corrupção por meio do melhor aparelhamento dos órgãos de controle. O que existe é uma dramatização da oposição mercado (virtuoso) e Estado (corrupto) construída como uma suposta evidência da singularidade histórica e cultural brasileira. Como já observado, é apenas o "Estado" que passa a ser percebido como o fundamento material e simbólico do patrimonialismo brasileiro. Ora, se todos somos "cordiais", por que apenas quando estamos no Estado desenvolvemos as consequências patológicas dessa nossa "herança maldita"? Por que o mercado, por exemplo, não é percebido do mesmo modo? E por que, inclusive, o mercado é, ao contrário, visto como a principal vítima da ação parasitária estatal?

No Brasil, a influência do pensamento weberiano também é dominada pela mesma leitura liberal apologética que deu origem à teoria da modernização de inspiração parsoniana. É de Weber que se retira a autoridade científica e a "palavra", no sentido de "nome" e não de "conceito científico", para a legitimação científica da noção central da sociologia e da ciência política brasileira: a noção de "patrimonialismo", para indicar uma suposta ação parasitária do Estado e de sua "elite" sobre a sociedade. Entre nós, no entanto, esse conceito perde qualquer contextualização histórica, que é fundamental no seu uso por Max Weber, e passa a designar uma espécie de "mal de origem" da atuação do Estado enquanto tal em qualquer período histórico. Na crítica à obra de Sérgio Buarque, mais adiante reconstruiremos detalhadamente o tema do patrimonialismo em Weber para criticar seu uso na sociologia brasileira.

Entre nós o uso dessa noção é sempre "político", e não "científico", ou seja, a noção de patrimonialismo "simplifica" e "distorce" a realidade social de diversas maneiras e sempre em um único sentido: aquele que simplifica e "idealiza" o mercado e subjetiviza e "demoniza" o Estado. Para se amesquinhar ainda mais o horizonte reflexivo e retirar qualquer atenção aos consensos sociais e inarticulados que constituem a referência última de qualquer ação política, basta personalizar o debate político, de modo consequente, ao nível das telenovelas. À personalização, subjetivação e simplificação do Estado na noção de "estamento estatal" todo-poderoso é acrescentada uma teatralização da política como ópera-bufa: deixamos de ter "interesses e ideias em conflito" e passamos a ter um mundo político dividido entre "honestos" e "corruptos". O tema do patrimonialismo não só oferece a semântica através da qual toda a sociedade compreende a si mesma, mas também coloniza a forma peculiar como o próprio debate político se articula no Brasil e na América Latina. O tema do patrimonialismo, precisamente por sua aparência de "crítica radical", dramatiza um conflito aparente e falso, entre mercado idealizado e Estado "corrupto", sob o preço de deixar à sombra todas as contradições sociais de uma sociedade – e nela incluindo tanto seu mercado quanto seu Estado –, que naturaliza desigualdades sociais abissais e um cotidiano de carência e exclusão.* Essa é a efetiva função social da tese do patrimonialismo no Brasil.

O racismo culturalista hoje

As páginas anteriores não são mera reconstrução de "história das ciências", referindo-se a épocas passadas às quais, atualmente, lançaríamos um olhar cheio de compreensão histórica a quem não tinha nem poderia ter, dado certo contexto cognitivo que se impunha a todos, o distanciamento de que hoje desfrutamos. O contrário disso é verdade. A história que acabamos de resumir é, talvez, a maior história de sucesso das ciências sociais modernas. A teoria da modernização, o filho mais dileto da tradição weberiana apologética, não só não morreu na década de 1960 como continua hoje, certamente com outras máscaras e roupagens, a dominar a discussão mundial.

Assim como se diz da ética protestante, que se tornou a primeira religião a ser vista como "profecia realizada" no mundo prático,[13] – e, ao se tornar realidade prática, "morre" enquanto religião, já que a religião ocidental pressupõe a tensão e não o amálgama com a realidade mundana – o mesmo se pode dizer da teoria da modernização. A teoria da modernização, como a realização mais consumada da leitura apologética da interpretação weberiana do Ocidente, só

---

* Meu próprio trabalho recente se concentra na crítica de nossa tradição sociológica dominante e na construção de uma alternativa verdadeiramente crítica. Ver Souza, Jessé. *A construção social da subcidadania*. Belo Horizonte: UFMG, 2003/2006, *A invisibilidade da desigualdade brasileira*. Belo Horizonte: UFMG, 2006, *A ralé brasileira: quem é e como vive*. Belo Horizonte: UFMG, 2009/2011 e *Batalhadores brasileiros: nova classe média ou nova classe trabalhadora?* Belo Horizonte: UFMG, 2010/2012.

"morre" para se transformar no pano de fundo não tematizado das grandes teorias sociais – e a partir delas da vida prática de todos nós –, com pouquíssimas exceções,* que tematizam a sociedade mundial ou a articulação entre sociedades avançadas e sociedades periféricas.

A leitura apologética weberiana tornou-se uma "segunda natureza" para a sociologia dominante em todo o planeta. Por "sociologia culturalista" não penso, portanto, em um ramo entre outros dentre diversas sociologias, mas o fundo comum das sociologias, centrais e periféricas, que logram ocupar posição de hegemonia. Ela é, inclusive, o pano de fundo não tematizado de sociologias que reivindicam terem ultrapassado o culturalismo tradicional e adentrado em uma nova dimensão da reflexão sociológica, como a reflexão de Niklas Luhmann, por exemplo. Luhmann usa outro "vocabulário", mas a ideia de uma "corrupção estrutural" das sociedades periféricas – como se esta não existisse nas sociedades modernas centrais, que são, portanto, "idealizadas" e vistas como tendencialmente "perfeitas" de um modo muito próximo com o que a teoria da modernização clássica fazia –, continua a estar presente em toda a sua argumentação.[14]

Isso para não falar em teorias que explicitamente continuam o legado dessa mesma teoria com grande sucesso de público e crítica, como Fukuyama ou Ronald Inglehart.[15] Também no Brasil de hoje os maiores best-sellers das ciências sociais são aqueles que "atualizam" essa leitura do mundo que separa os dignos de confiança e incorruptíveis das sociedades centrais daqueles corruptos e inconfiáveis das sociedades periféricas. No Brasil, as mesmas categorias, no entanto, servem para mostrar como as classes altas e médias são moral e cognitivamente superiores às classes populares,[16] reproduzindo uma oposição realizada em termos nacionais e regionais na sociologia mundial.

Na realidade, como mostra a outra versão "reprimida" e "dominada" entre as possíveis leituras do legado weberiano, a modernidade ocidental é um todo ambíguo e contraditório, seja no centro, seja na

---

* Pierre Bourdieu seria, talvez, uma exceção parcial neste contexto. Infelizmente, Bourdieu não lançou as bases de uma sociologia efetivamente mundial.

periferia do sistema, e que funciona segundo critérios que muito mais as aproximam do que as distanciam. É possível demonstrar que tanto a hierarquia social quanto a legitimação dessa mesma hierarquia são realizadas de modo muito semelhante em todas as sociedades modernas, sejam centrais ou periféricas.[17] Existe todo um caminho a ser percorrido para a construção de uma sociologia crítica contemporânea que seja capaz de ser fundada em outro terreno que não o do preconceito travestido de evidência científica. Nesse caminho, é o Weber crítico, precisamente o que dedicou o melhor de seus esforços a tentar perceber os meandros da legitimação de toda forma de dominação social, quem pode nos ajudar. Talvez ele percebesse que, hoje em dia, boa parte dos interesses que não se podem exercer à luz do dia é legitimada pela própria ciência que deveria denunciá-los.

CAPÍTULO 3

Cordial e colonizado até o osso

O liberalismo amesquinhado chega ao Brasil moderno

NÃO SE COMPREENDE Sérgio Buarque sem que se perceba que ele era uma espécie de "filho bastardo" de Gilberto Freyre. Um filho que admira e imita o pai em tudo que é essencial, mas, ressentido e marcado por todas as ambivalências existentes entre pais e filhos – sejam elas carnais ou espirituais – pretende ser seu exato "oposto". Sua pretensão tornou-se a "verdade" acadêmica e política do Brasil de hoje. Sérgio é respeitado pelos partidos da direita à esquerda e é uma "vaca sagrada" na academia, acima da crítica e para além do bem e do mal. Seu "pai espiritual", a quem deve todos os pressupostos de seu pensamento, uma figura politicamente controversa, mas intelectualmente muito mais original e vigorosa do que o "filho", desfruta no máximo de uma fração de seu prestígio.

Mas o que o "filho" Sérgio deve ao "pai" Gilberto? Como todo bom filho, Sérgio Buarque deve a Gilberto Freyre os pressupostos de seu pensamento e de sua visão de mundo. É importante perceber que as bases do hegemônico "culturalismo brasileiro", e que explicitamos anteriormente na introdução deste livro, não existiam antes de Freyre. Se a ideia da mestiçagem como ideia-força é tão antiga quanto o patriarca José Bonifácio, foi apenas Freyre que a sistematizou de modo convincente a ponto de ganhar corações e mentes de norte a sul do Brasil. É importante perceber que o objetivo de um "mito nacional" é produzir solidariedade social ao criar um elo comum entre os nacionais, ainda que seja produto da fantasia. O necessário é que as pessoas "acreditem nele". O "mito", portanto, não possui compromisso com a "procura da verdade", o que o diferencia da ciência.

Assim, o simplismo e a superficialidade do "mito nacional" lhe é constitutivo. Apenas dessa forma ele pode ser compreendido e aceito por todos como "verdade prática". O que diz o mito nacional brasileiro? Ora, ele imagina a questão da influência cultural e transferência de valores culturais por meio de categorias da "sociologia espontânea" do senso comum. Essa sociologia espontânea percebe o mundo social como produzido pelas intencionalidades dos sujeitos em interação. Afinal, é deste modo que nos vemos na vida cotidiana. Cada cabeça uma sentença, os juízos são todos subjetivos e os agentes independentes e criadores do mundo. Em resumo, falta à sociologia espontânea do senso comum a dimensão mais essencial da vida social, que é a dimensão institucional.

Além disso, como sabiam muito bem todos os pais fundadores das ciências sociais, a ciência só nasce e se torna possível se construída "contra" as ilusões e cegueiras da sociologia espontânea do senso comum. Uma das cegueiras principais de nossa percepção espontânea do mundo social é a não percepção da dimensão "institucional". Afinal, excetuando-se situações extraordinárias, como revoluções conduzidas por líderes carismáticos, as quais são tão intensas quanto, necessariamente, passageiras, toda a nossa ação cotidiana é comandada por imperativos institucionais que internalizamos, de maneira a torná-los "naturais". A vida cotidiana, ainda que não percebamos por já estarmos "desde sempre" dentro de certo horizonte institucional que "naturalizamos" – como o da disciplina escolar, da autoridade familiar, dos limites da ação individual pela Lei e pela polícia, das regras de trânsito etc. –, é comandada por instituições. São as expectativas e os estímulos e castigos institucionais que moldam nosso comportamento e nossas escolhas ainda que, como as "naturalizamos", como o nascer do Sol ou o fato de termos dois braços e duas pernas, não tenhamos consciência disso.

Nós todos, pais e mães que amamos nossos filhos, os educamos ensinando a disciplina, ainda que ela cause tanto sofrimento a eles, posto que saibamos, "pré-reflexivamente", que sem disciplina não terão sucesso nem na escola nem no mercado capitalista competitivo mais tarde. Quem exige de nós que sejamos disciplinadores de nossos filhos em nível inaudito na história, ainda que isso traga sofrimentos e traumas, é, então, o mercado capitalista competitivo, que impõe alto grau de disciplina e autocontrole para todo trabalho bem-sucedido. É desse modo, "pré-reflexivo" e quase automático, portanto, não percebido conscientemente, que as instituições nos moldam e comandam nossas escolhas aparentemente mais íntimas. Com isso em mente, podemos criticar o "culturalismo brasileiro", ainda hoje dominante não só no senso comum das pessoas leigas em relação ao complexo funcionamento da sociedade, mas também em todas as universidades do país.

Para Freyre, a "singularidade cultural brasileira" é uma continuação de Portugal e de nossa "herança ibérica". Para o senso comum leigo, nada mais óbvio. Afinal, falamos o português e muitos de nós gostamos de bacalhau, de sardinha e usamos alecrim no tempero. Mas se pensarmos duas vezes, veremos que nada disso nos faz, verdadeiramente, portugueses em terras tropicais. Afinal, a instituição mais importante do Brasil colonial desde seus inícios, a escravidão, não existia em Portugal, salvo em casos muito passageiros e tópicos. E faz toda a diferença a vida em uma sociedade escravocrata e em uma sociedade não escravocrata.

Para Norbert Elias, por exemplo, em seu grande estudo sobre o processo civilizatório,[1] é precisamente o corte com a herança escravocrata da Antiguidade que produz a singularidade de toda a cultura ocidental. É que todas as relações sociais, da vida familiar à vida cultural, religiosa, política e econômica, obedecerão a regras institucionais muito distintas em um caso e em outro. Assim, dizer que o Brasil é uma continuação de Portugal quando aqui, ao contrário de lá, a escravidão era a instituição total que comandava a vida de todos, inclusive dos homens livres, os quais não eram nem senhores nem escravos,[2] é um absurdo científico. O sucesso dessa leitura superficial até hoje se deve, por um lado, à ausência crônica de debates que assola a universidade brasileira e, por outro lado, ao fato desta leitura imitar a lógica do senso comum.

No próprio Gilberto Freyre essa leitura é ambígua, e sua extraordinária inteligência não deixava de perceber as relações sociais singulares típicas do escravismo, ainda que estas tenham se mantido sempre como uma leitura "latente", possível de ser retirada de suas obras. É perfeitamente possível se perceber tradições culturais e padrões de conduta sendo criados a partir de matrizes institucionais que conformam o comportamento prático. Todavia, sem a reconstrução dessas matrizes institucionais, o tema da influência cultural se perde no impressionismo das perspectivas do senso comum. No caso da "escravidão sadomasoquista" que procurei reconstruir a partir da versão "latente" da obra freyriana[3] – que é em muitos casos precisamente o oposto da versão "manifesta" a partir da qual ele é conhecido –, é possível notar comportamentos e padrões culturais que se tornam disseminados. O tipo híbrido de escravidão que se instalou entre nós, a qual foi tanto industrial, como a norte-americana, quanto sexual, a exemplo da escravidão muçulmana, ensejou comportamentos que se mantiveram até o ambiente moderno e urbano.

Na minha infância em Natal, no Rio Grande do Norte, nos anos 1960, e até nos 1970, no começo da adolescência, era comum se observar que muitos homens de posses tinham mais de uma família, com mulher e filhos, além da família "principal" que tinha o status de "oficial" na vida social. Essa regra "muçulmana" não era legal, claro, mas socialmente aceita, sendo a posse de mulheres extras fato que angariava alto prestígio social. Essa prática certamente tem seus inícios no tipo de escravidão híbrida, industrial e sexual (muçulmana),[4] que estimulava a família ampliada com a esposa oficial e várias concubinas e filhos ilegítimos. Apenas uma análise que contemple a dimensão institucionalizada, que premia os comportamentos afins e castiga o desvio, pode servir de anteparo seguro para a percepção de influências culturais duráveis e permanentes.

Esse não é o caso de Buarque nem do tipo de "culturalismo" que se desenvolve entre nós a partir de sua leitura liberal do "mito nacional" freyriano. O culturalismo de Freyre – sua leitura "manifesta" – se torna a narrativa nacional oficial e a "segunda pele" de todos nós que o aprendemos na escola e de nossos pais. Esse "mito nacional" possibilita que o brasileiro, ainda que ambiguamente, como discutimos anteriormente, se "orgulhe" do Brasil, o que antes era impossível. Seu objetivo é, portanto, "pragmático": a produção de solidariedade nacional. O valor guia da ciência, no entanto, de "busca da verdade", não é pragmático. É um valor absoluto que não se relativiza por considerações pragmáticas. No entanto, é o "mito" e todos os seus pressupostos "pré" e "paracientíficos" que se transmitem a Buarque e depois para toda a tradição culturalista conservadora brasileira – hegemônica até hoje, é sempre bom lembrar.

Uma análise correta dos padrões culturais que se tornam dominantes na sociedade brasileira, certamente com consequências até nossos dias, teria que se concentrar na escravidão, naquilo que ela tem de singular e de comum com outras sociedades escravocratas. No tipo de culturalismo pré-sociológico que se torna dominante entre nós, no entanto, o decisivo não é a análise dos meandros institucionais que explicam os constrangimentos para o comportamento dos indivíduos. O aspecto decisivo – traço comum a toda a tradição liberal brasileira – é a relação com uma imagem "idealizada" dos Estados Unidos. E, do mesmo modo como coube a Freyre sistematizar a versão mais convincente de nosso mito nacional, coube a Sérgio Buarque sistematizar todo o estoque de ideias e de representações que daria substância e poder de convencimento ao culturalismo liberal e conservador no Brasil.

A relação com os Estados Unidos é tão importante para o entendimento da interpretação que os brasileiros fazem de si mesmos que vale a pena reconstruir sua genealogia. Ela é central, por exemplo, para a própria versão dominante do mito nacional elaborada por Freyre. Como um mito nacional bem-sucedido necessita não apenas superar os inimigos internos – como as solidariedades de sangue e local –, mas também os inimigos "externos", Freyre jogou todas as cartas contra o fantasma presente, de modo implícito ou explícito, na obra de todo intelectual brasileiro dos últimos duzentos anos: a comparação com os Estados Unidos. Tendo tamanho territorial e populacional similares aos do Brasil, com história colonial e escravista também semelhante, os Estados Unidos foram e continuam sendo o êmulo de todo brasileiro à procura de um modelo. Como a comparação nos termos da civilização moderna, baseada no cálculo instrumental e na disciplina, ou seja, no domínio do corpo pela "alma" e pela "mente", nos era – e ainda é – absolutamente desvantajosa, a construção freyriana permitia uma "fantasia compensatória". Nessa fantasia, nossa inferioridade seria transformada em virtude pela ambiguidade da civilização ocidental – que paga alto preço pela repressão de afetos e emoções –, aproveitada de modo consequente e inventivo por Freyre. Afinal, são os valores "dominados" do corpo, como diria Pierre Bourdieu, que celebramos na "brasilidade", como o calor humano, a sensualidade, a cordialidade etc.

Freyre inventa de fato a "pré-modernidade" como virtude, ainda que ambígua, e permite, com isso, o nascimento do "orgulho brasileiro". Ao construir e sistematizar a autoimagem "pré-moderna" do Brasil moderno, Freyre confere contornos finais à tese da "singularidade cultural brasileira". Essa singularidade passa a ser percebida por ele e depois por muitos outros como uma "singularidade tendencialmente absoluta", como se aqui tivesse sido produzida, para o bem e para o mal, uma experiência humana singular da vida social neste planeta.

Não existe nenhum grande problema nessa saga nacional. Isso também aconteceu em outros lugares e o "mito nacional" não se reduz ao seu "valor como verdade". Ao contrário, fundamental é seu papel de produtor de solidariedades que permitem que sociedades concretas enfrentem guerras, crises e até guerras civis sem se destruir como nação, e até saiam fortificadas desses desastres. A virtude da identidade nacional é, portanto, "pragmática", pois serve a uma função fundamental como "*conto de fadas para adultos*", cumprindo um papel semelhante ao das antigas religiões mundiais.[5] Problemático mesmo é quando o "mito nacional", como ocorre no caso brasileiro, passa a ser a base da própria concepção pretensamente científica da sociedade como um todo. Nesse caso, o que ocorre inevitavelmente é a colonização do interesse na procura da verdade pelo interesse pragmático e político que anima o mito nacional.

E foi com base nesse interesse pragmático e político que Buarque construiu as bases ideacionais do culturalismo liberal e conservador brasileiro. O fundamento implícito de todo o raciocínio de Buarque no seu principal livro é a oposição entre duas abstrações: o "homem cordial", como tipo genérico brasileiro; e o "protestante ascético", como seu contraponto norte-americano. O homem cordial é simplesmente o corolário do mito nacional que viemos debatendo até aqui: um indivíduo emotivo que guia as escolhas por preferências afetivas e pessoais. O protestante ascético é percebido como seu contrário especular: um indivíduo "racional" guiado por considerações impessoais e comunitárias.

Ainda que Freyre também tenha sido emulado pelo exemplo do norte-americano, nele essa relação é eivada de ambiguidade, como vimos. E essa ambiguidade é constitutiva, posto que sem ela não seria possível nenhuma associação (ainda que dubiamente) virtuosa à figura do brasileiro. Associação esta necessária, como vimos, ao sucesso de qualquer mito nacional. Buarque não discute os pressupostos não científicos do mito freyriano, apenas inverte seu sentido. Afinal, é a noção freyriana da "plasticidade" luso-brasileira que está por trás da noção de homem cordial e de seu "personalismo" peculiar. Mas, agora, se ele era (ambiguamente) positivo em Freyre, é abertamente negativo em Buarque. Sua inversão não o torna cientificamente melhor; ele apenas serve a outros fins.

Vejamos. O homem cordial não tem classe social, mesmo em um país tão desigual como o Brasil sempre foi. Ou seja, desde o início essa noção esconde conflitos sociais de toda espécie e cria um ser "genérico" que existe unicamente para ser contraposto ao "protestante ascético" como símbolo da cultura norte-americana. Essa contraposição indica um caminho ao Brasil: o do afeto e da emotividade pré-moderna em direção ao mundo da racionalidade distanciada da impessoalidade protestante. A política preside aqui e determina o uso de todas as categorias pseudocientíficas. É interessante notar que isso leva a uma leitura enviesada e superficial do próprio Max Weber, que, como vimos, é de quem se retira a validade e o prestígio dessa leitura liberal apologética.

Nessa leitura, o norte-americano seria o campeão da democracia e da eficiência econômica por razões "culturais" e, portanto, por "superioridade moral" de sua "cultura". Uma cultura da autorresponsabilidade, da impessoalidade, da racionalidade e da solidariedade horizontal. Esse é um engano comum a todas as leituras culturalistas de Weber. Enquanto Weber falava de condições ideacionais para a "gênese" do capitalismo, seus epígonos culturalistas usam os mesmos argumentos para legitimar a "reprodução e expansão" do capitalismo. Afinal, o protestante em uma sociedade agrária primitiva é muito diferente daquele de uma sociedade industrial avançada. Apesar de óbvia, essa diferença fundamental nunca é percebida pelos culturalistas apologéticos.

O próprio Weber, no entanto, percebia isso muito bem. Seu texto sobre as seitas protestantes norte-americanas no contexto já industrial mostra como a "correção moral" protestante tinha muito mais de hipocrisia do que de realidade.[6] Sua análise do capitalismo já constituído – muito distinta de sua análise da gênese do capitalismo – já intuía o amesquinhamento do arrogante protestante, que se imagina materializando o ápice da existência humana – precisamente como se imagina, de modo especial, o norte-americano de hoje –, quando, na verdade, é assolado por uma vida medíocre. Medíocre é o "especialista sem espírito" de hoje, cujo conhecimento localizado não abrange nem compreende o contexto maior de sua própria ação; medíocre também é o "sensualista sem coração", preso a pequenos prazeres e ditames de uma indústria de consumo que lhe diz o que sentir e o que querer. O "culturalismo", pretensamente weberiano, esquece o principal de Weber, que é a percepção aguda de quão profundamente o horizonte institucional – muito distinto hoje do que era no contexto do protestantismo pré-capitalista analisado por Weber – molda e conforma a ação humana individual.

Buarque está, portanto, confrontando duas abstrações com pouco ou nenhum ancoramento na realidade concreta: "homem cordial" e "protestante ascético" são maneiras simplistas e superficiais de não fazer o trabalho do sociólogo, que é reconstruir as precondições militares, políticas, econômicas, tecnológicas e também culturais (sem idealizações que não se aplicam à realidade) das relações desiguais entre classes e entre sociedades. Em grande medida, pelo menos, apenas para citar um exemplo, o sucesso no capitalismo depende direta ou indiretamente da força militar, como da Marinha inglesa no século XIX e do aparato militar e tecnológico norte-americano hoje em dia.

Transformar essa questão complexa em um dado "cultural" prévio é ao mesmo tempo esconder e legitimar o "dado", o "que existe", como se fosse "merecimento" por razões atávicas e históricas que perderam a validade no novo contexto. Na verdade, esse "culturalismo", como explicitamos na introdução deste livro, é uma forma velada – e, portanto, especialmente perigosa – de "racismo". A única diferença essencial entre "racismo culturalista" e "racismo de cor", como "explicação" para as hierarquias fáticas do mundo, é que o primeiro defende a ideia de que certo "estoque cultural" é a causa e também a legitimação da desigualdade entre indivíduos e nações.

Toda violência simbólica e toda "ideologia" que legitimam a desigualdade fática (como se fosse merecida, como a do "protestante ascético" racional e democrático, oposta ao "homem cordial", irracional e familista) necessitam que o oprimido pela violência a aceite como legítima. Buarque é o grande criador de uma tradição "colonizada até o osso" que, com as armas da má sociologia, não leva em conta os contextos institucionais nem os históricos da ação social, mas aparentemente "explica" o mundo de modo tão simples e irrefutável como quem dizia que bastava comparar África e Europa para perceber como os brancos eram superiores. Como o racismo aberto se tornou inviável, seu substituto é aparentemente mais meritocrático: uma tradição religiosa incorporada como conduta de ação. O prestígio de Weber é utilizado de modo não weberiano, ou seja, desconsidera-se o fato de que as novas condições institucionais, como o próprio Weber muitas vezes repetiu, transformam o protestante em um utilitarista e depois em alguém que perde qualquer referência moral de sua ação.

Se o conto de fadas da oposição "protestante" *versus* "cordialidade" não resiste a uma análise fria, seu efeito de aparente explicação se mantém inalterado. Primeiro, como todo racismo, ele "explica", de modo aparentemente evidente, um mundo complexo de difícil apreensão. Possibilita atender as exigentes demandas de entendimento e explicação do mundo sem grande esforço da inteligência. Depois, no caso brasileiro, ajudará a indicar o caminho político do liberalismo que é, na verdade, a real causa de seu sucesso. Afinal, as ideias só adquirem "força prática" na realidade se estiverem ligadas a certos "interesses" especialmente econômicos e políticos. E é isso que explica o caso de extraordinário sucesso do "racismo culturalista" como fundamento da ideologia liberal brasileira.

Mas a verdadeira cereja do bolo do liberalismo conservador brasileiro é uma invenção de Buarque que, desta vez, nada deve a Gilberto Freyre: a materialização institucional do homem cordial na noção de "patrimonialismo". Essa é a outra noção fundamental do livro de Buarque destinada a uma história de glória, primeiro nas ciências sociais, depois na esfera pública política, abrangendo a direita e a esquerda. É que Buarque reinterpreta o "personalismo" freyriano, ou seja, a noção do brasileiro como um homem emotivo guiado por preferências sentimentais, em "patrimonialismo". Nesta noção, o Estado e seus agentes passam a agir como age o homem cordial na vida cotidiana: dando tudo aos amigos e reservando aos inimigos a letra dura da Lei. Isso tudo sob o pano de fundo não discutido de que existe um lugar do mundo onde os "privilégios" do acesso a relações de influência e prestígio não acontecem. A imagem idealizada dos Estados Unidos como terra da justiça social e da igualdade de oportunidades é o panorama de literalmente todas as ideias-força dos liberais brasileiros.

O tema da idealização dos Estados Unidos é tão essencial para o entendimento da autointerpretação mais importante do Brasil contemporâneo que Buarque será o precursor mais ilustre de uma tradição que quer ver o "protestante ascético" percebido como o "bandeirante paulista". O bandeirante passa a ser idealizado – do mesmo modo que o norte-americano – com características que nunca teve, como bem percebeu Vianna Moog:

> ... a julgar pela atoarda da literatura nacional em torno dos bandeirantes, dir-se-ia que o São Paulo moderno, o São Paulo das indústrias, o São Paulo do café, o São Paulo que constrói e monta o mais soberbo parque industrial da América do Sul, é obra exclusiva do bandeirante e do espírito da bandeira. Porque nisto de emprestar ao bandeirante atributo que

> ele nunca teve, o paulista de quatrocentos anos é um perfeito ianque. Se, para valorizar o símbolo que lhe é caro, for preciso atribuir ao bandeirante atributos orgânicos, ele o atribuirá; se para magnificá-lo for preciso torcer a história ele a torcerá.[7]

Essa tentativa de perceber São Paulo como uma espécie de "Massachusetts tropical"* já é mencionada diretamente no *Raízes do Brasil*, mas será também o fio condutor de todo o trabalho mais historiográfico de Buarque depois dessa obra.

Ainda que esse conjunto de ideias interligadas e interdependentes tenha, sem dúvida, uma "elegância" em Buarque que não terá em nenhum de seus seguidores, foi Buarque o grande criador de uma tradição que hoje em dia perpassa todos os partidos e consciências. Coube a Buarque, portanto, lançar as bases "filosóficas" e políticas do liberalismo conservador que se tornaria dominante e a forma "naturalizada" de perceber o Brasil contemporâneo. Sua análise possui cinco pressupostos, que discutiremos a seguir com mais detalhes em outros autores seminais da inteligência brasileira. São eles:

1. A idealização dos Estados Unidos como uma espécie de "paraíso na terra", com justiça social e igualdade de oportunidades, com o protestante pré-capitalista e, portanto, "mítico", servindo de contraponto crítico da situação brasileira;
2. O homem cordial brasileiro como um ser genérico de todas as classes, emotivo, prisioneiro das paixões do corpo e, portanto, moralmente inferior, indigno de confiança e tendencialmente corrupto;
3. O amálgama institucional do "homem cordial" na noção de "patrimonialismo" apenas estatal, que servirá mais tarde para a contraposição entre mercado virtuoso e estado demonizado;
4. A criação de um caminho alternativo universalizável para toda a nação: um antiestatismo sob a condução dos interesses de mercado do estado de São Paulo;

---

* O Estado de Massachusetts, nos Estados Unidos, foi o primeiro "lócus" da colonização norte-americana. A partir dele e de divergências sectárias entre as diversas seitas protestantes foram colonizadas as outras treze colônias originais.

5. A construção de uma ideologia antipopular, concebida como uma crítica ao populismo, que equivale a um "racismo de classe" e que perpassa também toda a sociedade.

Desses pontos, apenas o último não teve Sérgio Buarque como inspiração maior. O fato de o "homem" Sérgio Buarque ter sido uma figura digna de admiração não deve impedir a crítica, com bons argumentos, de suas ideias. É assim, e apenas assim, que a ciência avança. Uma das maiores razões da continuidade de ideias ultrapassadas, inclusive na academia brasileira, que deveria criticá-las, é a concepção de que temos um "panteão de vacas sagradas" acima da crítica e do bem e do mal. O fato de estes cinco aspectos inter-relacionados, uma verdadeira "síndrome conservadora", serem até hoje a forma por excelência como os brasileiros se percebem deve-se também, para além dos poderosos interesses que essa síndrome representa, à pobreza espiritual tanto da universidade quanto do espaço público brasileiro, avesso ao verdadeiro debate e à crítica de ideias.

CAPÍTULO 4

Donos do poder

Os males de origem do Estado patrimonialista
e a fase de oposição com o mercado

A PARTIR DA obra de Sérgio Buarque temos a possibilidade de articular de modo convincente uma concepção de mundo liberal como uma alternativa para toda a nação, espelhando uma visão aparentemente crítica do mundo. Como a ideia liberal do sujeito genérico – a noção de um indivíduo sem passado, família ou classe social – esconde a origem social de todos os privilégios individuais, construir uma ideia de sociedade pseudocrítica deste ponto em diante não é algo fácil nem óbvio. Essa foi a principal contribuição – intencional ou não, neste caso não tem importância – do gênio de Buarque à inteligência brasileira.

A prova da enorme influência dessa ideia, tanto na vida intelectual quanto na concreta e prática da sociedade brasileira, pode ser vista e comprovada na obra dos mais respeitados pensadores brasileiros a partir de então. Como as ideias influentes de uma sociedade não ficam nos livros, mas ganham as salas de aula de escolas e universidades, inspiram programas de governo, dão mote para artigos de jornais, estimulam o que é dito nas TVs e o que é discutido em todas as conversas entre amigos nos botequins país afora, estamos lidando com a forma com que toda uma sociedade se percebe e age. Isso não é pouco. Afinal, toda decisão prática e concreta, em qualquer área da vida, é motivada por uma ideia, ainda que esta normalmente se mantenha implícita e não articulada.

O que queremos neste livro e neste esforço é precisamente articular as ideias-força, ou seja, as ideias que se tornam vida prática da sociedade brasileira contemporânea. A "sacada genial" de Buarque de construir uma visão de mundo liberal-conservadora – posto que esconde as verdadeiras razões da desigualdade e da injustiça social – com a aparência e o "charme" de uma suposta crítica social é a ideia-força mais importante para o entendimento da manutenção da desigualdade e da injustiça social. Afinal, a injustiça flagrante dos privilégios que se tornam permanentes tem que ser, na sociedade capitalista que "diz" ter acabado com todos os privilégios de nascimento, "legitimada" para que possa se reproduzir.

Essa legitimação tem de esconder o mundo social injusto como ele é e, se possível, ainda "deslocar a atenção" para aspectos falsamente importantes – ou, pelo menos, de importância secundária com relação às questões mais importantes –, de modo a perceber o mundo social escondendo o essencial e enfatizando o secundário. A forma mais importante de o essencial ser reprimido em nome da ênfase no acessório na sociedade brasileira é por meio da repressão dos conflitos de classe em favor do deslocamento da questão da corrupção sempre "estatal" para o núcleo da análise social. Como esse deslocamento é, a meu ver, objetivamente falso, é possível demonstrá-lo de modo irrefutável, com as armas da argumentação científica, para qualquer leitor de boa vontade – ou seja, aquele que ame a verdade. Este é nosso desafio a seguir na análise da categoria de "patrimonialismo" como a noção central por meio da qual o Brasil é percebido e analisado de modo pseudocrítico.

Se Buarque é o filósofo do liberalismo conservador brasileiro, ao construir o esquema de categorias teóricas nas quais ele pode ser pensado de forma pseudocrítica, Raymundo Faoro é seu "historiador" oficial. É Faoro, afinal, quem cria a "narrativa" histórica de longa duração desde o início do Estado português unitário e sua suposta transposição para o Brasil. Sua inegável erudição criou um "efeito de convencimento" que foi capaz de ganhar não apenas o coração dos leigos, mas da imensa maioria dos intelectuais e homens de letras do Brasil contemporâneo. Devido à importância de sua visão, não superada até hoje, reproduziremos e criticaremos em detalhes seus argumentos, tentando, como sempre, ser claros o bastante para que qualquer leitor, mesmo sem ser treinado em ciências sociais, possa compreender. Como estou convencido que a linguagem obscura e pretensamente técnica e difícil é um artifício de poder e manipulação, se não conseguir ser claro, a culpa é toda minha.

A tese do livro de Faoro, *Os donos do poder*, é clara desde o início: sua tarefa é demonstrar o caráter *patrimonialista* do Estado e, por extensão, de toda a sociedade brasileira. Esse caráter patrimonialista responderia, em última instância, pela substância intrinsecamente não democrática, particularista e baseada em privilégios que sempre teria marcado o exercício do poder político no Brasil. Faoro procura comprovar sua hipótese buscando raízes que se alongam até a formação do Estado português no remoto século XII de nossa era. Um argumento central que perpassa todo o livro é o de que o Brasil "herda" a forma do exercício do poder político de Portugal. Como em Sérgio Buarque, a herança ibérica que finca fundas raízes na nossa sociedade passa a ser responsável por nossa relação exterior, e "para inglês ver" com o processo de modernização capitalista.

O Brasil seria uma sociedade "pré-moderna", porque reproduz a forma "patrimonialista" de exercício do poder que vigorava em Portugal. Como Faoro procura demonstrar nas várias centenas de páginas de seu livro, precisamente, a correção histórica e sociológica de seu argumento, e é no embate com suas ideias que poderemos perceber a fragilidade teórica dessas ideias "teleológicas", ou seja, construídas para validar uma única tese política: a ação intrinsecamente demoníaca do Estado contraposta à ação intrinsecamente virtuosa do mercado. Essa é a ideia-força fundamental do liberalismo brasileiro por boas razões, afinal, nas poucas vezes em que se verificou historicamente qualquer preocupação política com as demandas das classes populares, estas sempre partiram do Estado. É aqui que começa, portanto, o "deslocamento" das questões secularmente principais da sociedade brasileira, sua abissal desigualdade e a atmosfera de conflito abafado/generalizado que ela produz como a mais importante peculiaridade social em nome do falso conflito mercado/Estado. Esse conflito é falso por vários motivos que aprofundaremos mais tarde. Por enquanto, examinemos como Faoro constrói seu argumento.

Nosso intuito é reconstruí-lo para posteriormente criticá-lo, partindo de suas duas teses principais que são intimamente relacionadas: a) O Brasil "herda" de Portugal, para nossa desgraça, sua singularidade social e política; e b) o principal elemento que "prova" essa herança é a estrutura "patrimonial" do Estado e, por consequência, de toda a vida social. A síndrome do "liberalismo conservador" construída por Sérgio Buarque é continuada e avançada por Faoro em todas as suas virtualidades, com exceção, no caso de Buarque, do "racismo de classe" antipopulista, que é criação posterior.

Para Faoro, a formação do Estado português possui singularidades importantes no contexto europeu. Portugal é o primeiro país da Europa a unificar seu território sob o comando indisputado de um único rei. Enquanto na maior parte dos países europeus a luta pela primazia e comando entre os vários grandes senhores territoriais ainda duraria séculos até que o poder e prestígio de apenas um pudesse se impor em relação a todos os outros como um fato indisputado, a situação em Portugal foi bem distinta.

A guerra da reconquista do território português ao mouro possibilitou a incorporação de terras do inimigo à propriedade pessoal do senhor do reino e dos exércitos. O patrimônio do rei no século XIV já era maior do que o do clero e três vezes maior do que o da nobreza.[1] A esse prematuro traço de concentração territorial desenvolve-se todo um conjunto de medidas centralizadoras do poder real. A justiça suprema, em última instância, estava reservada à Coroa. Também o revigoramento do município, com milícia própria obediente ao rei, foi usado como forma de controlar o poder da nobreza e do clero. Como aconteceria em todos os outros países europeus mais tarde, a transformação da economia natural para a economia monetária, permitindo a arrecadação em moeda e o pagamento de serviços militares (inclusive os da nobreza) em dinheiro, e não em terras, evitou o desenvolvimento de tendências descentralizadoras.

Como lembra Elias, apenas a passagem à economia monetária permite a estabilidade da dominação centralizada. Em um contexto em que a terra é ainda a fonte principal de riqueza, a monetarização dos encargos, conferindo a maior parte das rendas do soberano, possibilita a renovação constante do erário para o pagamento dos serviços imprescindíveis à manutenção do domínio. O pagamento em terras acarretaria forçosamente o efeito contrário: não a reprodução ampliada das condições necessárias à manutenção e até aumento do domínio, mas sua fragmentação, a partir da inevitável autarquização das concessões a delegados, ou a distribuição de terras a outros senhores por serviços militares.

Faoro percebe com perspicácia que é precisamente o prematuro processo de centralização e monetarização das bases sociais do poder real em Portugal que possibilitará que o pequeno reino disponha de reservas suficientes para a aventura ultramarina, fase heroica do povo português que marcará a história desse pequeno país por seis séculos. Sobre essa base material, militar e econômica constitui-se um fundamento simbólico ou espiritual destinado a organizar e legitimar o poder do príncipe: o uso do direito romano como modelo de pensamento, ideal de justiça e instrumento de organização administrativa e jurídica do domínio do príncipe. Ao fim e ao cabo, o soberano é reconhecido na sua qualidade de defensor, administrador e acrescentador do reino, teoria baseada no domínio eminente, e não real. Como percebe Faoro, temos no Portugal medieval uma antecipação de séculos, em relação aos outros países europeus, do domínio absolutista.

De certo modo, o "sucesso" de Portugal, sua unificação prematura que o predispôs a grandes conquistas, é a causa última de seu "fracasso" como sociedade moderna. Assim, desde a prematura centralização e unificação do Estado português medieval, o qual, se por um lado permite a concentração de recursos necessários à aventura ultramarina, por outro guarda em si um efeito não esperado e perverso, o impedimento das condições propícias para o desenvolvimento do capitalismo industrial. Ou, em outras palavras, o impedimento da constituição de uma sociedade moderna, visto que o Estado, ao se substituir à atividade empresarial individual baseada no cálculo, intervém inibindo o exercício das liberdades econômicas fundamentais. Com isso, não apenas a atividade econômica é comprometida, mas o próprio exercício das liberdades públicas básicas, acarretando também a tibieza da vida democrática enquanto tal.

Para Faoro, sem indivíduo livre e autônomo não temos, portanto, mercado competitivo nem democracia. Nesse sentido, a grande oposição ideológica do livro será aquela entre uma sociedade guiada e controlada pelo Estado, de cima, e as sociedades onde o Estado é um fenômeno tardio e o autogoverno se combina com o exercício das liberdades econômicas. O conceito central para dar conta da singularidade sociopolítica luso-brasileira é a noção de *Estado ou estamento patrimonial*. O "estamento" seria uma camada social cuja solidariedade interna é forjada a partir de um estilo de vida comum e de uma noção de prestígio compartilhado, seguindo a lição weberiana. De modo a-histórico e conceitualmente frágil, como veremos em breve, Faoro equipara o caso português com o dos mandarins chineses, em uma sociedade muito diferente da portuguesa, inclusive em relação ao aspecto decisivo do desenvolvimento da economia monetária.[2]

Mas as filigranas conceituais não são o objeto principal da atenção de Faoro, mais interessado em criar a imagem de um "estamento incrustado no Estado" – a tal "elite", como se estivesse até hoje no Estado e não no mercado –, o qual se apropria do aparelho de Estado como coisa própria e usa o poder de Estado de modo a assegurar a perpetuação de seus privilégios. Historicamente, o estamento se teria consolidado a partir da crise política portuguesa de 1383-85. O novo contexto de poder daí resultante consolida um novo equilíbrio entre a nascente burguesia e a nobreza lentamente decadente. Desse equilíbrio de forças,* temos a estruturação de uma comunidade dentro do Estado que fala em nome próprio: o estamento. Básica para o conceito de estamento é a noção de *honra*. Honra é o conceito central das sociedades pré-capitalistas tradicionais. Funda-se no prestígio diferencial e na desigualdade. Para Faoro:

* Precisamente nesse equilíbrio de forças entre burguesia ascendente e nobreza decadente percebe Elias o momento mais propício para a monarquia centralizada absoluta.

> Os estamentos florescem, de modo natural, nas sociedades em que o mercado não domina toda a economia, a sociedade feudal ou patrimonial. Não obstante, na sociedade capitalista, os estamentos permanecem, residualmente, em virtude de certa distinção mundial, sobretudo nas nações não integralmente assimiladas ao processo de vanguarda... O estamento supõe distância social e se esforça pela conquista de vantagens materiais e espirituais exclusivas. As convenções, e não a ordem legal, determinam as sanções para a desqualificação estamental, bem como asseguram privilégios materiais e de maneiras. O fechamento da comunidade leva à apropriação de oportunidades econômicas, que desembocam, no ponto extremo, nos monopólios de atividades lucrativas e de cargos públicos. Com isso, as convenções, os estilos de vida incidem sobre o mercado, impedindo-o de expandir sua plena virtualidade de negar distinções pessoais. Regras jurídicas, não raro, enrijecem as convenções, restringindo a economia livre, em favor de quistos de consumo qualificado, exigido pelo modo de vida. De outro lado, a estabilidade econômica favorece a sociedade de estamentos, assim como as transformações bruscas, das técnicas ou das relações de interesse, os enfraquecem. Daí que representem eles um freio conservador, preocupados em assegurar a base de seu poder. Há estamentos que se transformam em classes e classes que evolvem para o estamento – sem negar seu conteúdo diverso. Os estamentos governam, as classes negociam.[3]

Temos, nessa citação, o denso resumo do argumento que será desenvolvido no decorrer de todo o seu livro, a ideia do "resíduo" (de outras épocas) estamental que se torna permanente e fragiliza a atividade do livre mercado (para o liberalismo radical de Faoro, o mercado enquanto tal, e não o mercado temperado e controlado, é a base tanto do capitalismo quanto da democracia). A referência a situações de instabilidade, quando ocorrem mudanças bruscas, ajuda a esclarecer a dialética de constante desaparecimento/reaparecimento da realidade estamental, como veremos a seguir, sob a forma do eterno retorno do mesmo, o famoso "vinho novo em odres velhos" na metáfora antissociológica – porque nega a influência dos ambientes institucionais cambiantes – tão repetida no decorrer do livro pelo autor. De resto, para completar o quadro, a definição da função do estamento como sendo a de "governar". É esse seu "trabalho". O Estado é seu "negócio".

O ponto fundamental da definição acima, no entanto, que responde tanto por sua fragilidade em última instância como conceito quanto por sua extraordinária eficácia menos como instrumento de convencimento intelectual, mas, especialmente, como "mensagem política", é a *intencionalidade* que lhe é atribuída. Aí, precisamente, creio eu, reside sua enorme força de convencimento. Ela possibilita encontrar um *culpado* para nossas mazelas e nosso atraso. Em oposição ao uso histórico e dinâmico da categoria de patrimonialismo em Weber, seu uso por Faoro é estático e tendencialmente a-histórico. Faoro se interessa pouco pelas transformações históricas do que chama de estamento burocrático e procura sempre ressaltar, ao contrário, a permanência inexorável do mesmo sob mil disfarces que são apenas uma aparência de diferença. Isso resulta, creio eu (sem prejuízo da primorosa historiografia política que ele realiza, especialmente do período de 1822 a 1922), da forma teleológica e esquemática como ele constrói seu argumento.

Seu argumento é "teleológico", ou seja, "antecipa" um fim estranho à argumentação que "coloniza" e subordina todos os argumentos utilizados. Isso acontece na medida em que ele, a partir de sua primeira intuição influenciada pela leitura de Joaquim Nabuco acerca da influência da elite de funcionários letrados no Brasil da segunda metade do século XIX, alonga essa influência retrospectivamente a um período de quase oito séculos.[4] Nesse caminho, o leitor atento percebe muitas vezes a camisa de força que significa a transposição, para as situações históricas mais variadas, de uma ideia que deixa, no limite, de ser uma categoria histórica e assume a forma de uma "maldição", uma entidade demiúrgica que tudo explica e assimila.

É Faoro quem explicará de que modo a categoria a-histórica de "estamento patrimonial" que o autor constrói transmuta-se quase que imperceptivelmente na noção pura e simples de Estado interventor. Toda a argumentação do livro baseia-se nessa transfiguração: sempre que temos Estado, temos um estamento que o controla em nome de interesses próprios, impedindo o florescimento de uma sociedade civil livre e empreendedora.

Apesar da narrativa elegante e literalmente erudita, "todos" os pressupostos, tanto os históricos quanto os sociológicos, da análise de Faoro são falsos. Repetem também passo a passo a "síndrome conceitual" do liberalismo conservador, cuja fragilidade conceitual e histórica é clara como a luz do sol do meio-dia: o Brasil não herda de Portugal sua estrutura social; o patrimonialismo ou a existência de um estado forte não se contrapõe ao desenvolvimento norte-americano, que deve desde o século XIX sua expansão territorial e econômica ao poderio militar; a análise do patrimonialismo é falsa e não se aplica ao Brasil contemporâneo; a teleologia política que coloniza os argumentos se completa na noção – finamente ironizada por Vianna Moog, como vimos no capítulo anterior – de São Paulo como uma espécie de "Massachusetts tropical", transformando bandeirantes caçadores de índios em protestantes ascéticos. O desprezo pela contextualização histórica e pela eficácia das instituições novas que se criam na modernidade se completa com a ideia de que o ascetismo fosse possível de ser mantido em contexto capitalista.

Ou seja, todo o mundo social e sua contextualização histórica são postos de cabeça para baixo para a comprovação da tese de um suposto "patrimonialismo" a partir de um estamento "do mal" incrustado no Estado, e que vampirizaria todas as forças vitais da sociedade. Frágil e absurda como é, essa ideia continua a ser a principal ideia-força do liberalismo conservador brasileiro, que permanece vivo no imaginário social cotidiano de todos nós. Episódios como o "mensalão" ou os escândalos de corrupção no Estado – todos, sem exceção, estimulados por interesses de mercado – na sua "subjetivação" e "novelização infantilizada" dos conflitos políticos, que passam longe de qualquer discussão racional dos conflitos sociais e políticos verdadeiramente em jogo, aludem à tese do patrimonialismo. É essa tese superficial e sem qualquer fundamento conceitual sério que serve de contraponto para a pobreza do debate público político entre nós.

Assim, vale a pena uma pequena digressão conceitual e histórica dessa noção em Max Weber, no qual todos, inclusive Faoro, buscam o "prestígio científico". A discussão weberiana acerca da noção de patrimonialismo é complexa e multifacetada. No sentido mais formal, o patrimonialismo é uma variação do tipo de dominação "tradicional".[5] Ao contrário das formas "primárias" de dominação tradicional, como a gerontocracia e o patriarcalismo, caracterizadas pela ausência de um quadro administrativo, o patrimonialismo se caracteriza pela presença de um quadro administrativo, o que, para Weber, traz as consequências mais importantes para o exercício da dominação política.[6] É que na estrutura triádica a partir da qual Weber pensa a dinâmica interna às esferas sociais,[7] o campo político se articula e se define enquanto tal a partir do peso relativo da relação triádica entre o líder, o quadro administrativo e os dominados. A entrada, portanto, do quadro administrativo em cena inaugura, de certo modo, a política em toda a sua complexidade. Isso porque entra em cena também o tema central da "delegação do poder", já que o exercício do poder sobre grande número de pessoas e extenso território exige o quadro administrativo como intermediário entre a liderança e os liderados.

A existência do quadro administrativo é tão importante para Weber que irá definir o tipo mais puro de outra espécie – além da dominação tradicional e suas variantes – de dominação permanente e estável,* a dominação racional-legal, precisamente pela existência de um quadro administrativo burocrático.[8] A burocracia é "racional", posto que a eficiência técnica e a estrita obediência à liderança se aproximam ao máximo do caso concreto. Isso se explica pelo fato de que a necessidade da delegação do poder criará as diversas constelações possíveis de exercício mais ou menos efetivo do poder sobre os liderados; do exercício do poder mais ou menos controlado pelo líder; ou, ainda, do exercício mais ou menos nas mãos de quem tem a delegação do poder. Por conta disso, Weber definirá também as diversas subdivisões do subtipo de dominação patrimonial precisamente a partir da maior importância relativa do líder ou do quadro administrativo.

Quando atentamos para a contextualização histórica em Weber, queremos, antes de tudo, ressaltar o fato de que o patrimonialismo não é compatível com esferas sociais diferenciadas – nas palavras de

* A dominação carismática só existiria como "tipo puro" em situações excepcionais. *Ibid.*, pp. 141-42.

Weber, como ele preferia se referir, "esferas da vida". As esferas da vida diferenciadas implicam que cada qual possui um princípio valorativo ou critério regulador que lhe é próprio e serve de padrão para a conduta dos sujeitos nessa esfera. Implica também que todo o conjunto de papéis sociais, expectativas de comportamento, construção organizacional e padrões de institucionalização vão se guiar e ser avaliados precisamente pelo mesmo critério regulador.

Toda a sociologia weberiana pode, inclusive, ser compreendida como uma tentativa de explicar de modo genético e causal por que apenas no Ocidente moderno logrou-se uma configuração social que não só possibilita mas também estimula a diferenciação entre as várias esferas sociais e o ganho em eficiência e racionalidade (instrumental) que esta mesma diferenciação social implica.

Toda a sua explicação do patrimonialismo em todos os seus casos concretos parte precisamente da impossibilidade da existência de esferas sociais diferenciadas no contexto patrimonial. Isso não quer dizer que não existam "aspectos políticos" ou "aspectos econômicos" da ação social nesses campos, mas essas ações são situadas e contextualizadas, crescendo, por exemplo, em tempos de guerra, para voltarem a inexistir em tempos de paz, não desenvolvendo, portanto, todas as virtualidades de um campo diferenciado. Nesse sentido, o patrimonialismo para Weber representa acima de tudo um simples aumento quantitativo da "economia doméstica" (*Hausgemeinschaft*),[9] ainda que existam pressupostos ideais novos, como a necessidade de legitimação carismática do líder patrimonial.[10]

Mesmo que o aumento quantitativo de novas conexões e funções para o exercício do poder seja requerido nessa "grande comunidade doméstica", o que acontece, como nota Thomas Schwinn em sua excelente discussão acerca do caráter necessariamente indiferenciado das esferas sociais no patrimonialismo,[11] é a mera substituição do princípio segmentado-horizontal da comunidade doméstica em favor de uma segmentação verticalizada com caráter hierárquico no patrimonialismo.[12]

A questão decisiva aqui é que todos os aspectos da vida estão amalgamados de modo radical, especialmente – mas não apenas – os aspectos econômicos e políticos. Mesmo que possam existir empreendimentos de grande vulto econômico no contexto patrimonial, como os assegurados por privilégios de monopólio de comércio e manufatura, os mesmos podem ser retirados de forma mais ou menos arbitrária, impedindo o cálculo e a previsibilidade, indispensáveis à institucionalização da esfera econômica. Está pressuposto no argumento weberiano que é a irremediável confusão entre as diversas esferas sociais que garante a apropriação do excedente social nos termos patrimoniais: precisamente como "butim livre para a formação de fortunas" dos setores privilegiados.[13]

Como a interpretação dominante do suposto "patrimonialismo brasileiro"* enfatiza a variante em que o "estamento" (*Stand*), ou seja, o quadro administrativo, assume a proeminência e o efetivo exercício do poder – em próprio interesse e em desfavor tanto da liderança quanto dos liderados –, então nada mais razoável que ilustremos nossa crítica a essa "apropriação indébita" pela comparação com o caso histórico analisado em detalhe por Weber e por ele considerado o exemplo mais puro de "patrimonialismo estamental".[14]

Se prestarmos atenção à análise que Weber desenvolve no estudo sobre o confucionismo e o taoísmo nas suas relações com o império patrimonial chinês,[15] podemos perceber facilmente o quanto seu conceito de patrimonialismo é contextual e historicamente determinado. Como o patrimonialismo jamais se reduz à esfera da política em *stricto sensu*, já que a "esfera política" em sentido diferenciado e estrito ainda não existe, a dominação social implica uma articulação específica de diversos interesses além dos estritamente políticos. Em primeiro lugar, a confusão entre as diversas esferas sociais, da qual o patrimonialismo retira a própria condição de possibilidade, exige a existência de uma série de fatores socioeconômicos "externos" ao que chamaríamos hoje em dia de dominação política em sentido estrito. Alguns desses fatores importantes são: a inexistência de uma economia monetária desenvolvida; a existência de um direito não formal; e

* Os dois grandes nomes da recepção weberiana no Brasil são Sérgio Buarque e Raymundo Faoro.

uma legitimação em grande medida mágico-religiosa do poder político. Todos esses elementos marcam a sociedade chinesa patrimonial.

O ponto central em todos esses casos parece-me a impossibilidade de "cálculo racional", que todos esses fatores envolvem e estimulam reciprocamente. A extração do excedente social concentrado no estamento patrimonial dos literatos só pode ser obtida em um contexto onde não apenas existe enorme dificuldade de controle pela autoridade central, mas também onde a possibilidade de cálculo da atividade econômica e do produto do trabalho, precisamente pelo pouco desenvolvimento da economia monetária, é reduzida ao mínimo. Toda a possibilidade de cálculo entre receita e despesa e planejamento e racionalização da vida depende da existência dessas precondições, que, no caso chinês, não estavam dadas.

As possibilidades de previsibilidade e de cálculo da ação social são, para Weber, os aspectos mais importantes da condução de vida "racional" em qualquer esfera social, posto que, na sua ausência, inexiste a possibilidade do cálculo dos meios adequados a dado fim objetivado. Uma parte importante do potencial revolucionário das cidades ocidentais como fator de desestabilização do patrimonialismo ocidental reside precisamente na influência da economia monetária na e para além dos limites da cidade "livre".[16]

Como Weber, ao contrário dos seus epígonos, não defende um "culturalismo", em que a influência da "cultura" se dá de modo independente da eficácia institucional, é necessário, sempre, que exista uma adequação entre os estímulos institucionais imprescindíveis – sejam eles de natureza econômica, política ou jurídica – que constroem certo tipo de condução de vida prática pelos agentes, ou seja, nós todos, pessoas comuns. O "tipo de dominação patrimonial" pressupõe, no sentido forte do termo, uma configuração institucional específica como sua própria condição de existência. Não atentar a essas precondições é utilizar o "conceito" como mero "nome", ou seja, uma denominação arbitrária desprovida de qualquer contextualização histórica e cuidado conceitual, que é precisamente o que não só Faoro mas todos os que usam este conceito entre nós fazem.

Entre os fatores "internos" da esfera política, temos o fato de que na China o estamento de literatos era o estrato social mais organizado e poderoso, ainda que em grande medida ineficaz em relação ao poder local dos clãs e da autoridade paterna familiar. Não só desfrutavam de alto prestígio social como também mantinham comunicação entre si e zelavam cuidadosamente pelo monopólio das condições que garantiam seus privilégios. Além disso, estavam representados por toda a China, sendo efetivamente a única instância de poder real. O "patrimonialismo estamental", como sabemos, é, para Weber, o exemplo mais claro de "dominação do quadro administrativo" pela necessidade de delegação do poder, que a expansão dos grandes impérios com enorme extensão territorial cria, vinculada simultaneamente à carência dos instrumentos de controle deste mesmo poder fático pelo dominador ou líder. No caso brasileiro, só em meados do século XX se constitui uma verdadeira burocracia com os meios para a atuação em todo o território nacional, mas já em um contexto de desenvolvimento capitalista intenso e rápido.

A situação brasileira era, portanto, muito diferente sob todos os aspectos do caso chinês. Primeiro, tomando como exemplo o caso brasileiro, jamais existiu no período colonial qualquer coisa semelhante ao estamento burocrático chinês. A colonização do país foi deixada nas mãos de particulares que eram verdadeiros soberanos nas suas terras, onde o Estado português apenas de modo muito tênue conseguia impor sua vontade. A ênfase de Faoro em uma "dominação à distância" de Portugal no Brasil, que atravessava praias e sertões com olhos de "big brother", que tudo viam e controlavam, equivale a uma quimera. Portugal era um país pequeno e pouco populoso, e sua estratégia de delegar a particulares a colonização das novas terras foi um imperativo de sobrevivência. Aqui, como em outros lugares, a "fantasia histórica" serve apenas para corroborar uma tese "política" sem qualquer fundamento na realidade.

No contexto brasileiro, a associação com o feudalismo – que seria também imprecisa – teria mais relação com a realidade do que a ficção patrimonialista que a tudo controlava. Precisamente a falta de qualquer estrutura de controle e administração levou a uma forma extremamente descentralizada de desenvolvimento das "capitanias", como eram chamadas então as estruturas descentralizadas. Uma exceção histórica foi o ataque fiscal aos lucros das minas na província de Minas Gerais na segunda metade do século XVII, sem que isso tenha levado à constituição de um estamento nacional, já que o intuito era meramente fiscal e localizado na região das minas. A partir de 1808, com a abertura dos portos, a economia monetária penetra de modo incipiente, mas com crescente importância, e o capitalismo comercial se torna uma realidade interna cada vez mais importante, implicando a constituição de um sistema bancário e financeiro crescentemente influente nas cidades.

A realidade dos contratos e do Direito formalizado, por sua vez, já existia desde a escravidão, e convivia com esta tendo sempre atraído a atenção de estudiosos do assunto.* Nunca houve também, no Brasil ou na América Latina, legitimação mágica do poder político, no sentido chinês do termo, no qual o imperador era a garantia de harmonia no mundo natural e social percebidos como indistintos.[17] O caso chinês é típico, pois mostra todas as virtualidades do patrimonialismo como um tipo de dominação e, por extensão, quando acompanhado da indistinção de esferas sociais, como vimos anteriormente, um tipo específico de sociedade e de sociabilidade. Dado um contexto "tradicional" nos termos weberianos, toda vez em que o feudalismo e os poderes locais e descentralizados logram se desenvolver para a forma imperial e centralizada sem os mecanismos modernos de controle do poder burocrático, a racionalização da conduta cotidiana e a possibilidade de cálculo econômico racional, o patrimonialismo e seus subtipos tendem a se desenvolver como realidade efetiva.

Além disso, entre 1930 e 1980 o Brasil foi um dos países de maior crescimento econômico no mundo, logrando construir um parque industrial significativo sem paralelo na América Latina. Como é possível exibir tamanho dinamismo econômico em um contexto, como o do patrimonialismo, que pressuporia "indiferenciação da esfera econômica",

* Roberto Schwartz, por exemplo, fez desse tema o seu mote de estudos. Ver Schwartz, Roberto. *Ao vencedor as batatas*. São Paulo: Editora 34, 1995.

e, portanto, ausência de pressupostos indispensáveis e de estímulos duradouros de toda espécie à atividade econômica? Essa pergunta já seria um desafio intransponível para os defensores do "patrimonialismo brasileiro", mas ela nunca é feita. Daí essa noção funcionar como pressuposto central nunca explicitado. Para seus defensores de hoje, ela é tão óbvia que dispensa explicitação.[18]

Na sociologia brasileira, portanto, o conceito de patrimonialismo perde qualquer contextualização histórica, fundamental no seu uso por Max Weber, e passa a designar uma espécie de "mal de origem" da atuação do Estado enquanto tal em qualquer período histórico. Em Faoro,[19] que, como vimos, fez dessa noção seu mote investigativo com extraordinário impacto e influência até hoje – enquanto na maioria dos intelectuais brasileiros ela é um pressuposto implícito, embora fundamental –, a noção de patrimonialismo carece de qualquer precisão histórica e conceitual. Historicamente, na visão de Faoro, existiria patrimonialismo desde Portugal medieval, onde não havia sequer a noção de "soberania popular" – e, portanto, se não havia a ideia da separação entre bem privado (do rei) e bem público, o rei e seus prepostos não podiam "roubar" o que já era deles de direito.

Em segundo lugar, no âmbito de suas generalizações sociológicas, o patrimonialismo acaba se transformando, de forma implícita, em um equivalente funcional para a mera intervenção estatal. No decorrer do livro de Faoro, o conceito de patrimonialismo perde crescentemente qualquer vínculo concreto, passando a ser substitutivo da mera noção de intervenção do Estado, seja quando este é furiosamente tributário e dilapidador, por ocasião da exploração das minas no século XVIII, seja quando o mesmo é benignamente interventor, como quando D. João cria, no início do século XIX, as precondições para o desenvolvimento do comércio e da economia monetária, quadriplicando a receita estatal e introduzindo inúmeras melhorias públicas.

A imprecisão contamina até a noção central de "estamento", uma suposta "elite" incrustada no Estado, que seria o suporte social do patrimonialismo. O tal "estamento" é composto, afinal, por quem? Pelos juízes, pelo presidente, pelos burocratas? O que dizer do empresariado brasileiro, especialmente o paulista, que foi, no caso brasileiro, o principal beneficiário do processo de industrialização financiado pelo Estado interventor desde Vargas? Ele também é parte do "estamento" estatal? Deveria ser, pois foi quem econômica e socialmente mais ganhou com o suposto "Estado patrimonial" brasileiro. Como fica, em vista disso, a falsa oposição entre mercado "idealizado" e Estado "corrupto"?

A resposta para tamanha refração de olhos tão seletivos que só veem o que querem explica-se, creio eu, a partir do pressuposto de toda a análise faoriana, mais ainda, pelo pressuposto implícito de toda a sociologia do patrimonialismo brasileira. Esse pressuposto é a crença liberal clássica de que a ação estatal acarreta, invariavelmente, o amortecimento das forças vitais de uma sociedade. O que faz com que Faoro perceba em políticas tão diversas apenas o novo disfarce do velho mal é o fato de que, para ele, a predominância do Estado como estimulador e condutor da vida social é um mal em si e acarreta o desaparecimento, ou evita o aparecimento, de formas autônomas de organização social. A tese do patrimonialismo como uma noção *ad hoc*, que instrumentaliza o prestígio científico para produzir um "efeito de convencimento político", age como se revestisse, como um dado secundário, essa verdade primeira e mais essencial.

Na verdade, o que mantém a aparência de validade desta tese é a crença infantil de que existem Estados que não seriam "apropriados privadamente" em qualquer lugar do planeta. Quando a única questão razoável é saber se o Estado é apropriado por uma pequena minoria privilegiada ou se pelo interesse da maioria. Como se pensar, por exemplo, que o Estado norte-americano – o paraíso na terra para os liberais brasileiros colonizados até o osso – depois da guerra do Iraque quando o interesse de companhias petrolíferas saqueou e provocou a morte de milhões, inclusive de norte-americanos, com base em mentiras para obter lucros; ou depois das fraudes da crise de 2008 operada pelo mercado financeiro, como "Estado público" e não apropriado por uma minoria?

CAPÍTULO 5

O jeitinho brasileiro

As banalidades da modernização do culturalismo conservador

A OBRA DO antropólogo Roberto DaMatta representou a "modernização" possível do culturalismo conservador brasileiro. DaMatta é um antropólogo formado nas melhores universidades do mundo e a versão brasileira mais bem-sucedida – em termos do sucesso medido por vendas de livros e influência acadêmica e social – do estruturalismo antropológico que renovou esta ciência em todo o mundo na linhagem de Lévi-Strauss e Louis Dumont. Ele é também o melhor exemplo de como uma perspectiva pretensamente científica – por mais bem-vestida e reluzente que seja – que não critica seus pressupostos está condenada à repetição das banalidades e truísmos de um senso comum permeado de preconceitos.

Em resumo, se o ponto de partida do culturalismo conservador brasileiro sintetizado por Gilberto Freyre é a construção de um "mito nacional", um "conto de fadas para adultos" para fins práticos de solidariedade social, a ciência só pode ser construída "contra" o mito, e não "a partir" dele. A perspectiva científica – e esta talvez seja a única concordância de todos os pais da ciência social moderna – só se constitui "contra" o senso comum acerca do mundo social que todos nós compartilhamos. Isso significa que apenas a ciência tem um compromisso com a "busca da verdade", o que o senso comum, povoado por demandas pragmáticas de todo tipo, não possui.

Roberto DaMatta é, nesse sentido, o representante de um culturalismo menos ingênuo do que o imaginado pelos seus antecessores, na medida em que a "cultura" não é mais percebida como um dado da intencionalidade individual, mas como uma espécie de "inconsciente coletivo" da qual as pessoas participam sem ter consciência do que fazem. Esta concepção seria uma quebra com as ilusões do senso comum, que imagina o mundo social sendo formado pelo ajuntamento de intenções individuais. Mas DaMatta não é consequente nessa ruptura, o que a faz superficial e ainda mais perigosa, pois dá a impressão de novidade onde ela não existe.

É que DaMatta não discute o principal: os pressupostos, que são, no entanto, o fundamento para tudo que ele dirá depois. O que permanece não discutido é o núcleo da concepção do Brasil como uma sociedade pré-moderna, constituída por indivíduos emotivos, que obedecem a preferências do sentimento e que são, por conta disso, corruptos e inconfiáveis. Do mesmo modo que Buarque, DaMatta incorpora o personalismo freyriano e confere um sinal negativo àquilo que era para Freyre – para seus fins de criação de um "orgulho nacional" – positivo ou pelo menos ambíguo. Mas a ideia mais importante aqui é mantida. O Brasil é herdeiro de Portugal no seu personalismo pré-moderno mesmo depois que o país se urbaniza, se moderniza e se industrializa. Se Buarque falava nos anos 1930, quando o Brasil engatinhava no seu esforço de modernização, DaMatta repete o mesmo raciocínio no final do século XX, quando o Brasil já tinha dado adeus ao passado rural e construído o maior parque industrial do Hemisfério Sul do globo.

Mas, para DaMatta, como já tinha sido para Buarque e Faoro, essas verdadeiras revoluções institucionais, que transformaram radicalmente todas as outras sociedades do planeta, não mudaram o Brasil na sua essência pré-moderna. Assim como Buarque dizia que a modernização brasileira do século XIX era "para inglês ver", ou "vinho novo em odres velhos", na figura de Faoro, também DaMatta é presa de um culturalismo pensado *ad eternum*, que nunca muda, a não ser superficialmente. Do mesmo modo que a tradição anterior, que ele continua, o contraponto é o fato de se manterem os mesmos Estados Unidos pensados como "paraíso na terra", um país supostamente sem corrupção, sem "jeitinhos" criados a partir de relações pessoais privilegiadas e, talvez o mais incrível, o exemplo de "igualdade social"!*

Assim como nos demoramos na crítica da versão "institucionalista" de maior prestígio do nosso culturalismo conservador, representada pela fundamentação histórica da noção de "patrimonialismo" em Raymundo Faoro, também criticaremos detalhadamente a versão mais influente e festejada de nosso culturalismo "personalista", representada por Roberto DaMatta.

Falo em "personalismo" posto que a atenção de DaMatta se concentra em uma abordagem culturalista das nossas práticas e ritos cotidianos. Sua pretensão foi captar o núcleo da sociabilidade brasileira por trás das suas aparências. Ou seja, DaMatta imagina ter feito precisamente aquilo que também defendemos como o objetivo maior da ciência: a crítica do senso comum e suas ilusões. Esse será, portanto, o fio condutor de nossa crítica: demonstrar que DaMatta não fez o que ele mesmo concorda ser o desafio da ciência social. Afinal, ele imagina que sua reflexão aponta para o desejo de surpreender a realidade brasileira por detrás de suas autoimagens consagradas. Assim, em *Carnavais, malandros e heróis*,[1] seu livro mais importante, essa tentativa é empreendida a partir da análise do cotidiano brasileiro, no estudo de seus rituais e modelos de ação que todos nós realizamos sem ter a consciência de que assim o fazemos.

O método, ao qual já fizemos referência, é o estrutural, enfatizando as possibilidades de combinações alternativas e as ênfases distintas de elementos dominantes e subordinados de cada sistema social analisado. Assim, as categorias mais gerais do raciocínio damattiano, as de indivíduo e pessoa, são percebidas como se articulando de forma peculiar em cada sociedade. DaMatta é fortemente influenciado, nessa oposição, pelo antropólogo francês Louis Dumont,[2] que pensa em uma chave teórica que opõe a ideia de "hierarquia e holismo", da qual a Índia seria o exemplo mais acabado, à ideia da "igualdade e individualismo", da qual os Estados Unidos seriam o exemplo mais perfeito.

* Qualquer leitor que tenha viajado aos Estados Unidos e visitado os subúrbios pobres de Nova York, Chicago ou Los Angeles, cuja pobreza e violência são inauditas em qualquer país rico, não deixará de estranhar tamanha distorção da realidade.

Assim, o indivíduo no Brasil não seria uma categoria universal e englobadora, como nos Estados Unidos, nem apenas o renunciante, como na Índia. O indivíduo entre nós seria o joão-ninguém das massas, que não participa de nenhum poderoso sistema de relações pessoais. Desse modo, teríamos no Brasil, ao contrário tanto dos Estados Unidos quanto da Índia, um sistema "dual", e não um sistema unitário. A questão essencial para DaMatta, portanto, já está posta: trata-se, no caso brasileiro, de perceber a *"dominância relativa de ideologias e idiomas através dos quais certas sociedades representam a si próprias"*.[3] Nesse sentido, nossa especificidade seria nossa dualidade constitutiva.

O indivíduo entre nós se definiria pela oposição com seu contrário: a pessoa. Esta, por sua vez, se definiria como um ser basicamente relacional, uma noção apenas compreensível por referência a um sistema social em que há as relações de compadrio, família, amizade e troca de interesses e favores, ou seja, o personalismo, como já vimos em Buarque e Faoro. No indivíduo, teríamos, ao contrário, uma contiguidade estrutural com o mundo das leis impessoais que submetem e subordinam. Na verdade, DaMatta procura relacionar o que considera como duas leituras da realidade brasileira,[4] que seriam vistas comumente como antagônicas: uma "institucionalista", a qual destacaria os macroprocessos políticos e econômicos, segundo a lógica da economia política clássica e implicando, por isso mesmo, alguma forma de diagnóstico pessimista do Brasil; e outra vertente, a qual poder-se-ia chamar de "culturalista", na qual a ênfase é concedida ao elemento cotidiano dos usos e costumes, da nossa tradição familística, ou "da casa", na linguagem de DaMatta. Sua própria perspectiva seria, portanto, superadora e sintetizadora dessas perspectivas parciais, unindo-as e relacionando-as, como duas faces de uma mesma moeda, transformando essas visões unilaterais em um "dualismo" articulado.

Ao tentar unir e relacionar as duas perspectivas em um mesmo quadro teórico de referência, acredita DaMatta poder perceber a "gramática profunda" do universo social brasileiro. Veremos mais adiante que o acesso a essa gramática exigiria a superação do próprio dualismo. Permaneçamos, no entanto, ainda um instante, dentro do próprio horizonte aberto pelo dualismo damattiano. Em que consiste esse dualismo, e como DaMatta o constrói?

Vimos que os termos mais abrangentes desse dualismo são as noções de indivíduo e pessoa. Esse é o dado fundamental e primário na medida em que todos os outros decorrem desse antagonismo fundamental. Assim, outras dualidades importantes para DaMatta, como aquela entre a casa e a rua, por exemplo, que deu o título a um dos seus livros, são decorrentes da oposição entre indivíduo e pessoa porque indicam "espaços" privilegiados onde cada uma dessas modalidades de relações sociais se realizariam.

À oposição entre a casa e a rua corresponderiam, por sua vez, "papéis sociais, ideologia e valores, ações e objetos específicos, alguns inventados especialmente para aquela região no mundo social".[5] Nesse sentido, nossos rituais são analisados e compreendidos a partir da oposição entre a casa e a rua e se distinguem entre si no modo específico de lidar com esse antagonismo. Assim, a procissão religiosa teria sua peculiaridade no fato de precisamente permitir, durante um breve instante, a supressão da dicotomia casa/rua. O santo, para o qual a procissão é realizada, se "eleva" acima da dicotomia, suspendendo suas lealdades e sentimentos respectivos, criando, por alguns instantes, uma lealdade específica, sintetizadora, em relação a um novo campo de ação: o do sagrado.

Na parada militar, por oposição, o mundo das casas não é irmanado na devoção ao santo comum, mas é de certa forma "invadido" pelo Estado, que "recruta" e hierarquiza seus membros sob a forma de participantes humildes (os soldados), diferenciados (as autoridades) ou meros espectadores (o povo indiferenciado e tornado massa). O carnaval, por sua vez, teria sua singularidade no fato de que a rua tornar-se-ia casa por alguns dias. Uma casa que celebra em praça pública o mundo da "cintura para baixo", o qual em dias normais é escondido dentro de casa; uma casa que torna seguro (sic) o ambiente desumano de competição hostil que caracterizaria a rua. Ao mesmo tempo, a rua transformada em casa subverte tanto o código (hierárquico) da rua quanto o da própria casa. Daí o carnaval ser uma perfeita inversão da realidade brasileira: é uma festa sem dono em um país que tudo hierarquiza.[6]

No entanto, é apenas no ensaio denominado "Você sabe com quem está falando?" que encontramos uma condensação de todos os aspectos desenvolvidos na interpretação damattiana da realidade brasileira. O ritual autoritário do "Você sabe..." é cotidiano, diferentemente dos anteriores, do cotidiano hostil da rua, bem entendido, e no qual todo brasileiro, mesmo aquele que não brinca carnaval, não assiste a paradas militares ou acompanha procissões religiosas, se reconhece facilmente.

Para DaMatta, o "Você sabe..." põe a nu, revela à luz do dia um traço que o brasileiro não gosta e prefere esconder. Afinal, o que viria à tona aqui não seria mais nossa celebrada e carnavalizada cordialidade, mas o verdadeiro e profundo "esqueleto hierarquizante de nossa sociedade".[7] Esse ponto é absolutamente fundamental tanto para o argumento do autor quanto para a crítica que faremos mais adiante. É que, ao contrário da análise dos outros rituais extracotidianos, o "Você sabe..." condensa e unifica todos esses aspectos e lança a questão central da articulação e hierarquização específica de todos esses elementos. Afinal, como se combinam indivíduo e pessoa ou casa e rua? Qual o elemento dominante e qual o subordinado?

DaMatta não responde a essa questão de forma clara. Muitas vezes prefere enfatizar o componente aberto dessa competição entre princípios de organização social, o que, de resto, na sua visão, permitiria caracterizá-la como o âmago do "dilema brasileiro".* No entanto, uma análise atenta permite coletar uma série de indícios interessantes para nossos propósitos. As palavras "esqueleto" e "núcleo", que DaMatta usa constantemente para se referir ao componente hierárquico da formação brasileira, são sintomáticas. Afinal, "esqueleto" ou "núcleo" referem-se a alguma coisa escondida, a qual não seria imediatamente visível como a pele ou a superfície que os recobre, mas que nem por isso deixa de ser mais importante e mais substancial que o componente exterior.

E é precisamente a mesma lógica que uma análise sistemática do ritual do "Você sabe..." nos mostra. Vejamos. O ritual do "Você sabe..."

* Veremos mais adiante que essa atitude é a raiz daquilo que criticaremos como "concretismo fora de lugar".

envolve sempre uma oposição precisamente entre um dado, ao mesmo tempo mais visível e mais superficial (posto que o elemento universalizante e igualitário seria o único discurso oficial e legítimo), e um componente mais profundo e menos visível (posto que não precisaria ser citado), que é o componente mais decisivo e eficaz do drama social em questão na medida em que resolve o conflito e restaura a paz hierárquica ameaçada.

É este último elemento, portanto, que DaMatta chama de "esqueleto" ou "núcleo" hierárquico, o elemento que atualizaria a gramática social mais profunda de uma sociedade como a brasileira. É sua desagradável aparição no cotidiano que restaura a paz hierárquica perturbada por quem levou a sério o princípio igualitário e teve que ser lembrado "do seu lugar". O ritual é "desagradável" precisamente porque verbaliza o que não deveria ser dito para ser eficaz, quebrando assim o pacto silencioso e cordial de uma sociedade em que cada um efetivamente deve conhecer o "seu lugar".

> ... no drama do "Você sabe com quem está falando?" somos punidos pela tentativa de fazer cumprir a lei ou pela nossa ideia de que vivemos num universo realmente igualitário. Pois a identidade que surge do conflito é que vai permitir hierarquizar [...] A moral da história aqui é a seguinte: confie sempre em pessoas e em relações (como nos contos de fadas), nunca em regras gerais ou em leis universais. Sendo assim, tememos (e com justa razão) esbarrar a todo momento com o filho do rei, senão com o próprio rei.[8]

Assim, e esse ponto é absolutamente fundamental tanto para a compreensão do argumento do autor quanto para a crítica que será feita adiante, é o elemento pessoal que é visto como dominante em relação ao elemento abstrato, legal, que se refere ao mundo dos indivíduos indiferenciados. Mas como eles se articulam? Até onde a validade parcial do elemento impessoal tem alguma eficácia? Como se dá a combinação específica entre os dois princípios? É como se tivéssemos duas bases através das quais pensássemos nosso sistema. No caso das leis gerais e da repressão, seguimos sempre o código burocrático ou a vertente impessoal e universalizante, igualitária, do sistema. Mas no caso das situações concretas, aquelas que a "vida" nos apresenta, seguimos sempre o código das relações e da moralidade pessoal, tomando a vertente do "jeitinho", da "malandragem" e da solidariedade como eixo de ação. Na primeira escolha, nossa unidade é o indivíduo; na segunda, a pessoa. A pessoa merece solidariedade e um tratamento diferenciado. O indivíduo, ao contrário, é o sujeito da lei, foco abstrato para quem as regras e a repressão foram feitas.[9]

De acordo com essa ótica, a lei geral e abstrata teria uma validade de primeira instância. Afinal, pressupõe uma igualdade de "partida" que pode ser confirmada como verdadeira no ponto de "chegada", ou seja, nos casos concretos do dia a dia e do cotidiano de todos nós. No entanto, em caso de conflito, o caso concreto obedeceria a outros imperativos que não àquele da lei geral. Precisamente aqui entraria o componente das relações pessoais, do "capital" que se acumula em termos de contato e influência. Seria como se as relações pessoais desempenhassem o papel do Judiciário nos países individualistas e igualitários. Como cabe ao Poder Judiciário precisamente dirimir conflitos a partir dos casos concretos, teríamos, no nosso caso específico, uma resolução "informal", sem burocracia e rápida: através da "carteirada", do jeitinho, da ameaça velada e do "você sabe...". No caso concreto não aplicamos a lei geral ao caso específico, mas a força relativa de nossas relações pessoais. Em outras palavras, ou melhor, nas palavras do próprio autor: "'o você sabe...' permite estabelecer a pessoa onde antes só havia o indivíduo".[10]

Esse tipo de solução é extremamente problemática sob o ponto de vista da fundamentação teórica do dualismo proposto por DaMatta. Afinal, levada às últimas consequências, essa solução implica afirmar que os brasileiros se comportam de modo inverso aos estímulos das instituições sociais fundamentais, como Estado e mercado. DaMatta leva ao paroxismo o "déficit sociológico" que habita o culturalismo brasileiro desde seus inícios: o comportamento prático das pessoas é explicado por "heranças culturais" misteriosas sem qualquer relação com as instituições que, na realidade, comandam nossa vida. Esse "déficit conceitual" não é fácil de criticar, pois DaMatta vincula habilmente a autoimagem folclórica do brasileiro sobre si mesmo com análises concretas de rituais facilmente observáveis na realidade cotidiana. Ou seja: como o "senso comum" não percebe a ação das instituições na nossa vida – já que nascemos sob a égide delas e, portanto, a "naturalizamos" como o fato de o Sol nascer todo dia –, nosso culturalismo superficial e conservador faz o mesmo, duplicando em conceitos as ilusões e a fragmentação da consciência do senso comum.

Mais ainda. Como não se percebe a eficácia das instituições, não se percebe também o que temos de similar com outras sociedades modernas, o que só facilita o "conto de fadas" do Brasil como uma sociedade pré-moderna, do favor pessoal, da corrupção e do personalismo das relações pessoais. Como povo colonizado – e com uma "ciência" servil que reproduz essa colonização – e que, portanto, idealiza sociedades estrangeiras, imaginamos também que existam, de fato, sociedades onde relações pessoais não envolvam privilégios para quem as possui. A evidência e eficácia desse tipo de discurso são, portanto, enormes. Esse ponto é fundamental: o verdadeiro pressuposto do culturalismo dual damattiano é uma oposição entre a imagem folclórica do Brasil e de suas relações sociais e uma imagem colonizada, basbaque, servil e acrítica dos Estados Unidos.

O dualismo engendrado pelas noções de indivíduo e pessoa, como a base do que DaMatta chama de "dilema brasileiro",* foi desenvolvido ao longo das décadas de 1980 e 1990, seja em trabalhos de divulgação,[11] seja em livros como *A casa e a rua*, em que a dimensão espacial da dualidade ganha proeminência e é analisada em maior detalhe. A seguir, gostaria de continuar a discussão em dois passos: 1) desenvolvendo uma apreciação crítica da perspectiva damattiana; 2) depois procurando reconstruir uma resposta alternativa às questões deixadas em aberto pelo esquema damattiano.

Inicialmente nos deteremos na própria ideia de sociedade e de teoria social, as quais, segundo o próprio autor, são subjacentes à sua análise. No livro *A casa e a rua* encontramos a seguinte definição:

* O dualismo às vezes é interpretado como um esquema tripartite também, onde, além da casa e da rua, teríamos o "outro mundo". DaMatta, Roberto. 1991, p. 68.

> A ideia de sociedade que norteia esse livro, portanto, não é aquela da sociedade como um conjunto de indivíduos, com tudo o mais sendo mero epifenômeno ou decorrência secundária de seus interesses, ações e motivações. Ao contrário, sociedade aqui é uma entidade entendida de modo globalizado. Uma realidade que forma um sistema. Um sistema que tem suas próprias leis e normas. Normas que, se obviamente precisam dos indivíduos para poderem se concretizar, ditam a esses indivíduos como devem ser atualizadas e materializadas.[12]

O texto acima nos interessa de perto porque DaMatta assume uma posição clara contra uma ciência social subjetivista que pretende reduzir a complexidade social à referência às intenções individuais dos agentes. É, como vimos, uma crítica correta e bem-feita. Segundo essa concepção de sociedade, tem-se que se buscar no próprio sistema social as leis e normas que explicam o comportamento dos indivíduos que a compõem. Deve-se procurar descobrir, portanto, a "gramática social profunda" da sociedade em questão, a qual é sempre em grande parte inconsciente ou inarticulada na consciência dos indivíduos que a compõem, para que possamos interpretar o comportamento destes e a lógica da própria dinâmica social.

Vimos que, segundo DaMatta, no caso brasileiro essa gramática social profunda apresenta uma peculiaridade: é dual (ao contrário da dos Estados Unidos, por exemplo, que seria unitária), composta por dois princípios antagônicos, o indivíduo das relações impessoais e a pessoa das relações de compadrio e de amizade. Vejamos com cuidado os pressupostos desses dois tipos de relações sociais.

Sabemos que em sociedades modernas os dois poderes impessoais mais importantes são o Estado e o mercado capitalistas. Essas são também as instituições que DaMatta tem em mente quando se refere ao mundo competitivo, hostil, das regras gerais e impessoais associadas à competição capitalista e ao aparelho repressivo do Estado. Em oposição a este, teríamos o mundo da casa, onde as relações se regem pela afetividade e todos são supercidadãos. Esse seria o lugar onde os brasileiros se sentiriam bem e poderiam desenvolver sua decantada cordialidade.

Existe, no entanto, um problema básico nesse quadro à primeira vista bem-arrumado que precisaria ser explicado: qual é o conjunto de regras ou normas que explica e constitui a articulação entre esses dois mundos? Se DaMatta pretende explicar as normas e regras sociais últimas que esclarecem nossa singularidade, então a forma de articulação entre esses dois princípios tem que ser explicada. A dualidade enquanto tal é uma simples aporia. Sem estar determinada nas suas regras, pode ser usada *ad hoc*, para o esclarecimento de um sem-número de questões, onde às vezes um princípio é mais importante, outras vezes outro assume a primazia. Mas, nesses casos, há que se perguntar: o que faz com que precisamente nessa situação um ou outro princípio seja mais ou menos eficiente? Essa questão nunca é respondida por DaMatta. O último horizonte explicativo é sempre uma dualidade indeterminada que varia ao sabor das situações concretas examinadas. Porque não é determinada e explicitada que, no lugar não preenchido por uma explicação adequada, entra, necessariamente, a percepção de senso comum que reproduz os preconceitos do mundo. É isso que faz a ciência culturalista damattiana tão superficial e conservadora: ela reproduz o senso comum que deveria criticar.

A ideia de uma gramática social profunda só tem sentido se for possível determinar a hierarquia material e valorativa que preside a institucionalização de estímulos seletivos para a conduta dos indivíduos que a compõem. Essa seletividade, por sua vez, exige a consideração da variável do poder relativo de grupos e classes envolvidos na luta social por hegemonia ideológica e material, ou seja, exige que o tema do poder e da luta pelo poder e hegemonia social seja tematizado.

Desse modo, para todos os clássicos da sociologia que lidaram com a questão da institucionalização diferencial de valores e concepções de mundo, pensadores tão diferentes como Max Weber, Norbert Elias e Pierre Bourdieu, a questão de se determinar a hierarquia de valores que logra comandar uma sociedade específica exige a articulação da relação entre valores e estratificação social. Afinal, é a imbricação entre domínio material e ideológico e acesso diferencial a bens ideais ou materiais escassos que cumpre esclarecer.

Para todos os autores citados acima, é fundamental a vinculação entre a concepção de mundo (no sentido de conjunto articulado de normas e valores) e os estratos sociais que servem de *suporte* a essa concepção. Aqui não se trata da causalidade materialista marxista, que reintroduz por outros meios a noção de subjetividade individual transformada agora em sujeito coletivo* com consequências deletérias para a análise social. A noção de *suporte social* de valores e normas refere-se, ao contrário, a processos não intencionais sem sujeito, através dos quais grupos e classes identificam-se com valores e são ao mesmo tempo perpassados e dirigidos por eles na dinâmica social.**

Isso era precisamente o que o próprio DaMatta dizia que a ciência social deveria ser, ou seja, um esforço para ir além da intencionalidade individual, como vimos anteriormente em sua citação. Mas isso exigiria superar o subjetivismo e tentar perceber como a dinâmica coletiva influi no comportamento individual. Mas não encontramos classes e grupos sociais na obra de Roberto DaMatta. O tema da estratificação social e a relação desta com valores desempenha um papel, na melhor das hipóteses, marginal no seu esquema explicativo. Na reflexão de DaMatta encontramos apenas indivíduos e "espaços" sociais. Minha hipótese nesse texto é que isso impede precisamente que ele tenha acesso à gramática social da sociedade brasileira como definida por ele mesmo. É que, desvinculada de uma teoria da estratificação social que explique como e por que precisamente esses valores e não outros lograram se institucionalizar, toda a temática da relação com valores se torna externa e indeterminada. Valores passam a ser concebidos como alguma coisa que existe independentemente de sua

---

* Refiro-me aqui às aporias que marcaram boa parte do assim chamado "marxismo ocidental", antes de tudo presentes na obra de Georg Lukács. Ver, especialmente, Lukács, Georg. *Geschichte und Klassenbewußtsein: Studien über marxistische Dialetik.* Darmstadt: Westdeutsche, 1988.

** A noção que explica essa relação em Weber é a de "paradoxo das consequências". Para uma excelente discussão desse aspecto da obra weberiana, ver Cohn, Gabriel. *Crítica e Resignação.* São Paulo: Queiroz, 1979. Em Elias o conceito central nesse tema é o de "mecanismo" (por exemplo, o mecanismo de descentralização base do feudalismo europeu) para indicar uma necessidade sistêmica independente da intencionalidade dos grupos e classes que sofriam sua influência. Ver Elias, Norbert. 1984. Especialmente o volume 2.

institucionalização, agindo de forma misteriosa sobre indivíduos e espaços sociais. Vejamos alguns exemplos.

> Quando, então, digo que "casa" e "rua" são categorias sociológicas para os brasileiros, estou afirmando que, entre nós, estas palavras não designam simplesmente espaços geográficos ou coisas físicas mensuráveis, mas acima de tudo entidades morais, esferas de ação social, províncias éticas dotadas de positividade, domínios culturais institucionalizados e, por causa disso, capazes de despertar emoções, reações, leis, orações, músicas, e imagens esteticamente emolduradas e inspiradas.[13]

Para o autor, portanto, casa e rua não são apenas "espaços" antagônicos e relacionados, mas também "esferas de ação social" específicas. Existem em cada uma dessas esferas valores e ideias-guia específicas que conduzem ou influenciam o comportamento dos agentes em determinada direção. Sabemos também que, para DaMatta, em um caso esses valores apontam para uma concepção de mundo impessoal que enfatiza a igualdade e a competição entre iguais, e, no mundo da pessoa, teríamos o reino dos sentimentos, portanto, do particular, de uma hierarquia baseada na afeição (que é sempre gradativa e particularizante).

O que passa então a ser imediatamente problemático é explicar a própria possibilidade de existência desses espaços tão antagônicos. DaMatta, quando enfrenta a questão, faz referência, todas as vezes, à obra de Weber[14] e às discussões desse autor acerca do tema das éticas sociais dúplices ou múltiplas, típicas de sociedades tradicionais ou semitradicionais. Isso é sem dúvida correto. Faz parte da interpretação weberiana do desenvolvimento ocidental precisamente demonstrar como havia a necessidade de se explicar o aparecimento de uma ética unitária no contexto da própria concepção de mundo tradicional e religiosamente motivado. A rápida expansão no alvorecer da modernidade da ética ascética protestante, com sua concentração em objetivos intramundanos e singularizados e não mais dúplices ou contraditórios, certamente ajuda a explicar o enorme impulso que essa ideia representou para o progresso material da cultura ocidental.

No entanto, como nos lembra a bela metáfora do manto do santo que se transforma em gaiola de ferro, ao final de *A ética protestante e o espírito do capitalismo*, nós, habitantes do mundo impessoal moderno, podemos abdicar desse incentivo subjetivo. Os homens religiosos do alvorecer da modernidade tinham a possibilidade de escolher se seguiriam uma ética múltipla tradicional ou se optariam pela ética única da nova religião. O fato de nós, modernos, não termos mais essa opção significa para Weber que as instituições impessoais do capitalismo moderno, principalmente mercado competitivo e Estado burocrático, criam estímulos para a conduta individual que não estão mais à disposição da volição dos agentes. Somos, em grande parte, até em nossas emoções mais íntimas, produto das necessidades da reprodução institucional de Estado e mercado. É para esse fato fundamental que Weber quer apontar com o uso de suas metáforas mais conhecidas, como "gaiola de ferro" ou de "destino", para designar o efeito dessas instituições nos indivíduos.

Aqui não se trata apenas de uma visão weberiana. Todos os grandes clássicos da sociologia estão de acordo nesse ponto. Para um pensador como Georg Simmel, por exemplo, o domínio do mercado como instituição fundamental do mundo moderno, ou, nas suas palavras, o advento da economia monetária, significa uma redefinição da consciência subjetiva individual de enormes proporções. As noções básicas de tempo e espaço se modificam, e com elas se altera também toda a economia emocional, a vida afetiva individual e recôndita de cada um de nós, como a forma da atração sexual entre os dois sexos, a necessidade de distanciamento interno e externo que os contatos impessoais da vida nas metrópoles exige, a entronização do princípio da calculabilidade como alfa e ômega da personalidade individual, a indiferença e o sentimento "blasé" como emoções típicas da indiferenciação qualitativa operada pelo dinheiro transformado em meio universal de troca etc.*

Não só a economia, mas também o Estado é um poderoso elemento transformador da vida individual. Talvez ninguém tenha tido tanta

---

* Para uma introdução ao pensamento simmeliano e o estudo de sua abordagem dos efeitos da economia monetária sobre a personalidade individual, ver o conjunto de textos da coletânea, Souza, Jessé; Oelze, Berthold (orgs). *Simmel e a Modernidade*. Brasília: EDUNB, 1998/2014.

consciência desse fato do que Norbert Elias. Para Elias, o Estado moderno, com o monopólio da violência física na sociedade, é apenas a ponta mais visível de um desenvolvimento milenar nas formas de exercício da dominação política, cujo pressuposto é uma completa modificação da psique individual. Ao invés do controle externo, a partir da ameaça do mais forte, o Estado moderno pressupõe controle interno e competição pelos bens escassos por meios mais ou menos pacíficos.

Elias demonstra, em seu livro mais clássico, *Sobre o processo civilizador*[15], como o processo de centralização do Estado moderno, com o aparato jurídico baseado em leis gerais e monopólio da violência, é concomitante à transformação do aparelho psíquico individual no sentido da formação de uma economia emocional específica, com um Id tornado inconsciente, no qual as emoções e desejos agora impossíveis de serem vividos se concentram e são reprimidos, e um superego agora encarregado, como uma instância interna ao próprio mecanismo psíquico individual, pela repressão, sublimação e reorientação de manifestações percebidas como antissociais. Para Elias, toda a estrutura da psique individual como vista por Freud seria o resultado (e pressuposto) histórico das modificações introduzidas pelo Estado moderno e seu aparato de regulação social.

Desse modo, os poderes impessoais que criam o "indivíduo" não limitam sua extraordinária eficácia ao mundo da rua. Entram nas casas de cada um de nós e nos dizem, em grande medida, como devemos agir, o que devemos desejar e como devemos sentir. Ao contrário do que supõe a dualidade damattiana, os poderes impessoais do mercado e Estado não são instituições que exercem efeitos em áreas circunscritas e depois se ausentam nos contatos face a face da vida cotidiana. Eles jamais se ausentam, e na verdade penetram até nos mais recônditos esconderijos de nossas consciências. A dualidade damattiana pressupõe a perda da eficácia específica das instituições que criam o mundo moderno. O vínculo fundamental entre eficácia institucional e predisposição valorativa individual não é levado em conta no raciocínio damattiano. Os valores são percebidos como tendo existência independente da vida institucional.

Desligando a dinâmica valorativa social tanto de uma relação com a estratificação social quanto da referência à eficácia institucional, pode então DaMatta referir-se a indivíduos que se contrapõem em "espaços" sociais distintos, os quais carecem de qualquer determinação estrutural. Vejamos as consequências desse fato para o conceito de cidadania como construído por DaMatta:

> Se no universo da casa sou um supercidadão, pois ali só tenho direitos e nenhum dever, no mundo da rua sou um subcidadão, já que as regras universais da cidadania sempre me definem por minhas determinações negativas: pelos meus deveres e obrigações, pela lógica do "não pode" e "não deve".[16]

Aqui, observamos que as duas lógicas antagônicas conduzem a um curto-circuito sociológico ao equalizarem esferas de ação a "espaços" específicos.* Desse modo, supercidadania e subcidadania tornam-se variáveis dependentes do "espaço" social onde me encontro. Será que seria razoável supor que uma operária negra e pobre da periferia de São Paulo, depois de trabalhar o dia inteiro e ter efetivamente fartas experiências de subcidadania na "rua", ao chegar, apanhar e ser estuprada pelo marido em "casa", fatos "naturais" no cotidiano das classes excluídas do Brasil, sente-se como supercidadã?

Todos sabemos que não apenas as mulheres negras e pobres, mas todos os grupos sociais oprimidos enfrentam situações de subcidadania, *independentemente* do lugar ou do "espaço social" em que se encontram. A não referência à estratificação social de acordo com classes e grupos específicos cria uma ilusão de "espaços" com positividade

---

* Essa mesma crítica de um "concretismo fora de lugar" foi feita ao Habermas da década de 1960 por sua oposição não mediada entre ação estratégica e ação interativa como correspondendo a "espaços" sociais distintos. Durante toda a década de 1970 Habermas buscou uma articulação entre os níveis da ação social e da ordem social, de modo a precisamente esclarecer essa relação. O resultado dessas investigações redundou no seu *Teoria da ação comunicativa* de 1981. Ainda sobre a "fallacy of misplaced concreteness", ver Parsons, Talcott. *The Structure of Social Action*. New York: Free Press, 1968, pp. 29, 589, 753.

própria, obrigando DaMatta a apelar para explicações subjetivistas que ele mesmo havia condenado como má sociologia.

Mas não apenas isso. Ao não perceber de que modo o mundo das instituições comandam nossa vida e nossas escolhas, DaMatta não percebe também a verdadeira explicação para a "hierarquia social" concreta que precisamente desejava compreender. Quando diz que o Brasil é o país do "jeitinho", quer dizer que é o país onde o acesso a relações pessoais "poderosas" constrói a hierarquia social. Ao definir a questão mais essencial de qualquer sociedade – posto que define e separa o "superior", prestigioso e de "bom gosto" do inferior e vulgar – pelo seu elemento mais superficial, DaMatta, na realidade, "esconde" as verdadeiras causas da desigualdade e do privilégio injusto. É que a hierarquia social de qualquer sociedade moderna só pode ser compreendida a partir de sua contribuição à reprodução das duas instituições mais importantes do mundo moderno: mercado e Estado, ou seja, exatamente as realidades que, como vimos anteriormente, DaMatta não leva em consideração.

Se ampliarmos a ideia de "capital" de sua conotação meramente econômica, que possuía em Marx, para tentarmos englobar tudo aquilo que pré-decide o acesso a todos os bens e recursos escassos que cada um de nós deseja as 24 horas do dia, acordado ou dormindo, poderemos chegar a uma hierarquia bem mais convincente do que aquela criada por DaMatta. Essa hierarquia é, antes de tudo, "impessoal", e não "pessoal" como ele imagina. É impessoal por várias razões. A primeira e mais importante é que se impõe à vontade individual. Por exemplo, no mercado até o homem mais rico do mundo tem que "obedecer" às suas leis, que não escolhem "pessoas" e se impõem de modo "impessoal" a todos. Isso significa, em segundo lugar, que só existe acesso a "relações pessoais de prestígio" para quem já possui acesso aos capitais impessoais, e não o contrário, como imagina DaMatta.

Quais são os "capitais impessoais" mais importantes e que decidem acerca do sucesso e do fracasso de cada um de nós não só no mercado e no Estado, mas em todas as "esferas da vida"? Neste particular, seguindo Pierre Bourdieu, gostaríamos de defini-los como "capital econômico" e "capital cultural". O capital econômico é de mais fácil percepção e reflete um elemento decisivo para a reprodução tanto do mercado quanto do Estado. Quem detém capital econômico também detém, quase sempre, "capital social", ou seja, aquilo que DaMatta define como "jeitinho", ou "relações privilegiadas". Além do capital econômico e do capital social existe o "capital cultural", refletindo a extraordinária importância do acesso ao "conhecimento" no capitalismo moderno. Na prática não existe função no mercado e no estado que não exija certo tipo de conhecimento, seja "técnico", do engenheiro, advogado ou economista, seja "literário", do jornalista, publicitário ou relações públicas.

Como sem "conhecimento útil" não existe fisco nem administração da Justiça no Estado, nem inovação técnica ou qualquer serviço especializado no mercado, as classes sociais detentoras de "capital cultural valorizado" ocuparão, juntamente com as classes que monopolizam o capital econômico, todas as funções "superiores" na sociedade. São essas funções que possibilitam o acesso privilegiado não só a bens materiais, como carros, viagens e casa bonita, mas também a bens simbólicos, como prestígio, "charme", influência, acesso a parceiros sexuais etc. Ou seja, é o acesso a esses "capitais impessoais" que podem realmente explicar o acesso privilegiado a de fato tudo que todos nós mais desejamos na vida. Eles "pré-decidem" nossa sorte, nosso azar, nosso sucesso, nosso fracasso.

Mais ainda. São esses capitais impessoais que "pré-decidem" também quem vai ter ou não acesso ao terceiro capital fundamental da vida de todos nós: o "capital social", ou, na linguagem de DaMatta, o "jeitinho", o acesso a relações poderosas. O leitor não conhece, certamente, quem quer que tenha acesso a "relações poderosas" sem que seja detentor de capital econômico e/ou cultural. Normalmente, inclusive, todos esses capitais andam juntos, ainda que em proporção variável. Em uma medida significativa, portanto, o acesso ao "capital social" é "derivado" dos capitais impessoais. É, nesse sentido, "secundário" em relação a eles.

Quando DaMatta diz que o Brasil é o "país do jeitinho", ou seja, do acesso a relações pessoais poderosas que compõem o "capital social", na verdade está *escondendo* a questão principal para a crítica de qualquer sociedade moderna concreta, que é o desvelamento dos mecanismos que eternizam o acesso privilegiado de alguns grupos e classes aos capitais impessoais, seja ele econômico ou cultural. Se o próprio acesso a relações pessoais poderosas pressupõe o acesso aos capitais impessoais, são estes que devem ser primariamente estudados na sua lógica quando a questão é compreender a hierarquia social e sua dinâmica "profunda", como pretende DaMatta.

A questão aqui seria perceber por que as classes do "espírito", as classes médias verdadeiras que se apropriam de capital cultural por meio de privilégios nunca tematizados em abordagens conservadoras, são percebidas como superiores às classes do "corpo", que possuem incorporação mínima de capital cultural. São os capitais impessoais, como o capital cultural e sua apropriação por meio de privilégios injustos que se eternizam no tempo, que condenam à desclassificação social e à miséria tantos brasileiros que se tornam obrigados a vender a força de trabalho por preço pífio. A classe média verdadeira se apropria de capital cultural valorizado ao "comprar" o tempo de estudo dos filhos que podem, ao contrário das classes populares, se dedicar apenas ao estudo. Esse tempo precioso, por sua vez, é literalmente "roubado" dos nossos excluídos, que faxinam, fazem a comida e cuidam das casas de classe média, poupando-lhe tempo precioso que pode ser reinvestido a fim de reproduzir de modo ainda mais profundo seus privilégios de nascimento.

A classe média também é explorada sem disso se dar conta. Temos aqui preços exorbitantes, pagos especialmente pela classe média verdadeira, para serviços de quinta categoria, como nossa telefonia celular. Nossa taxa de lucro e juros é das maiores do mundo e representa uma forma selvagem de acumulação capitalista.

Quando apenas se atenta para o "capital social" de relações poderosas, o folclórico "jeitinho", então todas essas questões que perfazem o fulcro e substância da dominação social no Brasil se perdem em análises que se assemelham ao moralismo mais rasteiro do senso comum. O pensador culturalista brasileiro, colonizado até o osso, não só espalha o preconceito do "brasileiro corrupto", construção utilizada para inferiorizar com meios pretensamente científicos as sociedades ditas em desenvolvimento – veremos ao final deste livro discussão em detalhes acerca desse tema central – como se não houvesse corrupção sistemática em todos os países capitalistas.

A "cereja do bolo" desse quadro pseudocrítico da sociedade brasileira é a ideia de que existem sociedades sem "jeitinho", ou seja, sem influência de relações pessoais poderosas decidindo o destino de pessoas concretas, muito especialmente nessa sociedade de conto de fadas para adultos que são os Estados Unidos aos olhos de nossos liberais conservadores. Os Estados Unidos seriam a sociedade da *accountability*, da confiança interpessoal, do respeito à lei impessoal, e da igualdade como valor máximo. Tudo como se o policial norte-americano não batesse com mais força no latino e nos negros pobres, como se o governo, "na mutreta" e sem assumir, não espionasse aliados e inimigos, como se o eufemismo da "desregulação do mercado financeiro" – o que é afinal "desregular" senão abdicar de qualquer controle intencionalmente? – não fosse a senha para corrupção aberta por meio de mecanismos financeiros com um só ganhador: os bancos norte-americanos que se apropriam por meios frequentemente duvidosos do excedente econômico do planeta inteiro. O interesse aqui não é obviamente praticar antiamericanismo, sentimento do qual estou a anos-luz de distância, é apenas irritação contra esse tipo de admiração basbaque e infantil de tão cândida com relação a sociedades tão imperfeitas e dignas de crítica quanto qualquer outra sociedade humana existente.

De resto, a sociologia "relacional" damattiana parece retirar sua evidência menos da conscientização dos pressupostos valorativos subjacentes à nossa cultura, e que não haviam sido percebidos até então, como ele próprio supõe, mas exatamente do fato contrário: de permitir a sistematização da imagem do senso comum, da "ideologia" do brasileiro médio acerca de si próprio. Ideologia essa cuja pseudocrítica antiestatal serve apenas para desviar a atenção aos verdadeiros desafios de uma das sociedades mais desiguais e injustas do globo.

CAPÍTULO 6

O patrimonialismo mostra a que veio

O liberalismo como racismo de classe

A "NOVA CLASSE média" vem sendo percebida como o fenômeno social, econômico e político brasileiro mais importante da última década. Mas a forma peculiar como este fenômeno é percebido varia muito. Recentemente, publicamos trabalho de pesquisa empírica qualitativa,[1] coordenada por mim e realizada em todas as grandes regiões brasileiras, que contraria muitas hipóteses dominantes acerca desta classe, inclusive a própria denominação de "classe média". É que as "denominações" são muito importantes e espelham uma visão muito específica da realidade e do que nela merece atenção. Muitas vezes os conceitos que guiam a pesquisa e "parecem" neutros e objetivos carregam, na verdade, toda uma concepção de mundo eivada de preconceitos e que predeterminam as conclusões da pesquisa.

Um exemplo disso é a pesquisa coordenada por dois ilustres cientistas políticos brasileiros, Bolívar Lamounier e Amaury de Souza, patrocinada pela Confederação Nacional da Indústria, que resultou na recente publicação *A classe média brasileira: ambições, valores e projetos de sociedade*.[2] Apesar do título abrangente, o principal tema é a questão da "sustentabilidade" da assim chamada "nova classe média". No entanto, a pesquisa desses colegas não reserva nenhuma surpresa. Na realidade, temos muito bons motivos para crer que seus resultados e sua interpretação já estavam prontos e acabados mesmo antes de a pesquisa começar. Esse tipo de pesquisa quantitativa com questões estereotipadas que não refletem sobre seus pressupostos serve, antes de tudo, como "legitimação científica" *ad hoc* de teses políticas extremamente conservadoras, que objetivam veicular e naturalizar uma visão distorcida da sociedade brasileira. A reflexão sobre os pressupostos de dada pesquisa é sempre necessária porque não existe ponto de partida "neutro" na ciência, embora o tipo de pesquisa, como esta feita pelos colegas citados, viva deste tipo de ilusão.

No caso da pesquisa em apreço, a forma como as questões são colocadas e interpretadas é tributária da interpretação liberal que estamos reconstruindo e criticando neste livro. Não existe, que fique bem claro ao leitor para evitar mal-entendidos, nenhum problema com o liberalismo, enquanto doutrina da liberdade econômica e política individual, o qual é o fundamento básico de qualquer regime democrático. Sem as garantias liberais consolidadas constitucionalmente não existe liberdade individual possível. Mas os liberalismos são vários e servem a fins muito distintos. Nosso liberalismo hegemônico, na esfera pública, na grande imprensa conservadora e em boa parte do debate acadêmico é, certamente, uma das interpretações liberais mais mesquinhas, redutoras e superficiais que existem em escala planetária. Se fôssemos completamente sinceros, teríamos que dizer que essa interpretação nada mais é, hoje em dia, que pura "violência simbólica", sem nenhum aporte interpretativo efetivo e sem qualquer compromisso, seja com a verdade, seja com a dor e o sofrimento que ainda marcam, de modo insofismável, a maior parte da população brasileira.

Por violência simbólica entendemos aqui a ocultação sistemática de todos os conflitos sociais fundamentais que perpassam uma sociedade tão desigual como a brasileira em nome do velho "espantalho" da tradição intelectual e política do liberalismo brasileiro que é a tese do "patrimonialismo". Na verdade, o que precisa ser dito é que a questão não é apenas a absoluta fragilidade dessa noção velha, gasta e, como vimos acima, sem qualquer poder explicativo. Nem que ela é retirada de contrabando do aparato explicativo weberiano, em que apenas o prestígio deste grande autor é manipulado como forma de garantir "legitimidade científica".

O que é mesmo fundamental nesse tema e que explica, em última análise, sua permanência nesses últimos oitenta anos, quando o Brasil se transformou de maneira radical mas sua "interpretação" continuou a mesma – um paradoxo evidente para qualquer pessoa inteligente que reflita dois minutos sobre o tema –, é que ele permite legitimar a ideologia mais elitista e mesquinha sob a "aparência" de "crítica social". Como isso é conseguido? Ora, basta simplificar e eliminar a ambiguidade constitutiva do mercado e do Estado – os dois podem servir tanto para produzir e dividir a riqueza social quanto para concentrá-la na mão de uns poucos – e transformar o mercado no reino idealizado de todas as virtudes (competência, eficiência, razão técnica supostamente no interesse de todos) e o Estado demonizado como reino de todos os vícios (politicagem, ineficiência e corrupção). Essa percepção distorcida, infantil e enviesada da realidade social é a única razão para a permanência desta noção como conceito central da interpretação conservadora do Brasil até hoje dominante.

Como se explica isso? Por que isso acontece? Pensemos juntos, caro leitor. Como, de outro modo, seria possível legitimar um tipo de capitalismo tão voraz e selvagem cujo PIB representa quase 70% em ganhos de capital (lucro e juro) – que beneficiam, antes de tudo, meia dúzia de grandes banqueiros e industriais – e reserva pouco mais de 30% para a massa salarial do restante dos outros quase 200 milhões de brasileiros?[3] Nas grandes democracias capitalistas europeias, a relação entre ganhos de capital e massa salarial é inversa à brasileira. A tese do patrimonialismo serve para ocultar um tipo de capitalismo selvagem e voraz – construído para beneficiar uma pequena minoria – e ainda apontar o culpado em outro lugar: no Estado, supostamente o único lugar de todos os vícios sociais.

Na realidade, quase sempre que existe corrupção no Estado há também corruptores no mercado. A corrupção – compreendida como vantagem ilegítima em um contexto de pretensa igualdade – é, aliás, dado constitutivo tanto do mercado quanto do Estado em qualquer lugar do mundo. A fraude é uma marca normal do funcionamento do mercado capitalista sempre que este não seja estritamente regulado. A última crise financeira apenas deixou isso claro como a luz do sol para todos. O mercado financeiro mundial sem regulação estatal usou títulos sem qualquer garantia, "maquiou" incontáveis balanços de empresas e até de países – como na recente crise da Grécia – e tem usado de qualquer expediente que possa garantir maior lucro. Mas a cantilena sobre o patrimonialismo só do Estado e a exaltação da "confiança" (um traço cultural pretensamente apenas norte-americano para nossos cientistas sociais colonizados até o osso) somente do mercado continua sendo repetida à exaustão ao arrepio da realidade.

Minha tese é de que não existe outra saída para o liberalismo conservador brasileiro a não ser repetir o mesmo discurso populista e manipulador da corrupção, supostamente apenas estatal, já que esta foi a forma – que a falsa generalização dos interesses particulares do lucro e do juro fáceis encontrou e construiu cuidadosamente desde os anos 1930 – de encontrar algum eco nos setores populares. Como a compreensão dos mecanismos sociais que constroem a desigualdade e a injustiça social institucionalizada é complexa e incompreensível para a multidão de pessoas que tem que levar sua vida cotidiana, a tese do patrimonialismo e da corrupção apenas estatal resolve toda essa complexidade em uma só tacada – produzindo a ilusão de que se compreende o mundo e as causas das misérias sociais –, ao criar o "culpado" pessoalizado e materializado no Estado. Todos os problemas sociais acontecem devido à corrupção supostamente estatal. Mas o "golpe de mestre" dessa tese é o "ganho afetivo" conseguido ao tornar a "sociedade" – ou seja, nós todos a quem essa ideologia se dirige – tão virtuosa quanto o mercado, expulsando todo o mal em um "outro" bem identificado, uma elite estatal que ninguém define e localiza precisamente. Ela pode ser todos e ninguém. Assim, a tese do patrimonialismo oferece "boa consciência" a todos que podem se imaginar perfeitos e sem mácula, sem participação nenhuma em uma sociedade que humilha, desqualifica e não reconhece grande parte de sua população, já que "todo o mal" já tem endereço certo.

Essa é a única e verdadeira função da tese do patrimonialismo. É uma violência simbólica que "pegou" – graças a intenso trabalho, que inclui toda a mídia dominante que a renova todos os dias – e permite que seus defensores posem de críticos, exibindo um "charminho crítico" (afinal, o combate à corrupção seria da vontade de todos – possibilitando universalizar o tipo mais mesquinho e particular de interesse: a percepção da reprodução social como mera reprodução do mercado). É exatamente isso que dizem os autores textualmente:

> "(n)a luta, que é afinal de toda a sociedade brasileira, contra o patrimonialismo, o nepotismo, o desperdício de recursos públicos, de toda uma série de mazelas, enfim, de que se acha impregnada a máquina do Estado".[4]

Ora, caro leitor, em qualquer lugar do planeta – e em todo o mundo existe corrupção em todas as esferas sociais – também o combate à corrupção só é conseguido com a melhora dos mecanismos de controle. Qualquer debate sóbrio, consequente e não manipuladamente populista a respeito do combate à corrupção tem que estar vinculado à melhora dos mecanismos institucionais de controle da corrupção do mercado e de seus cartéis. Mas o que interessa à tese do patrimonialismo e aos seus defensores é "dramatizar" a falsa oposição entre mercado divino e Estado diabólico como forma de ocultar as reais distorções de uma sociedade tão desigual quanto a sociedade brasileira.

Assim, o resumo do livro dos autores é pífio: a sustentabilidade da "nova classe média" tem seu maior problema nos entraves de um Estado interventor e potencialmente corrupto. A globalização teria criado as condições de construção, somente nos anos 1990 – ou seja, "coincidentemente" apenas no governo de Fernando Henrique Cardoso – dessa nova classe afluente. E, apesar de essa classe ter crescido precisamente no governo do presidente Lula, é agora que o "estatismo" ameaça a sua existência e seu desenvolvimento. É típico de uma ideologia que, em evidente conflito com o mundo externo, perdeu as condições de validade de se repetir – como uma psicose que perdeu contato com a realidade externa ou um mantra que só faz sentido para quem o pronuncia.

No mundo real, onde as pessoas que existem e levam a vida cotidiana efetivamente vivem, cujos dramas e sonhos foram o material empírico de livro recente acerca do mesmo tema de Lamounier e Souza, a universalização e o enorme crescimento – que ainda é, diga-se de passagem, largamente insuficiente – das políticas sociais do governo Lula são percebidas como ponto fundamental, além das políticas ainda tímidas de microcrédito, para dinamização do mercado interno brasileiro e importantes processos de mobilidade social ascendente para quase todos os nossos entrevistados. Não é de nosso interesse permanecer nessa dimensão amesquinhada do debate político partidário – infelizmente, a única dimensão do debate público no Brasil –, mas tamanha violência à realidade tem que ser denunciada. Na verdade também as políticas sociais do governo Lula são amplamente insuficientes para uma verdadeira mudança estrutural da desigualdade brasileira. Não obstante, o pouco que foi feito – com intensa campanha contrária de diversos setores – obteve resultados inegáveis pela decisão de utilizar uma pequena parte dos recursos do Estado em benefício dos setores populares. A livre ação do mercado, como sempre, só beneficia os já privilegiados.

Mas essa ainda não é toda a história do livro criticado nem do pensamento liberal/conservador brasileiro. Combinado com a cantilena do patrimonialismo só do Estado – melhor seria dizer: do Estado quando este é ocupado pelos inimigos partidários – temos também o "racismo de classe". Esse é o ponto novo trazido pelos autores à nossa discussão que não estava presente nem em Buarque nem em Faoro e estava apenas implícito em Roberto DaMatta. Assim, o outro perigo que ronda a sustentabilidade e o desenvolvimento futuro da suposta "nova classe média" ou da classe "C" é que faltaria "capital social" a essa classe, o que seria um impeditivo futuro importante na mudança de condições favoráveis ao desenvolvimento econômico. Esse tema é interessante porque demonstra cabalmente que a tese do patrimonialismo se associa, organicamente, ao "racismo de classe", traço indelével e, esse sim, histórico e secular da legitimação dos privilégios das classes dominantes no Brasil.

> Não se trata de coincidência que os mais pobres sistematicamente expressem avaliações mais favoráveis sobre o governo. **Menos interessados e atentos** [destaque meu J.S.], esses entrevistados tendem a concluir que os serviços prestados pelo governo não guardam correspondência com a

> carga de impostos que pagam, assemelhando-se mais a dádivas do que a contraprestação.[5]

O contexto dessa citação é a "saia justa" dos autores para explicar o apoio dos setores populares ao atual governo e à intervenção compensatória do Estado. Para os autores, esse tipo de apoio só pode ser "burrice" (a definição, no contexto da vida cotidiana, para quem é "pouco interessado e atento") das classes mais pobres, e nunca percepção racional dos próprios interesses. A relação entre "pobreza" e "burrice" não é casual nem arbitrária. É digno de nota que os autores tenham criticado a pretensão de querer "ensinar" as classes quais são seus verdadeiros interesses do marxismo (e isso, já na página 9), fazendo a mesma coisa com sinal contrário no restante do livro – ou seja, como racismo e desprezo de classe, no contexto do elogio às classes altas percebidas como "bastião da moralidade nacional" (sic). Na verdade, seria engraçado se não fosse trágico por espelhar toda uma visão de mundo institucionalizada e naturalizada entre nós. Tão naturalizada que os autores a repetem sem nenhum pejo. A legitimação pela "inteligência" é um dado necessário para a violência simbólica de um tipo de dominação social que tem que legitimar os próprios privilégios por uma espécie de "talento inato", a "inteligência" das classes superiores, que "merecem" – a definição cabal da "meritocracia" –, portanto, os privilégios que efetivamente possuem.

Mas o trabalho do elogio da dominação fática em uma das sociedades mais perversas e excludentes do planeta não termina aí. Além do aspecto cognitivo (mais inteligente), temos que adicionar também o aspecto "moral", que envolve as noções de "mais justo", "superior" e "melhor". Afinal, a violência simbólica da construção do "merecimento" do privilégio não pode se resumir ao elogio dos mais inteligentes. Dentro da tradição religiosa que construiu a moralidade ocidental, são os "bons" que merecem tudo. Assim, a violência simbólica bem-feita tem que mostrar que as classes dominantes são, além de mais inteligentes, "melhores" e mais "virtuosas".

Como esse "trabalho de legitimação" é construído por nossos autores? Ora, toma-se a noção superficial, confusa e compósita de "capital social" – já em Robert Putnam, o inventor do conceito e da moda,[6] um termo que naturaliza processos sociais e esconde a gênese dos privilégios de qualquer espécie e não apenas os regionais – e a recobre com a noção menos clara e ainda muito mais confusa de "confiança". Pronto, aqui fechamos o círculo da violência simbólica. Afinal, no horizonte moral em que estamos inseridos, quem merece mais "confiança" é mais "virtuoso", é "bom", é "melhor". Apenas aqui o círculo da legitimação de privilégios fáticos se torna perfeito. Vejamos os autores:

> Entre os valores morais e como parte do capital social, destaca-se a confiança, isto é, a norma informal que promove a cooperação entre dois ou mais indivíduos, tratada a seguir. Ao promover a cooperação em grupos, a confiança é respaldada por virtudes tradicionais como honestidade, reciprocidade, respeito aos compromissos e cumprimento das obrigações. Seu alcance é amplo. Ao reduzir custos de transação, a confiança contribui para a eficiência da economia, o empreendedorismo e o progresso econômico. Além disso, está na base da participação democrática e dos sentimentos de empatia e de compreensão do interesse coletivo.[7]

Pela definição acima, a "confiança" é a chave para o progresso econômico e político, e, assim, a chave para o progresso social. O leitor seria capaz de antecipar quem detém, para os autores, recurso tão fundamental? Tenho certeza de que o caro leitor acertou em cheio: as classes dominantes! Afinal, não são apenas as mais inteligentes, são também as mais honestas, melhores, são "boas" pela definição de moralidade ocidental. Classes tão boas e virtuosas "merecem" mesmo dominar e monopolizar todos os recursos escassos em suas mãos. É "justo" que isso aconteça. É interessante prestar atenção à gênese histórica de conceito tão caro à ciência conservadora. De onde vem essa noção e qual sua trajetória para que os autores tenham se utilizado dela sem qualquer cerimônia, como um dado óbvio e indiscutível?

A ciência conservadora que domina as universidades e o debate público no Brasil é, na realidade, uma *franchise* da ciência conservadora mundial. O centro dela está nos Estados Unidos, não porque sejam piores ou melhores que ninguém – ao contrário, a contracultura norte-americana, por exemplo, é talvez a mais interessante e vigorosa do mundo –, mas simplesmente porque os poderes econômico e político em escala mundial foram consolidados lá. Quando a ciência conservadora internacionalmente dominante se dignou a se interessar pelos países periféricos do capitalismo, como a maioria dos países da América Latina, África e Ásia, desenvolveu-se, com muito dinheiro financiado pelo Estado norte-americano – na administração Henry Truman do imediato pós-guerra[8] –, toda uma linha de pesquisa bem-montada e uma, para a época, nova teoria: a teoria da modernização, que não por acaso examinamos na introdução deste livro.

Qual era um dos pilares mais importantes dessa teoria? Acertou quem pensou no conceito de "confiança". Mas essa não era uma pergunta tão difícil. A próxima questão é muito mais desafiadora. E qual era a nação que tinha maiores reservas de tão valioso recurso? Novamente o caro leitor acerta em cheio ao identificar os Estados Unidos, já que os norte-americanos, além de bons, são também os mais inteligentes e não financiariam e estimulariam no mundo todo – inclusive no Brasil, e até hoje – estudos contrários aos seus interesses. Existia uma "hierarquia" em todos os estudos da teoria da modernização, e sequer tenho de perguntar ao pobre leitor, cansado de tantas perguntas com respostas óbvias, quem ocupava o primeiríssimo lugar em todas as hierarquias possíveis e imagináveis: os Estados Unidos da América.

A história de glória mundana da noção de confiança começa com Tocqueville[9] ao analisar a sociedade agrária norte-americana do início do século XIX, e lá se vão duzentos anos, intervalo de tempo no qual os Estados Unidos se transformaram em uma sociedade industrial, urbana e complexa muito diferente daquela analisada pelo pensador francês. Cem anos mais tarde, quando vai aos Estados Unidos, no começo do século XX, Max Weber – figura insuspeita quando se fala de Estados Unidos, já que é dele a melhor defesa da singularidade norte-americana ao analisar a influência da "confiança" religiosamente motivada como base da solidariedade protestante ascética (que se desenvolveu no país como em nenhum outro lugar) – percebe claramente que o que antes eram fé e ética da convicção se tornam cada vez mais hipocrisias, reduzindo confiança e solidariedade ao seu uso instrumental.[10] Esse texto weberiano, no entanto, que não fica a dever em brilhantismo a nenhum outro, com razão permaneceu como um dos menos estudados. No uso "político" de conceitos científicos só interessa os que servem – depois de distorcidos e simplificados como vimos anteriormente – à legitimação.

A teoria da modernização viveu duas décadas de glória até que, a partir de meados da década de 1960, seus próprios ativistas mais sérios e competentes passaram a reconhecer crescentemente o caráter artificial e legitimador de boa parte de seu aparelho conceitual.[11] A partir daí, a teoria da modernização, como paradigma de análise das "sociedades em desenvolvimento", perde legitimidade internacional, e tanto a preocupação com as sociedades em processo de modernização quanto a continuação dos estudos baseados nessa teoria são relegados à margem do debate acadêmico. Mas o confinamento da teoria da modernização aos menos valorizados departamentos latino-americanos das universidades norte-americanas e europeias não equivaleu a uma sentença de morte. Ainda não veio nada com força suficiente para desbancar a eficácia "prática" de conceitos e noções como "confiança", que se assemelham mais a armas de opressão do que a instrumentos de explicação.

Na verdade, o "senso comum" internacional foi moldado pelo imaginário da teoria da modernização, e o mesmo continua até hoje – como um vampiro que se recusa a morrer –, como se por inércia, tanto por falta de coisa melhor quanto por seus efeitos práticos ficarem até melhor garantidos sem um contexto de debate rigoroso e verdadeiro. O fato é que esse aparato conceitual é aplicado no Brasil até hoje,[12] como se fosse coisa nova e nunca criticada. E continua servindo aos mesmos fins: assim como esses conceitos tinham que justificar o domínio norte-americano no mundo, servem para justificar, nos contextos nacionais dos países latino-americanos, o racismo de classe e o privilégio fático dos setores dominantes. E da mesma forma que a presença ou ausência da "confiança", ligada à capacidade associativa e produção de solidariedade, separava os Estados Unidos da Itália[13] (ou, de resto, de qualquer outro país do globo), serve para separar, também como uma oposição simplista entre virtude e vício, as classes dominantes das classes populares no Brasil.

As classes populares brasileiras não sabem "votar", pois não conseguem ter uma compreensão racional de seus interesses, sendo, portanto, presa fácil do estatismo e do populismo. Ora, na história do Brasil, nos raros instantes em que se prestou atenção a demandas dos setores oprimidos, isso sempre aconteceu por meio do engajamento estatal, e nunca do mercado. Por que o reconhecimento racional e frio dos próprios interesses, quando se trata de setores populares, ganha o nome de burrice? Os autores chegam a dizer com todas as letras que atender aos anseios da maioria da população – no Brasil as classes populares perfazem mais de 2/3 da população total – é "populismo".[14] Certamente, por pura exclusão e necessidade lógica, atender o 1/3 de privilegiados seria, com certeza, a verdadeira "democracia", o verdadeiro governo da maioria, pelo menos da maioria que se considera "gente". Estamos, realmente, em um estranho mundo onde os ideólogos nem sequer precisam mais esconder seu "racismo de classe" mais óbvio e cruel.

Esse é o verdadeiro conteúdo e mensagem de um livro como o de Lamounier e Souza. Mas não são apenas eles. A teoria dominante no Brasil, que percebe o país como patrimonialista, pré-moderno, corrupto e baseado em relações pessoais, é inteiramente derivada do mesmo berço de ideias que permitiu o surgimento da teoria da modernização. Na verdade, o racismo científico, dominante na antropologia e sociologia norte-americanas até o início do século XX, transforma-se, com a perda de validade dos preconceitos racistas como fundamento científico, em "culturalismo".[15] Franz Boas, com sua crítica ao racismo na antropologia norte-americana, influencia não só as ciências sociais daquele país, mas também as brasileiras por meio da figura demiúrgica de Gilberto Freyre. A partir daí, a superioridade de certos países e classes terá que ser legitimada, agora, pelo acesso privilegiado a certo estoque de "virtudes culturais", entre eles a "confiança". Mas a função prática do "culturalismo" continua a mesma do "racismo científico": legitimar, com a aparência de ciência, situações fáticas de dominação.

Alguém já imaginou o prejuízo econômico, político e moral de tal discurso, naturalizado e não questionado entre oprimido e opressor, internacionalmente compartilhado, em que alguns povos e nações são percebidos como incorruptíveis e confiáveis e outros, como nós, brasileiros, como corruptos e indignos de confiança? Esse "racismo culturalista" é a ordem do dia do mundo prático das finanças e da política internacional. Uma das mais importantes justificativas da alta taxa de juros brasileira é a suposta inconfiabilidade dos brasileiros de honrar seus compromissos.[16] Nossos "intelectuais da ordem", que mandam na academia e influenciam o debate público midiático, deveriam receber uma medalha de ouro do Departamento de Estado norte-americano por serviços prestados, pois travestem de legitimidade científica preconceitos arraigados, que estão subjacentes em qualquer tipo de intercâmbio internacional. Deveriam também ter estátuas com seu peso em ouro em "Wall Street", porque esses mesmos preconceitos são convertidos em moeda sonante e quem paga somos todos nós, cidadãos comuns. Paga-se, afinal, um preço que não é baixo pela má fama construída e legitimada com recursos pseudocientíficos.

Internamente, no contexto do debate público e político brasileiro, esses preconceitos são utilizados para o mesmo fim que no senso comum internacional. Em vez de países, como lá fora, temos aqui classes virtuosas e classes sem virtude. Algumas classes possuem inteligência – ou seja, percebem que a corrupção e o descalabro moral apenas do Estado é o real problema brasileiro – e as outras, populares, são tolas e lenientes. Algumas são dignas de confiança e possuem "capital social" – talvez o conceito mais confuso da história das ciências sociais que se refere a tudo e, portanto, a nada – e outras são relegadas ao "amoralismo familiar".* Como em todas as hierarquias morais do Ocidente que permitem separar entre o superior e o inferior ou entre o nobre e o vulgar, a oposição que serve de referência é, sempre e em todos os casos, aquela entre o espírito e o corpo. O "espírito" é o

* Conceito clássico, absoluto sucesso entre nossos cientistas colonizados; do livro de Banfield, Edward. *The Moral basis of a backward society*. Nova York: Free Press, 1980.

lugar das funções nobres e superiores do intelecto e da moralidade distanciada. O "corpo" é o lugar das paixões sem controle e das necessidades animais.

Desse modo, o arsenal de noções *ad hoc* utilizadas para legitimar o predomínio de alguns países sobre outros é exatamente o mesmo para justificar a dominação interna das classes mais "cultas" sobre as populares. Do mesmo modo que o Brasil é tornado "corpo" e "animalizado" como terra do sexo, do afeto e da emoção – e por extensão da corrupção, do patrimonialismo e das relações pessoais, que é, supostamente, o que o domínio das emoções produz – e se contrapõe como "corpo" à cultura "espiritual" norte-americana, do cálculo, da racionalidade, da confiança e da moralidade distanciada das emoções, precisamente as mesmas "armas" são usadas para estigmatizar e "infantilizar" – e o "infantil" bem como o "tolo" tem que ser guiado por alguém – as classes populares.

Por conta disso se fala sem qualquer cerimônia no voto dos mais pobres como um voto do tolo sem consciência de seus interesses. O intuito aqui não é apenas legitimar a dominação social iníqua de um tipo de capitalismo concentrador e injusto, mas também uma tentativa de "guiar" o processo de desenvolvimento social e direcionar a sociedade brasileira em certo caminho. Quando se diz que uma classe ainda não percebeu os males do estatismo e não descobriu ainda o maravilhoso mundo do mercado e suas virtudes e liberdades, o que se pretende é influenciar a trajetória dessa classe em dada direção muito particular. Novamente, não se trata apenas de Lamounier e Souza. É todo o debate público brasileiro dominante, e o mesmo que os autores criticados dizem é dito pelos jornais e televisão todos os dias.

O trabalho desses autores tem interesse para nossos propósitos porque é um espelho da forma como as classes populares são vistas e percebidas pelas classes dominantes no Brasil. Essas classes têm partidos políticos próprios e controle sobre a Justiça, as universidades e a mídia em todas as dimensões. Sua forma de perceber o Brasil e seus conflitos – ainda que possa ser desconstruída pelo discurso racional – tende a selecionar a própria agenda daquilo que é percebido como importante e secundário. Sua força é ao mesmo tempo "prática", pragmática, política e econômica. Essas ideias – capengas e sem qualquer valor de verdade – estão materializadas em práticas sociais e institucionais "naturalizadas" (daquelas que realizamos sem perceber) que fazem o dia a dia do Brasil moderno.

PARTE II

CAPÍTULO 1

Nada além do bolso?

O casamento entre liberalismo e marxismo economicista

O CULTURALISMO LIBERAL/CONSERVADOR, criticado anteriormente, não é o único inimigo para uma compreensão alternativa e crítica da sociedade brasileira contemporânea. Em uma sociedade que confunde reflexão com informação e onde se imagina que os "dados falam por si", como no Brasil de hoje, existe uma forma de distorção da realidade que não remete necessariamente ao racismo latente da teoria dos "estoques culturais" herdados e que nunca mudam. O culturalismo liberal, como vimos, engendra uma idealização de culturas tidas como reservatórios da confiança interpessoal, da *accountability* política, e, em resumo, das sociedades que se dividiriam entre decentes e corruptas. Tanto o senso comum quanto as teorias dominantes tidas como "científicas" reproduzem esse conto de fadas que os teóricos colonizados das periferias se apressam em aplicar – com poucas modificações – nos próprios países, imaginando que estão fazendo coisa nova e revolucionária.

É esse mesmo racismo latente que faz imaginar que, para além da troca de mercadorias e do fluxo de capitais, não existe mais nada em comum entre as sociedades modernas capitalistas na dimensão simbólica e não econômica. É como se "global" fosse só a troca de mercadorias e fluxo de capital, enquanto a dimensão simbólica do mundo fosse sempre "nacional". Nessa dimensão, existiria uma "cultura nacional", o tal conto de fadas que os adultos de todo lugar precisam, para fins de solidariedade e legitimação, que se transforma (como vimos em detalhes no caso brasileiro), por debaixo do pano, em ciência oficial de cada país. Em alguns casos – o que de qualquer modo denota maior sofisticação de raciocínio – esse "estoque cultural comum" é "regionalizado" e expandido para as sociedades do "Atlântico Norte".

Mas a "cegueira" acerca dos componentes simbólicos da vida social não é produzida apenas dessa maneira. Também ocorre quando se imagina que todo comportamento humano pode ser reduzido a estímulos econômicos. Essa é uma "fantasia" típica de nossa época, a qual reduz, como diria Georg Simmel,[1] todas as "qualidades" a "quantidades". Além disso, os números e as quantificações dão a ilusão das certezas das ciências naturais. O que é quantificável passa a ser o que é percebido como "científico", sem sequer nos perguntarmos acerca dos pressupostos dessa "cientificidade".

Mas ainda que as perspectivas sejam distintas, ou seja, que o culturalismo pressuponha sempre estímulos simbólicos desligados das instituições fundamentais, imaginando uma "estória da carochinha" na qual acreditamos apenas porque a ouvimos milhões de vezes; e o economicismo dispense qualquer preocupação com aspectos culturais, dado que apenas o estímulo econômico conta, ambos produzem o mesmo efeito: uma cegueira travestida de ciência acerca do que realmente importa para a reprodução simbólica do mundo social e, portanto, uma real compreensão do comportamento prático de cada um de nós.

É claro que nenhum "economicista" dirá abertamente que só importam os estímulos econômicos para o esclarecimento do comportamento prático das pessoas. Tamanha coragem para assumir uma visão unilateral – ainda que essa unilateralidade seja compartilhada com a maioria – da realidade não é comum. Alguns, como veremos em breve, chegam perto disso quando usam imagens como: "o bolso é a parte mais sensível do ser humano". Mas, ainda nesses casos, não se diz que – embora se acredite nisso – não existe nada além do bolso. Teremos sempre que investigar os pressupostos do pensamento e apontar para o que é decisivo no argumento dos autores para comprovarmos a unilateralidade economicista e a consequente inadequação de suas análises.

Aprofundaremos nosso estudo crítico discutindo as teorias mais clássicas sobre a inserção da sociedade brasileira no capitalismo mundial, tentando perceber e criticar o fundo economicista dessas análises. Na terceira parte do livro enfrentaremos o desafio de uma reconstrução alternativa da reprodução simbólica do capitalismo que fica às sombras tanto no culturalismo liberal/conservador quanto no economicismo, seja ele liberal ou marxista.

CAPÍTULO 2

O economicismo como "cegueira" da dimensão simbólica do capitalismo

O ECONOMICISMO É a crença explícita ou implícita de que o comportamento humano em sociedade é explicado unicamente por estímulos econômicos. Mas não são economicistas apenas os economistas ou cientistas sociais que compartilham a mesma visão de mundo. Nosso senso comum compartilhado também é economicista, o que faz com que, quando se fala em "níveis de renda" como correspondendo a "classes sociais", ninguém ache isso absurdo ou ridículo. As pessoas levam a sério, mostrando que o economicismo, superficial, frágil e pobre, enquanto visão científica da sociedade, é uma espécie de "visão oficial do mundo", seja para o senso comum compartilhado por todos, seja para as "ciências da ordem", que se utilizam dos pressupostos do senso comum para construir suas categorias e hipóteses.

Existem, no entanto, importantes gradações de complexidade entre as diversas formas de economicismo. Há toda uma tradição alternativa e, no geral, uma tradição bem mais crítica e sofisticada que a tradição dominante culturalista/conservadora que contestamos na primeira parte deste livro. Essa tradição entre nós começa talvez com Caio Prado Júnior e sua ênfase em localizar, no seu clássico publicado em 1942, *Formação do Brasil contemporâneo*, a colonização brasileira no horizonte da expansão do capitalismo comercial europeu.[1] Nos anos 1950 e 1960 a influência da obra de Raúl Prebisch e da Cepal (Comissão

Econômica para a América Latina e o Caribe), muito especialmente na obra de Celso Furtado, teve extraordinária ascendência sobre a vida intelectual e política do Brasil.

Em uma época em que as relações de subordinação e dependência econômica no capitalismo internacional pareciam possíveis de ser superadas a partir de uma direção política adequada, o tema do estatuto da subordinação econômica, ou seja, "como" a subordinação econômica brasileira era produzida e reproduzida, tornou-se o aspecto central do debate. Na impossibilidade prática de discutir todos os autores importantes dessa tradição, decidi tomar Francisco de Oliveira e Florestan Fernandes, este último um caso cuja singularidade ainda teremos ocasião de discutir em detalhes, como os grandes autores de uma tradição influenciada pelo marxismo e que avança efetivamente na compreensão da sociedade brasileira e de suas contradições reais.

Esse é muito especialmente o caso de Florestan Fernandes, já que Fernandes, para mim, é o primeiro pensador brasileiro que avança na questão de refletir sobre a "reprodução simbólica" do capitalismo periférico. E como, também para mim, esta reconstrução é o aspecto principal de uma sociologia crítica do Brasil contemporâneo, dado que o "trabalho da dominação social" que esconde privilégios só pode ser percebido pela reconstrução de uma reprodução simbólica muito peculiar ao capitalismo, Florestan é meu "interlocutor privilegiado". Não por acaso, meu livro *A construção social da subcidadania* é um diálogo com o *A revolução burguesa*, e nosso trabalho coletivo, *A ralé brasileira: quem é e como vive*, é um diálogo com seu *A integração do negro na sociedade de classes*.

Mas por enquanto comecemos o debate com Francisco de Oliveira. Seu livro *Crítica à razão dualista* é um acerto de contas com a tradição cepalina anterior. Parece-me também o ponto alto da tradição economicista entre nós – no caso de viés marxista –, levando ao máximo suas possibilidades explicativas. Por essa razão, serve também, em contrapartida, talvez como nenhuma outra produção teórica nacional sobre o tema, para mostrar os limites do economicismo marxista. Esse importante clássico de 1972 foi realizado como uma resposta à então recente expansão do capitalismo brasileiro acompanhada de um modelo de consumo restrito à classe média. Neste sentido, o texto é um debate sobre o processo de industrialização brasileira pós-1930.

Oliveira parte da crítica do conceito de subdesenvolvimento como um conceito singular que deveria prestar contas da ideia de um capitalismo em "trânsito" enquanto constituído por um setor moderno e um setor atrasado. A crítica de Oliveira é certeira em dois pontos fundamentais: a) na realidade concreta, todo sistema social capitalista, e não apenas o "subdesenvolvido", articula um setor moderno e um setor "atrasado"; b) ao contrário de oposição, o que existe entre eles é uma simbiose e uma organicidade, na qual o moderno se alimenta e explora o atrasado. O segundo ponto é nodal, e responsável por possibilitar ao autor uma leitura original e crítica de todo o desenvolvimento socioeconômico brasileiro durante a segunda metade do século XX. Boa parte do texto, inclusive, irá se dedicar precisamente a mostrar as formas concretas pelas quais a exploração do setor atrasado explica e mantém, em grande medida, o dinamismo do setor econômico moderno brasileiro.

Mas Oliveira também avança em relação à questão que mais nos interessa aqui. É que o debate sobre o "subdesenvolvimento" passou a ser percebido como uma questão de relações internacionais, uma oposição entre nações e de suas respectivas relações de troca. Nessa forma de se perceber as coisas, são as lutas internas de classe à cada sociedade que são secundarizadas, criando a interessante questão posta por Oliveira: são as relações internas ou externas as mais importantes? O modelo anterior cepalino podia apenas perceber contradições entre nações como se de fato pudessem existir "interesses nacionais globais". Esse pressuposto, inclusive, contaminou grande parte do debate da época, criando construções que hoje nos parecem ingênuas, como a aposta em uma suposta "burguesia nacional brasileira" que pudesse ser o suporte dos interesses maiores de toda a nação.[2]

Oliveira nota com muita perspicácia que a dominância dessas ideias impossibilitou a efetiva construção de uma "teoria do capitalismo no Brasil". Meu ponto de discordância com Oliveira é o de que é impossível se construir uma teoria crítica do capitalismo brasileiro dentro do contexto de referência teórico do economicismo, seja ele liberal, seja marxista como o de Oliveira. E essa limitação é perceptível em seu próprio texto, como veremos adiante. Por enquanto vamos continuar examinando a obra no contexto de seu próprio quadro de referências.

A principal característica do novo modelo de economia e de sociedade que se instaura no Brasil a partir de 1930 envolve a realização do excedente econômico não mais prioritariamente a partir do mercado externo – como era o caso até 1930 –, mas, crescentemente, pelo próprio mercado interno. Essa transformação socioeconômica de grandes proporções muda toda a lógica da dinâmica social e enseja uma nova hierarquia política e econômica.

A tese de Oliveira implica, no contexto da interpretação deste período e da discussão de seu sentido histórico, um embate contra praticamente todas as teses mais consagradas acerca deste período conhecido como "populista". A interpretação dominante enfatizava ganhos crescentes também para os trabalhadores urbanos, com a Revolução de 1964 tendo sido levada a cabo pelo esgotamento deste modelo inclusivo. Para Oliveira, ao contrário, a regulamentação das leis do trabalho criando um denominador comum para todas as categorias de trabalhadores – evitando setores de trabalhadores privilegiados com capacidade de barganha em relação ao capital – garantiu o processo de acumulação ao invés de prejudicá-lo durante todo o período "populista". De resto, acontece massiva transferência de outros setores para a empresa industrial. Muito especialmente a agricultura para o mercado interno deveria suprir as necessidades das massas urbanas.[3] Ainda que não se exproprie a propriedade rural, expropria-se, no entanto, seu excedente e transfere-se para o novo setor dinâmico da economia. Os baixos preços da reprodução da mão de obra urbana são conseguidos precisamente por meio do baixo custo dos alimentos e por certa cultura de subsistência urbana.[4] Os baixos salários dos trabalhadores aliados à produtividade industrial deram enorme reforço à acumulação industrial entre os anos de 1930 e 1970, período de maior crescimento da economia brasileira. É esta combinação de baixos salários e alta produtividade pela importação de tecnologia de ponta materializada em meios de produção que está na base do tipo de capitalismo que se instaura no Brasil com seu padrão altamente concentrador.

Toda a interpretação de Oliveira contra os "cepalinos" reside na apropriação consequente da categoria de mais-valia como a base explicativa do tipo de capitalismo altamente concentrador que se instaura entre nós. Contra uma série de autores clássicos, entre eles Celso Furtado, Oliveira defende que não se pode compreender o processo de industrialização se o virmos como um problema de consumo, pois é preciso entendê-lo como um problema de realização do excedente.[5] É o que explica o alto preço dos bens duráveis produzidos no Brasil nesse período. Os preços, afinal, não precisam ser competitivos em um mercado interno altamente monopolizado. Isso explica também a alta taxa de lucros da economia brasileira, como muito tipicamente na indústria automobilística.

A consolidação desse modelo de desenvolvimento econômico propiciará tanto um setor de serviços "horizontalizado" sem grande capitalização quanto uma classe média que se cria na esteira do desenvolvimento seletivo do mercado e do Estado, a qual será consumidora dos bens duráveis encarecidos. Esse é o Brasil da "Belíndia" na criação de Edmar Bacha. O resultado desse processo socioeconômico é uma concentração sem precedentes de renda, propriedade e poder.

A revolução burguesa brasileira de 1930 que se estendeu até os anos 1960 muda radicalmente a estrutura do poder social e econômico ao passar a burguesia industrial à posição de hegemonia no novo arranjo das classes dominantes. O eixo tensional desse novo arranjo é a manutenção intocada das relações no campo, limitando, por exemplo, a legislação trabalhista às cidades. O setor industrial passa a ser a medida de todas as coisas e o excedente econômico – como o da invenção tecnológica inserida nas máquinas – será aportado totalmente em seu proveito.

A nova posição de hegemonia da indústria torna necessário também o alargamento do setor de serviços. Como o motor de toda a lógica econômica do sistema é a concentração do excedente na indústria, o setor de serviços assumirá uma forma tão ou ainda mais subordinada que a agricultura.

Assim, no dizer de Oliveira, uma razão histórica se torna estrutural fazendo com que o setor de serviços cresça horizontalmente com pouco capital graças ao recurso da mão de obra barata e do concurso de pseudopequenos proprietários, que estão, na realidade, vendendo a própria força de trabalho. Desse modo, ao contrário dos modelos capitalistas clássicos de desenvolvimento, a implantação de novas relações de produção no sistema dinâmico da economia não tende a ser exportada a outros setores produtivos. Logo, no Brasil, tanto a agricultura quanto os serviços servem para exteriorizar os custos da produção industrial, sejam dos alimentos para a classe trabalhadora ou da própria comercialização da produção industrial. Esses dois ramos passam a perpetuar relações "não capitalistas", segundo Oliveira, em uma espécie de "acumulação primitiva" que se torna estrutural. Desse modo, a forma "arcaica", ou seja, a "acumulação primitiva", passa a ser produzida e reproduzida como condição de existência do setor moderno industrial.

O novo tipo de capitalismo que se instaura no Brasil a partir de 1930 não é decorrência de estímulos externos, mas sim de lutas de classes internas.[6] No caso brasileiro, não foi devido a condições externas favoráveis, mas, "apesar" das condições externas desfavoráveis – que usam com habilidade a nova estrutura policêntrica do capitalismo mundial com a entrada de Japão e Europa erodindo o monopólio norte-americano –, que o país pôde se desenvolver industrialmente.

Foi a base interna pobre de acumulação e investimentos externos restritos que obrigou, via legislação trabalhista e salário mínimo defasado, um aumento da exploração da força de trabalho.[7] Com a criação de uma classe média que acompanha as novas funções de mercado e Estado, que se constitui como consumidores dos produtos internos encarecidos, foram os trabalhadores que denunciaram o pacto industrial-populista quando seus rendimentos decresceram via inflação. Isso acontece não porque a reprodução econômica não possa ocorrer "economicamente" – por exemplo, como crise de consumo, já que foi criada uma classe para os bens encarecidos –, mas sim porque ela não pode realizar-se "institucionalmente", ou seja, politicamente.[8]

Essa última citação de Oliveira parece-me muito interessante, pois mostra os limites teóricos do economicismo com que critica, embora também o pratique. É pela falta de conceitos adequados, e não de inteligência ou argúcia, que Oliveira não consegue justificar a reprodução simbólica da realidade social. Ainda que sua explicação da dinâmica econômica do capitalismo seletivo e concentrador, criado a partir da hegemonia do capital industrial brasileiro, seja lúcida e convincente, ele não consegue perceber o principal: que os atores, individuais ou coletivos, produzem e reproduzem consensos sociais que não são mera decorrência de interesses econômicos. Esse é o verdadeiro limite de toda forma de economicismo, que é tão cego que sequer percebe que a própria ação econômica já pressupõe todo um universo simbólico composto por pressupostos jurídicos, emocionais, pulsionais, morais e políticos. Todos esses aspectos possuem um peso relativo considerável e uma positividade própria quando se trata de efetivamente compreender qualquer ação individual ou coletiva.

Apenas quando, como faz o senso comum, todo esse universo é "naturalizado", e não percebido como construção histórica, é que, por exemplo, os interesses eventuais das frações de capital passam a representar a única referência da análise social. Isso significa dizer que não existe uma lógica "material" e econômica que se contrapõe a uma lógica "simbólica" não econômica. A lógica econômica também é perpassada pela dimensão simbólica, a qual, por sua vez, possui um fundamento material. Essa separação entre "material" e "simbólico" é meramente analítica. No entanto, como esses interesses "materiais", ainda que compreendidos apenas em sua parcialidade, também são fundamentais, uma percepção lúcida de sua lógica, como Oliveira consegue fazer – muito especialmente ao dotar a busca do lucro e da mais-valia como fundamentos da lógica econômica –, possui um poder de esclarecimento nada desprezível. Mas a compreensão da lógica política para Oliveira, que ele percebe como fundamental, é muito mais difícil, posto que a menciona, e, não obstante, não a desenvolve.

Esse não desenvolvimento é tributário do economicismo implícito no marxismo. Ao construir as realidades simbólicas como epifenômeno de interesses materiais e ao imaginar que possam existir realidades materiais não mediadas simbolicamente, o marxismo não desenvolve um "aparato conceitual" que possa dar conta – como fez Weber no contexto de sua sociologia das religiões – do "trabalho da dominação social" que se transforma em "convencimento", em dominação aceita e "desejada" pelo próprio oprimido. Daí essa mania um pouco ridícula dos marxistas de sempre procurarem "consciência de classe" e "atores revolucionários" quando esses são sempre construções improváveis e que existem mais como exceção do que como regra. É como se a realidade da exploração não fosse um fenômeno total, existencial, afetivo, subpolítico, emocional e ligado a todo tipo de estímulo irracional, mas apenas uma exploração econômica que bastasse ser mencionada para ser compreendida.

Isso não significa que não existam belas análises políticas marxistas como as do próprio Marx, muito especialmente em relação aos estudos das lutas de classe na França do século XIX. Mas elas decorrem da genialidade pessoal de Marx, não das categorias e de um quadro de referência teórico refinado que pode ser aplicado a diversos contextos concretos. Tanto que, até hoje, quando um marxista quer falar de política, usa quase sempre o "bonapartismo" como conceito central, quando em Marx ele era utilizado para a análise de um caso de exceção. Esticam o conceito de tal modo que fazem realidades simbólicas complexas e díspares caberem em seu estreito leito. Outras limitações do marxismo que o deixam muito próximo do economicismo liberal serão analisadas mais adiante, sempre em relação com casos concretos e não como arengas abstratas.

Essa certamente não é uma limitação apenas de Oliveira. Essa limitação é do pensamento social em qualquer lugar, salvo em raras e honorabilíssimas exceções. Nas ciências sociais brasileiras de hoje nem sequer se toca neste tema fundamental, tamanha a miopia que acarreta a fragmentação da realidade em dezenas de temas da moda – estudados como se não houvesse relação de hierarquia e interdependência entre os fenômenos do mundo social. No contexto temporal desse texto clássico de Oliveira, a ambição e a imaginação sociológica ainda não havia se estiolado completamente na fragmentação míope.

Como perceber afinal a complexa inter-relação entre economia, política e sociedade sem cair na armadilha fácil do economicismo? Quem percebeu a importância dessa questão foi Fernando Henrique Cardoso.

Este é, inclusive, o fio condutor de seu livro mais clássico e que o projetou na arena internacional, *Dependência e desenvolvimento na América Latina*, em coautoria com Enzo Falleto.[9] FHC e seu colega afirmam, já no início do livro, que a proposta de ambos é precisamente uma "análise integrada" que combine as dimensões da análise econômica e sociológica, ou seja, que supere o economicismo sem deixar de considerar a variável econômica.[10] O adversário principal dos autores são as leituras da "teoria do imperialismo" que enfatizavam o vínculo externo de dependência entre países, criando fictícias oposições "nacionais", como se todas as classes em uma sociedade tivessem os mesmos interesses e se contrapusessem em bloco a interesses externos também percebidos de modo indiferenciado. Assim como em Francisco de Oliveira, o alvo eram as análises cepalinas que só consideravam o aspecto estrutural e econômico do processo de desenvolvimento dependente, descurando da análise política. Desse modo:

> A noção de dependência [dos autores JS] alude diretamente às condições de existência e funcionamento do sistema econômico e do sistema político, mostrando a vinculação entre ambos, tanto no que se refere ao plano interno quanto ao plano externo.[11]

Grande parte do livro dedica-se precisamente a tentar reconstruir, para o contexto geral da América Latina, as diferentes formas de aliança entre as diversas classes sociais no contexto dos limites e possibilidades abertos pelo âmbito econômico em cada caso. Ainda que certas características sejam comuns a quase todos os países – especialmente os mais importantes, Brasil, México e Argentina – como a crise do modelo agroexportador, a posição do Brasil é percebida como singular. Coube ao Brasil um tipo de desenvolvimento dependente, onde o "Estado populista" de Vargas exerce o papel central devido à fragilidade inicial dos setores industriais e burgueses de liderarem por conta própria a economia e a sociedade em um processo liberal de reorganização social. Assim, é o Estado nacional que assume o lugar central, inclusive como agente produtivo, em dimensões que não existiram do mesmo modo na América Latina,[12] e como organizador central de uma instável aliança de classes que incluía desde industriais até a massa urbana, deixando de fora apenas os trabalhadores rurais.

O outro ponto de inflexão importante para a região e para o Brasil é quando o processo de esgotamento da industrialização por substituição de importações se esgota e se exigem melhoria técnica, maior acumulação de capital e mais eficiência. Esse seria o fundamento dos limites do "nacionalismo populista" que explicam por que os desejos hegemônicos dos grupos privados, agora mais fortalecidos como resultado precisamente das políticas do Estado interventor, se descolam da aliança populista. É nesse contexto que os autores defendem que a industrialização "nacional-desenvolvimentista" foi o resultado de uma "conjunção transitória de interesses",[13] a qual, necessariamente, teria que ser substituída devido à impossibilidade política de se conciliar pressão das massas por melhores salários e pressão dos empresários por lucros cada vez maiores.[14]

É a necessidade de maiores investimentos para o "salto produtivo" das indústrias não tradicionais que desfaz definitivamente a "aliança populista" e instaura a nova polaridade entre um setor moderno e outro tradicional na economia. Essa nova polaridade garante a hegemonia do processo produtivo pela aliança subordinada ao grande capital internacional e o consequente sequestro do mercado nacional pelo capital monopolista internacional.[15] Para quem defendia a possibilidade da ação política "possível" como ousadia[16] de articulações da "vontade coletiva" – a qual se deu historicamente como "farsa" pela substituição do Estado autoritário pela representação direta da aliança interna-externa do capital monopolista no próprio governo FHC –, não deixa de ser estranho o elogio da "necessidade histórica":

> as alternativas que se apresentariam, excluindo-se a abertura do mercado para fora, isto é, para os capitais estrangeiros, seriam de todo inconsistentes, como o são na realidade, salvo se se admite a hipótese de uma mudança política para o socialismo.

Esse elogio da "necessidade histórica", em evidente conflito com a tese central do livro, passa ao largo de praticamente todas as formas históricas de desenvolvimento tardio bem-sucedido no contexto do capitalismo. Da Alemanha, passando por Coreia e Japão e, hoje, o exemplo do caso chinês, apontam para desenvolvimentos onde a forte presença do Estado foi precisamente quem garantiu formas mais autônomas e independentes de desenvolvimento capitalista.

Mas esta não é a crítica central ao estudo de FHC, pois a mais importante precisamente é que a análise permanece econômica de modo unilateral, apenas acrescentada da descrição, em cada caso específico na América Latina, da correlação de forças políticas que permitiram este ou aquele tipo de desenvolvimento econômico. Este enfoque é "descritivo", posto que se reduz a reproduzir alianças políticas do "passado" e associá-las de modo um tanto mecânico a este ou aquele interesse econômico. Nesse contexto simplificador, não é à toa que as classes aparecem todas como classes com consciência de seu papel e seus interesses. Não se vê o papel da dominação social e do engodo que ela enseja, apenas a ação de interesses econômicos claros para todos como se a política fosse transparente para os atores sociais. Nesse sentido, a análise menos pretensiosa de Francisco de Oliveira é muito mais penetrante. Pelo menos acrescenta de modo consequente e muito bem-articulado a força da dinâmica interna da acumulação capitalista, guiando e se sobrepondo aos interesses em jogo. Ainda que isso também reflita uma perspectiva que simplifica muito o desafio de se compreender como ocorre na prática a dominação social, pelo menos o elemento "econômico" da dominação social é bem-apresentado.

Na realidade, o resultado do livro de Fernando Henrique e Enzo Falleto é pífio. Apesar de colocar a "questão certa", ou seja, a necessidade de se sofisticar a análise econômica com o componente político e sofisticar o economicismo com uma interpretação totalizante que eles chamam de "sociológica",[17] literalmente nenhuma novidade ou ganho teórico em relação às interpretações que pretendem criticar é apresentado. Fica sem resposta o que levou a se considerar Fernando Henrique o "príncipe da sociologia nacional", dado que nenhuma novidade digna de nota é apresentada para a compreensão da reprodução simbólica do capitalismo periférico.

O que falta tanto a FHC quanto a Francisco Oliveira é uma compreensão do que há de mais importante e específico à política, que é o "trabalho da dominação" que possibilita que classes inteiras possam, inclusive, agir de modo contrário aos seus interesses. Sem isso a política só entra como "nome", ou seja, como mero apêndice da análise econômica. Não se chega a isso também sem uma total reconstrução do tema da "reprodução simbólica" no capitalismo, como veremos em breve.

Ainda não terminamos nosso confronto crítico com as concepções anteriores. Resta o embate mais importante para a construção de nosso argumento neste livro, que é o com a obra do talvez mais lúcido sociólogo brasileiro do século XX: Florestan Fernandes. Florestan é quem constrói a análise que chega mais perto daquilo que consideramos como essencial para uma adequada compreensão da política como elemento autônomo e independente da análise social crítica. Que ele não consiga seu desiderato, ou o obtenha só parcialmente, é extremamente ilustrativo para a tese que construiremos na parte final deste livro.

CAPÍTULO 3

Da ralé à revolução burguesa

A compreensão da singularidade do capitalismo brasileiro

A IMPORTÂNCIA DE Florestan Fernandes para nosso debate é que ele foi quem mais avançou na tentativa de superação do que estamos chamando de tradição culturalista e economicista. Ainda que ambas as tradições tenham permanecido em sua obra e determinado o fracasso relativo de seu empreendimento, sua tentativa foi a mais vigorosa até então. Aprender com seus erros foi, inclusive, fundamental para nosso próprio empreendimento, como ficará claro a partir de agora.

O livro-chave para a discussão deste ponto em Florestan é seu *A revolução burguesa no Brasil*. O tema do livro é precisamente a implantação e consolidação do capitalismo no Brasil. Florestan percebe com clareza e agudeza impecáveis que o ponto essencial nesse contexto é a compreensão do "padrão de civilização dominante" a partir da transformação estrutural das formas econômicas, sociais e políticas fundamentais.[1] Para ele, no Brasil pós-Independência (1822), este padrão dominante será o do "mundo ocidental moderno".[*] Não deve ser, portanto, nos "fatores exóticos e anacrônicos da paisagem",[2] diz o autor, coberto de razão, onde se deve procurar esse padrão, mas nos

* Como vimos, ainda que esquematicamente, este é o engano básico do "hibridismo", aplicado às sociedades da "nova periferia": a não definição da hierarquia que define o princípio estruturante fundamental dessas sociedades.

requisitos estruturais e funcionais do padrão de civilização dominante. É precisamente esta sofisticação de análise e percepção que o permite superar a análise de aparências e hierarquizar o principal do secundário (mesmo quando este último seja o dado mais visível a olho nu!) e que o distancia da corrente de pensamento dominante que percebe a modernização de sociedades periféricas como a brasileira como um fenômeno superficial e epidérmico.

Na verdade, Florestan coloca a sociologia brasileira em outro patamar de sofisticação. Ela sai, com ele, da pré-sociologia para a sociologia. Explicando: deixa a dimensão da "sociologia espontânea" do senso comum que interpreta as relações sociais sob o paradigma da intencionalidade individual e da herança cultural pensada nos moldes da herança familiar – do tipo, "se meu avô era português, eu também sou" – para a dimensão da eficácia institucional. O comportamento prático cotidiano só pode ser devidamente explicado e compreendido por meio da eficácia de instituições – seus prêmios e castigos que constrangem o comportamento dos indivíduos em dada direção sem que eles percebam "conscientemente" – e nunca pela ação intencional de indivíduos percebidos ingenuamente como autônomos e livres.

Foi por conta dessa ingenuidade pré-sociológica que se imaginou um Brasil filho de Portugal, ainda que tenhamos tido a escravidão como "instituição total", cobrindo todo o território nacional e afetando decisivamente também os ditos "homens livres",[3] instituição que não existia salvo casos passageiros e tópicos em Portugal. Por conta da mesma ingenuidade, Buarque imaginava que o Brasil continuava sempre o mesmo apesar da entrada do capitalismo comercial, do Estado centralizado e da urbanização. Tal ingenuidade fazia com que Faoro percebesse sempre a mesmice em quinhentos anos de história no seu mantra "do vinho velho em odres novos". O culturalismo não é só conservador pela idealização infantil de "sociedades perfeitas", como é o caso dos Estados Unidos para todos eles, mas antes de tudo por reproduzir o senso comum que é o falso consenso criado pelos interesses que estão ganhando para a própria reprodução eterna.

A ciência tem que "reconstruir a realidade em pensamento" segundo uma lógica que não continua o senso comum – este sempre necessariamente comprometido com todo tipo de reprodução de privilégios injustos – e que, ao contrário, o critica e o reconstrói. A diferença entre Florestan – que como veremos não estava infenso ao culturalismo e não conseguiu levar a cabo seu projeto de repensar o Brasil em outros termos – e os outros grandes intérpretes do Brasil é entre a abordagem científica crítica e as abordagens que continuam as ilusões do senso comum.

A forma como Florestan percebe o aparecimento do burguês no Brasil combina perfeitamente com nossa discussão, desenvolvida em outro livro, *A construção social da subcidadania*,[4] acerca da anterioridade das "práticas" (institucionais e sociais) em relação às "ideias". O "burguês", entre nós – diz ele – já surge como uma "realidade especializada",[5] já na nossa visão não aparece como uma criação espiritual cuja prática inintencional o transforma em agente econômico, como na Europa. Não surge enfim como produto de toda uma visão de mundo revolucionária da vida social em todas as dimensões, também como na Europa, mas como um produto circunscritamente econômico, que, desde o começo, se constitui como resposta a estímulos econômicos concretos, sem que ocorra, pelo menos a curto e médio prazo, uma abstração dessa circunstância para o contexto social maior. Sem dúvida contribui para isso o fato de que o capitalismo se estabelece entre nós sob sua variante comercial, na medida em que os "agentes comerciais autônomos" tendiam a se converter em assalariados das casas exportadoras ou desaparecer na plebe urbana, não permitindo a constituição de um núcleo de interesses autônomo da manufatura e da indústria.[6]

Para Florestan, o fator estrutural fundamental da implantação do capitalismo no Brasil é a independência política a partir da quebra do pacto colonial e da concomitante estruturação de um Estado nacional. É, portanto, a eficácia institucional que está em jogo, e não qualquer "conto de fadas" que nosso mito nacional criou e as ciências sociais brasileiras dominantes contrabandearam como "ciência". Ele cita explicitamente a rede de serviços para a constituição de um Estado nacional e o efeito multiplicador deste fato para o desenvolvimento de sociedades urbanas. Apesar de o empreendimento colonial ter sido, desde sempre, associado ao capitalismo comercial internacional, todo o esquema era montado para drenar as riquezas de dentro (Colônia) para fora (Metrópole), impossibilitando que a riqueza aqui produzida pudesse dinamizar o mercado interno.[7] Desse modo, o rompimento do estatuto colonial, permitindo que parte maior do produto gerado fosse aplicado internamente, converte-se, para Florestan, no passo inicial, juntamente com a já mencionada expansão do Estado nacional e suas consequências socioeconômicas – novos serviços e funções, homogeneização e maior ligação entre os diversos mercados regionais etc. – para a singular construção de um capitalismo periférico.

O principal aspecto limitante do tipo de sociedade moderna constituída com o que estamos chamando de anterioridade das práticas institucionais e sociais em relação às ideias e visões de mundo é a impossibilidade de articulação consciente da visão de mundo e do comportamento cotidiano que essas mesmas práticas institucionais e sociais envolvem. Articulação, aqui, significa a capacidade de perceber com clareza as precondições e os pressupostos imprescindíveis para o desenvolvimento das práticas mencionadas acima, assim como o adequado cálculo de consequências inintencionais que essas mesmas práticas envolvem. Essas práticas não são "neutras", como veremos na parte final deste livro. Ao contrário, mercado e Estado já reproduzem uma visão de mundo e de ser humano contingente historicamente produzida, que hierarquiza indivíduos e classes sociais de acordo com seus imperativos funcionais. Como veremos em detalhes, é a partir dessa hierarquia que classificados e desclassificados sociais são produzidos sob uma aparência de naturalidade e neutralidade pela ação de princípios supostamente universais e acima de qualquer discussão, como, por exemplo, a pseudoneutralidade da noção de desempenho diferencial.

Com o avanço da abrangência da lógica de funcionamento dessas práticas institucionais fundamentais, temos, concomitantemente, um aumento da eficácia capilar dos princípios de organização social e de comportamento individual implícitos na ação de práticas institucionais, como mercado e Estado. Passa a ser fundamental, para o tipo de sociedade que se constitui sob esse estímulo, o grau de consciência e de autorreflexividade que os atores e grupos sociais envolvidos e imersos no processo possuem das virtualidades do mesmo. Um "déficit" de articulação pode significar não apenas "naturalização da desigualdade", aspecto que esmiuçaremos na terceira parte deste livro, mas também, por exemplo, ausência de perspectiva de longo prazo e de adequada compreensão da profundidade e da abrangência dos novos comportamentos e papéis sociais que se desenvolviam. Assim, até a derrocada do escravismo (1888) e do Império (1889), as novas forças e práticas sociais em ação desde início do século XIX mostram-se ainda sob a lente de distinções e avaliações estamentais da ordem anterior. É precisamente esse "déficit" de articulação que dá conteúdo à noção de Florestan de uma revolução burguesa "encapuçada". Ela se produz molecularmente, de forma capilar, em porções, no dia e dia e nas práticas cotidianas, mas sem a articulação consciente e de longo prazo de uma visão de mundo adequada a seus próprios interesses.

O estatuto do liberalismo entre nós é muito interessante para precisar, e, ao mesmo tempo, mediar e limitar, o que acabamos de dizer. É que a doutrina liberal se transformará, como Florestan percebe com agudeza impecável, no ideário mais adequado para a expressão da visão de mundo e dos interesses da nova sociedade que se formava a partir das entranhas e da lenta decadência da antiga. O ideário liberal era não apenas *ex post* em relação às práticas das quais ele passa a ser o porta-voz, boa parte de sua limitação advinha da sua posição "reativa" em relação à antiga ordem dominante, sendo obrigado a lutar dentro do campo de ação demarcado pelo inimigo. Sua posição no debate sobre a abolição da escravidão é sintomática tanto de sua relevância quanto de seus limites. Sua importância e ambiguidade ficam claras a partir do fato de que a pregação liberal antiescravista ao mesmo tempo "disfarçava e exprimia o afã de expandir a ordem social competitiva",[8] ao dirigir-se contra a instituição fundamental da antiga ordem para dar-lhe o golpe de morte definitivo, abrindo caminho para uma reorganização nacional segundo os interesses da economia de mercado. Sua limitação fica clara, por outro lado, nos contornos amesquinhados do compromisso final entre as elites, que torna a abolição uma "revolução social de brancos para brancos", leia-se, um compromisso intraelite, inaugurando, a partir daí, um abandono secular de uma "ralé" despreparada para enfrentar as novas condições socioeconômicas.

De qualquer modo, o liberalismo fornece uma espécie de "gramática mínima", que permite explicitar os interesses envolvidos na reelaboração de uma nova agenda sociocultural de uma elite recém-saída da dependência e da menoridade para o desempenho dos papéis exigidos para a inserção no mercado internacional e a gestão de um aparelho estatal nacional autônomo. O liberalismo passa a vigorar como uma ideologia ou visão de mundo galvanizadora e integradora dos novos requisitos estruturais e funcionais, tanto da nova ordem legal[9] quanto da concepção de mundo que articulava uma nascente esfera pública. O discurso liberal, de certo modo, definia as possibilidades e limites da esfera pública que então se formava. Tratá-la como um dado "psicótico", desvinculada da realidade, uma "ideia fora de lugar", ou atribuir-lhe um caráter meramente epidérmico ou de fachada, como um adorno ou "máscara social", faz parecer que não se percebe a dinâmica social de longo prazo, único modo de dar conta da forma pela qual ideias e concepções de mundo se articulam com interesses sociais concretos.

A "gramática mínima" fornecida pelo liberalismo permitiu a exploração, ainda que titubeante e incipiente, de todo um universo material e simbólico que, de outro modo, teria permanecido inarticulado. Florestan percebe que a sociedade colonial, localista, provinciana e baseada em relações pessoais, experimenta por assim dizer um "choque cultural" que a transforma, paulatina mas radicalmente, em uma sociedade nacional com relações de dominação cada vez mais impessoais. O liberalismo fornece uma linguagem possível para este processo de abstração e generalização, permitindo a autocompreensão dos próprios sujeitos imersos no processo. As novas funções estatais de grande porte (como fisco, administração centralizada da Justiça, rede de serviços e crédito etc.), quando associadas ao aumento da significação econômica do comércio, o que implica, por sua vez, o estímulo às profissões liberais, a imprensa e a diferenciação de ocupações qualificadas, completam o quadro de expansão e diferenciação social antes inexistente.[10]

É essa revolução política da sociedade nacional integrada, ainda que de modo parcial e incompleto, dada a endêmica escassez de recursos, que permitirá, para Florestan, a "silenciosa revolução socioeconômica" que constitui o Brasil moderno.[11] A revolução burguesa lenta e molecular, ou seja, a "revolução encapuçada" de que fala Florestan, é a mais perfeita expressão de um processo de modernização em que as "práticas" institucionais, como Estado e mercado, e suas consequências sociais e psicossociais se impõem quase como realidade material bruta. Se possibilita a mediação, negociação e legitimação a curto prazo e no "calor da luta" dos novos papéis sociais, permitindo um "alargamento das esferas psicossociais de percepção da realidade",[12] o ideário *ex post* do liberalismo não logra, por outro lado, realizar, com o alto grau de consciência e intencionalidade que caracterizam os casos europeu e norte-americano, expectativas de longo prazo para a sociedade como um todo. Não houve aqui nenhuma preocupação com a "sociedade ordeira"[13] que caracteriza os esforços de organização social das comunidades puritanas nos Estados Unidos, nem a preocupação, primeiro da elite, depois das próprias classes subalternas europeias, com os processos de homogeneização e generalização do tipo de personalidade e de economia emocional burguesa. Veremos na terceira parte deste livro as graves consequências acarretadas por este fato.

Por mais interessante e refinada que seja a análise de Florestan do processo de modernização brasileira do século XIX, ela apresenta, ao mesmo tempo, deficiências graves e sintomáticas. Se lhe sobra sensibilidade sociológica para a percepção dos fatores estruturais em jogo no processo, falta-lhe a consideração da dimensão que confere a este "sangue e carne", ou seja, a dimensão da ação social consubstanciada na tematização dos grupos e classes suportes do processo de modernização. Na reconstrução de Florestan, esse tema, quando tratado, apresenta inclusive um significativo hiato de sessenta anos entre a consolidação da estrutura estatal, vista por ele como o marco zero do processo de mudança social, e a tematização dos agentes do processo de modernização. Sujeitos da modernização brasileira para Florestan são os fazendeiros do Oeste paulista, percebidos como herdeiros dos bandeirantes, e os imigrantes italianos que chegam ao Brasil nas ultimas décadas do século XIX.[14] Como explicar esse hiato? Por que a desconsideração do processo de modernização que ocorre, na realidade, inicialmente no Rio de Janeiro e depois em Salvador e Recife antes de alcançar, com intensidade inédita, São Paulo?

Essa circunstância, para mim, é sintomática do fato de que sua interpretação alternativa do processo de modernização brasileiro não tenha ainda sido levada em conta, até onde posso saber, pelo menos em toda a sua radicalidade. É que, apesar de Florestan ter consciência clara da efetividade do processo de modernização periférico brasileiro, ele o interpreta segundo o registro teórico da "escola do patrimonialismo", que enfatiza a "excepcionalidade paulista". Segundo esse tipo de interpretação, o processo modernizador brasileiro é endógeno e se localiza em São Paulo, percebido como uma espécie de "Nova Inglaterra tropical", que se contraporia ao resto do país atrasado, personalista e corrupto. O processo-chave para essa construção é a romantização do bandeirante como precursor do fazendeiro do Oeste paulista – naquela forma de prestidigitação teórica que transforma o bandeirante aventureiro em protótipo do capitalista, quando este, na verdade, é seu contrário especular. A obra do Sérgio Buarque maduro, a interpretação de Raymundo Faoro em *Os donos do poder* e, muito especialmente, o elegante *São Paulo e o Estado nacional*, de Simon Schwartzman, são todos exemplos dessa influente corrente interpretativa que marcou não só o horizonte teórico nacional mas também o prático-político.[15]

De forma menos explícita, afinal Florestan está se referindo a um processo modernizador de proporções nacionais, sua interpretação, ao se concentrar nos grupos envolvidos no rápido processo de modernização paulista a partir do final do século XIX e "esquecer" o processo de reeuropeização que se dá em outros centros urbanos do Brasil desde 1808, parece jogar água no moinho da variante de interpretação patrimonialista que enfatiza o excepcionalismo paulista. O alto nível de abstração da exposição, causado precisamente pela narrativa de mecanismos estruturais sem uma ênfase concomitante no aspecto da ação social, reforça essa possibilidade de interpretação. É por conta destes elementos não considerados adequadamente em sua análise que julgo – para efeitos de adequada exposição do que me parece ser um caso típico de "modernização exógena", de fora para dentro –, como enseja uma leitura imanente de *Sobrados e mocambos*,[16] que a análise de Florestan não se liberta completamente do culturalismo brasileiro. Mas essa não é sua única limitação, como veremos a seguir a partir da análise de sua verdadeira "obra-prima" *A integração do negro na sociedade de classes*.

Neste livro, Florestan se predispõe a empreender uma análise de como o "povo" emerge na história brasileira. A concentração no negro e no mulato se legitima, neste contexto, posto que foram precisamente estes grupos que tiveram "o pior ponto de partida"[17] na transição da ordem escravocrata à competitiva. Desse modo, a reflexão de Florestan pode ser ampliada para abranger também os estratos despossuídos e os dependentes em geral e de qualquer cor, na medida em que o único elemento que os diferenciava de negros e mulatos era a marca negativa adicional do racismo de cor.

O período estudado por Florestan, de 1880 a 1960, dá uma ideia da amplitude do alentado estudo, e o horizonte empírico concentra-se na cidade de São Paulo, permitindo observar as dificuldades de adaptação dos segmentos marginais na mais burguesa e competitiva das cidades brasileiras. O dado essencial de todo o processo de desagregação da ordem servil e senhorial foi, como nota corretamente Florestan, o abandono do liberto à própria sorte (ou azar). Os antigos senhores, na sua imensa maioria, o Estado, a Igreja ou qualquer outra instituição jamais se interessaram pelo destino do liberto. Este, logo após a Abolição, se viu responsável por si e seus familiares sem que dispusesse dos meios materiais ou morais para sobreviver em uma nascente economia competitiva de tipo capitalista e burguesa. Ao negro, fora do contexto tradicional, restava o deslocamento social na nova ordem. Ele não apresentava os pressupostos sociais e psicossociais que são os motivos últimos do sucesso no meio ambiente concorrencial. Faltava-lhe vontade de se ocupar com as funções consideradas degradantes (que lhe lembravam do passado) – pejo que os imigrantes italianos, por exemplo, não tinham –, não eram suficientemente industriosos nem poupadores e, acima de tudo, faltava-lhes o aguilhão da ânsia pela riqueza. Neste contexto, acrescentando-se a isso o abandono dos libertos pelos antigos donos e pela sociedade como um todo, estava, de certo modo, prefigurado o destino da marginalidade social e da pobreza econômica.[18]

O quadro geral da pirâmide competitiva, na fase imediatamente posterior à Abolição, era percebido do seguinte modo por Florestan: bem acima, na zona vital de preservação do poder nas mãos das antigas famílias proprietárias, o espaço aberto à competição era diminuto. Logo abaixo, no entanto, na esfera aberta pela livre empresa em expansão, prevalecia a ideia individualista e liberal do "*right man in the right place*".[19] O estrangeiro, especialmente o imigrante italiano, aparecia aqui, neste espaço recém-aberto, como a grande esperança nacional de progresso rápido. Nesse quadro, em que a realidade e a fantasia do preconceito se alimentavam reciprocamente, o imigrante europeu eliminava a concorrência do negro onde quer que se impusesse.[20] Ao negro, sem oportunidade de classificação social burguesa ou proletária, restava os interstícios e as franjas marginais do sistema como forma de preservar a dignidade de homem livre: o mergulho na escória proletária, no ócio dissimulado ou ainda na vagabundagem sistemática e na criminalidade fortuita ou permanente.

Este é o quadro que permite compreender o drama social da adaptação do liberto às novas condições. E aqui Florestan toca na questão central, para todo seu argumento nesse livro, assim como para toda a construção do meu próprio argumento a seguir, nomeadamente a questão da organização psicossocial, que é um pressuposto da atividade capitalista e exige uma pré-socialização em um sentido predeterminado, a qual faltava, em qualquer medida significativa, ao ex-escravo. A ânsia em libertar-se das condições humilhantes da vida anterior tornava-o, inclusive, especialmente vulnerável a um tipo de comportamento reativo e ressentido em relação às demandas da nova ordem. Assim, o liberto tendia a confundir as obrigações do contrato de trabalho e não distinguia a venda da força de trabalho da venda dos direitos substantivos à noção de pessoa jurídica livre.[21] Ademais, a recusa a certo tipo de serviço, a inconstância no trabalho, a indisciplina contra a supervisão, o fascínio por ocupações "nobilitantes", tudo conspirava para o insucesso nas novas condições de vida e a confirmação do preconceito.

Florestan percebe, portanto, e com notável acuidade, precisamente nas dificuldades de adaptação à nova ordem competitiva, a semente da marginalização continuada de negros e mulatos. Ele localiza essas dificuldades na esfera das condições psicossociais da personalidade: a) a inadaptação do negro para o trabalho livre; e b) sua incapacidade de agir segundo os modelos de comportamento e personalidade da sociedade competitiva.[22] Na realidade, os dois fatores apontados por Florestan se assomam a um único, na medida em que o segundo ponto é a condição de possibilidade do primeiro. O lugar da instituição familiar é especialmente significativo neste contexto. A tese de Florestan é a de que a família negra não chega a se constituir como uma unidade capaz de exercer suas virtualidades principais de modelação da personalidade básica e controle de comportamentos egoísticos.[23] Existe aqui, neste tema central da ausência da unidade familiar como instância moral e social básica, uma continuidade com a política escravocrata brasileira, que sempre procurou impedir qualquer forma organizada familiar ou comunitária da parte dos escravos. É a continuidade de padrões familiares destrutivos que é percebida corretamente por Florestan como o fator decisivo para a perpetuação das condições de desorganização social de negros e mulatos.

Na realidade, a pauperização, acarretada pela inadaptação social, e a anomia, causada pela organização familiar disfuncional, condicionam-se mutuamente. A submersão nas lavouras de subsistência e a concentração nas então nascentes "favelas" das cidades seriam, para Florestan, antes que fuga da realidade, uma espécie de "desespero mudo".[24] Para Florestan, era claro o conteúdo "irracional" dessas escolhas, já que para ele não era passividade ou indiferença o que estava na raiz do comportamento do negro, mas sim "escolha", ainda que uma escolha desesperada, sem dúvida, uma espécie de protesto mudo e inarticulado na própria autocondenação ao ostracismo, à dependência e à autodestruição. No contexto dominante de extrema privação, os códigos desviantes da norma apareciam como afirmação de individualidade e até de heroísmo. Para não ser "otário", condenado aos "serviços de negro", invariavelmente perigosos e humilhantes,[25] os destinos de vagabundo, ladrão ou prostituta ofereciam perspectivas comparativamente maiores.

A anomia familiar fechava o círculo vicioso. Florestan aponta a posição peculiar do sexo no mundo do negro como uma das causas principais da anomia. O próprio excesso de pessoas morando nos cortiços e barracos de favelas facilitou todo tipo de relação incestuosa ou abusiva (não só das meninas, também os garotos eram sexualmente abusados pelos mais velhos). O filho natural e a mãe solteira quase sempre jovem eram os produtos mais comuns desse tipo de convivência. É nesse contexto que Florestan inverte a mistificação popular do negro ou da mulata como "ávidos por sexo". Na realidade, "o sexo se erige na única área livre de exercício das aptidões humanas",[26] para esses grupos excluídos e marginalizados de tudo, menos do sexo (e do futebol, diríamos hoje), constituindo-se, então, no centro único que atrai todas as atenções e esforços. O vício em álcool é também percebido por Florestan como um fator, assim como o sexo, de desorganização e autodestruição. As entrevistas tendem a compor um quadro em que a sucessão de insucessos sociais e pessoais monta um contexto no qual o alcoolismo se converte no sucedâneo do suicídio, quando o protesto contra a adversidade, percebida como fatalidade natural e até justa e inevitável, se vira contra a própria pessoa.[27]

Nesse quadro de desorganização, os velhos e inválidos se transformam em carga pesadíssima, enquanto os jovens e imaturos eram compelidos a se tornar, sem nenhum preparo, "donos do próprio nariz". As mulheres ainda tinham comparativamente mais chance de acesso ao mercado de trabalho do que os homens pelo quase monopólio dos serviços domésticos, única área onde a competição com o imigrante não era significativa. Essa circunstância ajuda a explicar a endêmica "matrifocalidade" da família negra e pobre brasileira.[28] Fora os serviços domésticos, o único acesso fácil às mulheres era a baixa prostituição. Era difícil, mesmo às mulatas "mais bonitas", se alçarem à alta prostituição, já que, também neste campo, mulatas e negras "valem menos".[29]

Sob todos os aspectos a família desestruturada era a base dos desequilíbrios e da desorganização da vida em todas as suas dimensões.

A não socialização adequada de quaisquer papéis familiares, a incerteza e insegurança social que faziam expulsar de casa "as filhas que se perdiam", por exemplo, tudo militava no sentido de que a família não só não fosse uma base segura para a vida em uma sociedade competitiva, mas também se transformasse na causa dos mais variados obstáculos. A vida familiar desorganizada, aliada à pobreza, era responsável por um tipo de individuação ultraegoísta e predatória.[30] Este tipo de organização da personalidade, sobejamente demonstrada nas entrevistas elencadas no livro, produto da desestruturação familiar, reflete no egoísmo e na instrumentalização do outro, seja o "outro" a mulher ou o mais jovem e indefeso, uma situação de sobrevivência tão agreste que mina por dentro qualquer vínculo de solidariedade, desde o mais básico na família até o comunitário e associativo mais geral.

> A criança, que só tangencial, deformada e esporadicamente se via tratada como tal pela mãe, nos breves momentos em que ela permanecia em casa [...] raramente teria oportunidade de aprender a respeitar e a obedecer os outros por amor. Vigorava um código rudemente egoísta e individualista: para sobreviver, o indivíduo precisava ser "sabido", mesmo nas relações com a mãe e com os irmãos.[31]

Este aspecto é fundamental para meu argumento na medida em que o que Florestan está pleiteando é, na realidade, aos meus olhos, atribuir à constituição e reprodução de um *habitus* específico, no sentido de Bourdieu – a apropriação de esquemas cognitivos e avaliativos transmitidos e incorporados de modo pré-reflexivo e automático no ambiente familiar desde a mais tenra idade, permitindo a constituição de redes sociais, também pré-reflexivas e automáticas, que cimentam solidariedade e identificação, por um lado, e antipatia e preconceito, por outro – o lugar fundamental para a explicação da marginalidade do negro. Este ponto é central, pois se é a reprodução de um "*habitus* precário" a causa última da inadaptação e marginalização desses grupos, não é "meramente a cor da pele", como certas tendências empiricistas e redutoras acerca da desigualdade brasileira tendem hoje a interpretar. Se há preconceito neste terreno, e certamente há, agindo de forma obscura e virulenta, não é, antes de tudo, um preconceito de cor, mas que se refere a certo tipo de "personalidade", julgada como improdutiva e disruptiva para a sociedade.

Esse aspecto central não é, todavia, percebido com clareza por Florestan. Sem dúvida ele tem o mérito de apontar, em sua busca das causas últimas da marginalidade da população negra, as precondições sociais, independentes da cor, que condicionam a situação de marginalidade. Percebe, por exemplo, que as condições de inadaptação da população negra é comparável a dos dependentes rurais brancos,[32] misturando esses dois elementos, como se compusesse em conjunto, a "gentinha" ou a "ralé" nacional.[33] Afinal, como vimos no capítulo acerca da constituição peculiar do poder pessoal no Brasil, a situação dos negros escravos era em tudo comparável a do dependente ou agregado despossuído branco ou de qualquer cor.

A cor da pele age, no máximo, como uma ferida adicional à autoestima do sujeito em questão, mas o núcleo do problema é a combinação de abandono e inadaptação, destinos que atingiam ambos os grupos *independentemente da cor*. Precisamente por confundir *habitus*, no sentido que estamos utilizando neste livro (e que ele próprio havia revelado *avant la lettre* com tanta argúcia no peso relativo que atribui à desorganização familiar), com "cor da pele", Florestan é levado a imprecisões e paradoxos que se repetem em cascata na sua argumentação. Na realidade, todo o argumento do livro é tributário da ambiguidade fundamental, que confunde os dois aspectos relevados acima, em relação à causa fundamental da situação de carência e marginalidade do negro. Florestan supõe como causa primeira dessa situação tanto a "escravidão interna" dentro do homem, que o impede de pensar e agir segundo os imperativos da nova ordem social,[34] quanto o preconceito de cor,[35] visto como uma realidade "inercial" representando "resíduos" do passado que penetram na sociedade competitiva, e que ele supõe, a partir do avanço e do desenvolvimento desta, estejam destinados a desaparecer.[36]

Esses dois aspectos, apesar de interligados, são analiticamente duas realidades muito distintas. No contexto estamental e adscrito da sociedade escravocrata, a cor funciona como índice tendencialmente absoluto da situação servil, ainda que esta também pudesse, porventura, assumir formas mitigadas. Na sociedade competitiva, por outro lado, a cor funciona como índice "relativo" de primitivismo – sempre em relação ao padrão contingente do tipo humano definido como útil e produtivo no racionalismo ocidental e implementado por suas instituições fundamentais – que pode ou não ser confirmado pelo indivíduo ou grupo em questão. O próprio Florestan relata sobejamente as inúmeras experiências de inadaptação ao novo contexto determinadas, em primeiro plano, por incapacidade de atender às demandas da disciplina produtiva do capitalismo.[37]

É de extrema importância, por razões teóricas e práticas, que se tenha clareza com relação a este ponto. A confusão entre estes dois aspectos é muitas vezes obscurecida por motivos "políticos", pois acredita-se que a atribuição da marginalidade do negro a causas outras que não a cor e o racismo equivaleria a atribuir a "culpa" dessa marginalidade à sua vítima. Ora, é precisamente o abandono secular do negro e do dependente de qualquer cor à própria sorte a "causa" óbvia de sua inadaptação. Foi este abandono que criou condições perversas de eternização de um "*habitus* precário", que constrange esses grupos a uma vida marginal e humilhante à margem da sociedade incluída. Por outro lado, é necessário ter-se clareza teórica e prática acerca das causas reais da marginalização. É o tipo de explicação que enfatiza o dado secundário da cor – que permitiria, supostamente, atribuir a "culpa" da marginalização unicamente ao preconceito – que joga água no moinho da explicação economicista e evolucionista de tipo simples, que supõe ser a marginalização algo temporário, modificável por altas taxas de crescimento econômico, as quais, de algum modo obscuro, terminariam por incluir todos os setores marginalizados.

Esse tipo de explicação descura dos aspectos morais e políticos que são imprescindíveis a uma real estratégia inclusiva. Em nenhuma das sociedades modernas, que lograram homogeneizar e generalizar, em medida significativa, um tipo humano para todas as classes, como uma precondição para uma efetiva e atuante ideia de cidadania, conseguiu-se este intento como efeito colateral unicamente do desenvolvimento econômico. Inclusive, entre as sociedades desenvolvidas, a mais rica, os Estados Unidos, é a que apresenta maior índice de desigualdade e exclusão. A marginalização permanente de grupos sociais inteiros tem a ver com a disseminação efetiva de concepções morais e políticas, que passam a funcionar como "ideias-força" nessas sociedades. É a explicação que atribui a marginalidade desses grupos a "resíduos" a serem corrigidos por variáveis economicamente derivadas – dominantes, não só em Florestan, mas em todo o debate nacional teórico e prático acerca do tema das causas e dos remédios da desigualdade – que melhor contribui para sua permanência e naturalização.

Na realidade, portanto, não é a continuação do passado no presente "inercialmente" que está em jogo, realidade esta destinada a desaparecer com o desenvolvimento econômico,[38] como parece acreditar até o grande sociólogo, mas a redefinição "moderna" do negro (e do dependente ou agregado brasileiro rural e urbano de qualquer cor) como "imprestável" para exercer qualquer atividade relevante e produtiva no novo contexto, que constitui o quadro da nova situação de marginalidade. A "inércia" aqui, como ocorre tão frequentemente, está de fato no lugar de uma "explicação". A questão que me parece a essencial é: de que modo a transição do poder pessoal para o impessoal muda radicalmente as possibilidades de classificação e desclassificação social? O que está em jogo nessa passagem e nessa mudança tão radical que expele como imprestáveis os segmentos responsáveis fundamentalmente pela produção econômica no regime anterior? Para a resposta desta questão, o tema dos "resíduos"* e das "inércias" – especialmente porque esses resíduos e inércias se eternizaram e se mostraram, de

* Todo o raciocínio é tributário da sociologia da modernização tradicional com sua crença na destruição gradual da "tradição", percebida precisamente como "resíduos" e "inércias", sob a forma de um evolucionismo de tipo simples e etapista. Não cabe aqui repetir argumentos que já sobejamente formulamos no início deste livro. Que seja lembrado apenas que essa assunção elimina de plano a consideração de sociedades periféricas, modernamente singulares, que precisamente se caracterizam pela perpetuação de situações de marginalidade e exclusão, produzidas e tornadas opacas e permanentes por condições de legitimação da desigualdade que se tornam eficazes apenas sob pré-condições especificamente modernas, como veremos adiante em maior detalhe.

fato, *ao contrário do que supunha o autor*, permanentes – não avança o nosso conhecimento.

Outro ponto de imprecisão que no fundo duplica a ambiguidade em relação à opção cor/*habitus* é a menção a coisas como "mundo branco" e "mundo negro" como se fossem, ambos, realidades essenciais e independentes, e como se a hierarquia valorativa que articulasse essa disjuntiva não fosse, na realidade, única e subordinasse tanto "brancos" quanto "negros". Neste ponto, da mesma forma que em relação ao tópico anterior, poderíamos refrasear a questão que formulamos e nos perguntar, afinal, o que está por trás das cores, especialmente da cor "preta", que a faz um "índice" de alguma coisa, ao mesmo tempo mais fundamental e menos visível, e que se manifesta *por trás da cor*?

Não é, portanto, se estou certo, o apego à hierarquia anterior, que Florestan denomina de estamental, que produz o racismo e o transfere como "resíduo" à ordem social competitiva. Afinal, a ordem competitiva também não é "neutra", nesta dimensão do ponto de partida meritocrático, como parece estar implícito no argumento de Florestan. A ordem competitiva também tem "sua hierarquia", ainda que implícita e opaca aos atores, e é com base nela, e não em qualquer "resíduo" de épocas passadas, que tanto negros quanto brancos sem qualificação adequada são desclassificados e marginalizados de forma permanente. Não é à toa, nesse sentido, que a legitimação da marginalização, nos depoimentos colimados em todo o livro pelo autor, venha sempre acompanhada da menção a aspectos conspícuos da hierarquia valorativa do racionalismo ocidental moderno: ausência de ordem, disciplina, previsibilidade, raciocínio prospectivo etc. O critério operante de classificação/desclassificação era tão colado na hierarquia valorativa implícita e impessoal da nova ordem social, que se reconhecia em vários depoimentos a cor como aspecto secundário. Concebia-se, por exemplo, que o negro se "misturasse com o branco atrasado, que está à sua altura moral, intelectual".[39] Florestan, no entanto, permanece preso à explicação dos "resíduos"[40] e não consegue incorporar vários desses depoimentos ao seu quadro explicativo, que se torna crescentemente ambíguo, impreciso e inconclusivo.

A resolução teórica desse "imbróglio", com consequências práticas nada desprezíveis, exige a determinação precisa deste componente misterioso "por trás" da cor. Florestan já aponta o caminho a ser seguido por meio da alusão, recorrente em todo o seu trabalho, de que o que os negros efetivamente queriam era se transformar e "ser gente".[41] O termo nunca é definido claramente nem por Florestan nem por seus informantes. Acredito, também nesse ponto, que, para ultrapassarmos o uso retórico deste termo e conferirmos a ele densidade analítica, torna-se necessário ultrapassar a confusão entre *habitus* e cor. Afinal, o que os próprios informantes entendem por "ser gente" reflete, de forma clara, o que estamos percebendo como as precondições para a formação de um *habitus* adequado aos imperativos institucionais da nova ordem, independentemente de qualquer cor de pele.

> Um dos sujeitos das histórias de vida, que vivia com a mãe e a irmã, 'ao deus dará', relata o deslumbramento que sentiu, por volta de 1911, ao passar a viver, aos dez anos, na casa de um italiano. Viu, então, o que era viver no seio de uma família, o que entre eles (os italianos) era coisa séria. Gostava porque comia na mesa... "e podia apreciar em que consistia 'viver como gente'".[42]

No mesmo sentido, temos as declarações abaixo:

> Negro é gente e não tem que andar diferente dos outros... "Ser gente" só pode significar "ser igual ao branco" e para isso é preciso "proceder como o branco", lançando-se ativamente na competição ocupacional.[43]

Afinal, para além do sentido retórico, compreensível imediatamente de forma inarticulada por cada um de nós, mas que apresenta desafios aparentemente intransponíveis logo que pretendemos defini-lo de forma adequada, o que é "ser gente"? A resposta a essa questão mostra sobejamente duas coisas: a) os limites internos da perspectiva de Florestan; e b) a necessidade de reconstrução da hierarquia valorativa opaca e pré-reflexiva, ou seja, não "consciente" aos próprios agentes que experimentam sua força, que comanda todo o mecanismo de classificação/desclassificação do capitalismo, seja ele central ou periférico. O embate com Florestan permite tanto partir do nível mais alto da discussão nas ciências sociais brasileiras como um todo quanto perceber as limitações que clamam por um paradigma alternativo de modo a esclarecer o que ficou nas sombras.

Esta reconstrução, estamos convencidos, implica reconstruir o mote central para a compreensão adequada da reprodução simbólica no capitalismo global, no assim chamado "centro" ou na assim chamada "periferia". O "culturalismo racista" que tratamos no começo deste livro envenena as ciências sociais tanto no centro quanto na periferia, ao tornar os mecanismos opacos de classificação e desclassificação social em qualquer sociedade capitalista ainda mais invisíveis. Neste contexto a ideologia meritocrática pode ter livre curso, pois a construção social e diferencial dos seres humanos no capitalismo se torna impossível de ser percebida. Daí que essa reconstrução seja a tarefa mais eminente da sociologia crítica contemporânea.

Sem falsa modéstia, essa é precisamente nossa ambição. Queremos enfrentá-la em dois passos consecutivos: a) mostrar sua relevância teórica e sua falta em todas as principais teorias críticas da contemporaneidade; b) demonstrar a relevância do trabalho empírico informado teoricamente como instância capaz de comprovar, para além de qualquer dúvida razoável, de que modo os agentes sociais são afetados de modo decisivo por uma hierarquia que não compreendem e da qual sentem apenas os efeitos. Como veremos, essa é uma reconstrução única não só na ciência periférica mas também na ciência social do centro. Na realidade, essa reconstrução permite algo decisivo para uma ciência social crítica: a superação do "culturalismo nacionalista" que domina toda a reflexão científica contemporânea, seja no centro, seja na periferia do capitalismo.

PARTE III

CAPÍTULO 1

Contribuição à inteligência brasileira

Para a reconstrução de uma teoria crítica da sociedade no Brasil e no mundo de hoje

TIVEMOS A CHANCE de discutir nas duas partes anteriores deste livro o que significa criticar a "inteligência brasileira", que se tornou hegemônica no último século. Ela se subdivide em duas tradições de pensamento, que denominamos de "culturalista conservadora" e de "economicista", cada qual com um déficit de capacidade de explicação específico. No primeiro caso, o Brasil é percebido como uma espécie de "planeta verde-amarelo" cuja particularidade seria tendencialmente absoluta e única no globo. Na verdade, esse processo resulta do mecanismo de legitimação científica da dominação fática que produz a imagem de sociedades idealizadas de um lado e de sociedades essencialmente corrompidas do outro. Neste sentido, o Brasil seria mais uma versão de "sociedade orientalizada", pessoal, corporal e emotiva, cuja singularidade ibérica teria se mantido intacta apesar do processo de modernização e urbanização brasileiro. Essa imagem reflete o "lado negro" do "Ocidente hegemônico" percebido apenas como representado pelas nações afluentes do Atlântico Norte.

No segundo caso, uma tradição no geral mais sofisticada que a anterior, temos uma compreensão da inserção do Brasil em um esquema global maior, o do sistema capitalista mundial, mas esta inserção é percebida, quase que exclusivamente, apenas na sua dimensão econômica enquanto troca de mercadorias e fluxos de capitais. O perigo deste tipo de abordagem unidimensional é que, ao não tematizar também a reprodução simbólica do capitalismo, abre-se caminho para a entrada de contrabando do "culturalismo conservador", que vive dos "mitos nacionais" e de sua necessidade pragmática de legitimação interna e externa. O quadro das análises do capitalismo internacional é composto de um estudo da reprodução material global e de uma descrição das "culturas nacionais" – ou regionais no caso do "Atlântico Norte" –, como se não houvesse também regras e hierarquias com validades universais também na esfera da reprodução simbólica do capitalismo. Isso acontece inclusive com os melhores pensadores, como vimos no exemplo de Florestan Fernandes.

Esse déficit de capacidade de explicação não é apenas "brasileiro". A teoria social contemporânea não atenta para o que há de universal na reprodução simbólica de todo o capitalismo. Isso é verdade, como veremos, inclusive para os teóricos mais críticos e autorrefletidos da tradição das ciências sociais contemporâneas. Por conta disso, nosso desafio neste livro é tentar reconstruir as bases para uma "teoria crítica da modernização", a qual não parta da idealização de sociedades concretas – como no caso da teoria da modernização tradicional de influência parsoniana –, mas perceba mecanismos simbólicos classificatórios operantes em qualquer contexto capitalista. O problema é que, no capitalismo, as hierarquias valorativas e os mecanismos classificatórios são "opacos", ou seja, não são percebidos pela consciência cotidiana.

Por conta disso, a questão central de Karl Marx acerca da especificidade da dominação simbólica no capitalismo continua a nos desafiar até hoje. Marx havia notado que o capitalismo, ao contrário de todas as sociedades complexas anteriores, não necessita de um quadro de pessoas especializadas na legitimação da ordem vigente, como os mandarins na China Imperial, os brâmanes na Índia, ou o clero no Ocidente. Em sua dimensão mais importante, pelo menos, a legitimação da ordem vigente é produzida por uma misteriosa "ideologia espontânea" secretada pelo próprio sistema de modo opaco e sutil. A resposta economicista de Marx a essa questão não nos interessa aqui. O importante é sua percepção da "opacidade da dominação" como a marca diferencial do capitalismo e do mecanismo responsável por sua longevidade e extraordinária eficácia cotidiana.

O problemático nessa questão central é que não avançamos muito desde Marx. Vários fatores contribuem para essa estagnação, e o maior deles é que continuamos sem perceber adequadamente a estrutura simbólica e imaterial subjacente ao capitalismo e responsável por sua peculiar "violência simbólica". A teoria dominante imagina uma estrutura institucional "neutra" com relação a valores, a qual se contraporia uma "cultura" nacional entendida como única realidade simbólica possível. Ou seja, como não se percebe uma estrutura simbólica subjacente a todo o mundo capitalista, imagina-se o mundo dividido entre sociedades avançadas, com uma estrutura material e simbólica supostamente própria, e sociedades "atrasadas", com outra estrutura material e simbólica percebida como peculiar e distinta das sociedades avançadas.

A opacidade da dominação adentra no debate científico e coloniza os próprios termos deste, impedindo-nos de perceber estruturas profundas comuns. A pobreza e o conservadorismo desse debate, portanto, como estamos mostrando no decorrer deste livro, não conhecem fronteiras nacionais. O engano mais comum é o de se supor que os pressupostos da teoria da modernização não constituem mais o fundamento "implícito" e não discutido das análises contemporâneas que pretendem abarcar o sistema mundial enquanto tal. Isso não é verdade. Ainda que não possamos discutir todos os autores contemporâneos que assumiram este desafio como seu, podemos exemplarmente examinar autores que trazem a "promessa do novo" e apenas repetem com outra roupagem as velhas análises da teoria da modernização tradicional.

A tese de combate que perpassa todo este livro é a ideia de que a ciência moderna, em sua esmagadora maioria, se transformou em uma espécie de ideologia que ajuda a manipular e legitimar privilégios em uma espécie de "equivalente funcional" das grandes religiões do passado. A "violência simbólica" de hoje é chancelada cientificamente por "especialistas" de tal modo que não sai uma matéria nos órgãos de comunicação que não exijam esse tipo de "legitimação científica" independente do que esteja sendo discutido. O "liberalismo simbólico"[1] que mostramos no início deste livro usando o prestígio científico de Max Weber como mote de justificação de uma ciência que prolonga o senso comum e suas ilusões e preconceitos para fundamentar privilégios é a base de 99% do que passa por ciência hoje em dia.

Para que não seja dito que estamos falando do passado, vamos mais uma vez comprovar o que dizemos em dois autores contemporâneos de extraordinário prestígio, um deles no centro e o outro na periferia. O tipo de "racismo científico" defendido por estes autores pretende demonstrar que existe uma hierarquia "meritocrática" entre os países e entre as classes que hoje monopolizam todos os privilégios. Essas teorias são utilizadas para mostrar que a corrupção no centro é sempre tópica e passageira e só na periferia ela é sistêmica e societária, e como apenas norte-americanos e alemães são efetivamente "dignos de confiança" e só nessas nações existe *accountability*, como está em dez entre dez manuais de ciência política do mundo todo. Na periferia, essas mesmas teorias são utilizadas pelos "teóricos periféricos" para "orientalizar", ou seja, tornar exóticas suas próprias sociedades e, quase sempre, mostrar como as classes superiores merecem seus privilégios. Assim, vamos analisar Roberto DaMatta, talvez o cientista social que mais faz a cabeça do brasileiro conservador, e Niklas Luhmann, pensador alemão tido como um dos grandes renovadores da teoria social das últimas décadas.

A análise de um Roberto DaMatta no Brasil e na América Latina é extraordinariamente semelhante à analise de Niklas Luhmann na Alemanha. Não parece existir nenhum "abismo teórico" entre as explicações dominantes no centro ou na periferia do debate científico em relação a essas questões. O racismo mal disfarçado em "culturalismo" das teorias da modernização tradicionais – que substancializam e essencializam supostas heranças culturais como até cem anos atrás se essencializavam supostas diferenças raciais – está presente nos dois.

Em um texto sobre a exclusão social que deu origem a um debate específico na Alemanha, Luhmann se propõe a incorporar a "periferia" do capitalismo à sua teoria da "sociedade mundial". Para Luhmann, as sociedades modernas regulam de modo muito singular a diferenciação entre inclusão/exclusão, com consequências dramáticas para a estabilidade e as possibilidades de desenvolvimento desse tipo de sociedade. A especificidade da regra de inclusão/exclusão moderna é que ela seria decidida pelos sistemas funcionais já diferenciados entre si. A regra da igualdade e dos direitos humanos implica apenas isso: que as desigualdades só podem ser produzidas dentro dos respectivos sistemas diferenciados. Uma importante consequência dessa regra é a impossibilidade de legitimar desigualdades permanentes que abrangem todos os sistemas funcionais. O problema central para a teoria luhmanniana é que a exclusão quase total de parcelas significativas da população (1/3 no caso brasileiro) é precisamente o que acontece nos assim chamados países em desenvolvimento ou periféricos.

Apesar da lucidez de Luhmann em perceber a questão e, ainda mais admirável, de possuir a coragem de enfrentá-la, sua resposta é decepcionante e se aproxima de modo surpreendente das soluções propostas pelo próprio culturalismo conservador dominante na América Latina. Para quem imagina um abismo teórico entre as produções de vanguarda do centro e da periferia, essa aproximação pode ensinar muito. É claro que Luhmann utiliza uma terminologia "tecnológica" que induz a aparência de novidade. Uma análise cuidadosa, no entanto, pode, sem grande esforço, comprovar a irmandade de fundo entre essas abordagens e deixar claras tanto suas contradições e falhas internas quanto suas consequências conservadoras para uma adequada compreensão não só das sociedades periféricas, mas também de toda a modernidade contemporânea.

A necessidade de explicar a desigualdade permanente e a exclusão quase total de porções significativas da população de todos os sistemas funcionais o leva, do mesmo modo que as teorias da modernização – sejam as clássicas das décadas de 1950-60, sejam as contemporâneas com outra roupagem e sem usar o nome –, a pleitear "sobrevivências" do mundo pré-moderno nesse tipo de sociedade. Essa explicação seria, talvez, um pouco mais convincente se essas sociedades fossem "atrasadas" ou deficitárias em todas as esferas sociais. Mas o que complica a vida desse tipo de explicação simplista é que não é assim que as coisas efetivamente funcionam.

Apenas para usar o exemplo empírico mais citado por Luhmann nesse texto, o caso brasileiro, temos um país periférico singularmente desigual – precisamente do tipo de desigualdade permanente e quase total que interessa a Luhmann –, com alto dinamismo de algumas esferas funcionais, como, por exemplo, da esfera econômica. O desafio para a compreensão de sociedades desse tipo, hoje em dia chamadas de "emergentes" e com crescente influência internacional, é compreender o amálgama entre inegável dinamismo social e econômico e padrões de desigualdade permanentes, pobreza e marginalização social de partes significativas da população.

Mas não é essa a estratégia de Luhmann. Esse desafio sociológico não é sequer posto. Por conta disso ele pode imaginar sociedades inteiras funcionando segundo padrões pré-modernos. Como isso é explicado? Ora, Luhmann traveste de um linguajar moderno e tecnológico as explicações culturalistas tradicionais em voga até hoje na própria periferia. O elemento-chave aqui é "rede de relacionamento" (*Netzwerke*) a partir de interações face a face que se colocam à frente dos imperativos impessoais e funcionais da ordem social moderna.

Não se enfrenta a questão da gênese histórica dessas redes de relacionamento. Isso talvez seja tolerável em um pequeno artigo. O que não é desculpável é que não se explica como a existência desse "câncer social" não compromete a reprodução da sociedade como um todo, como acontece efetivamente no caso de alguns infelizes países africanos vítimas de guerras civis e com dependência crônica de ajuda externa. Luhmann supõe a existência de "redes de relacionamento pessoais" que obrigam a participação de todos (*mitmachen*) sob a ameaça de transformação em "não pessoa" (*Unperson*). Essa é, não por acaso, a explicação dominante em países como o Brasil. Roberto DaMatta é o principal autor dessa tradição e o sociólogo conservador mais influente no Brasil de hoje. Também DaMatta faz uso da oposição pessoa/não pessoa, que, no seu caso, adquire a forma de uma oposição pessoa (que tudo pode) e indivíduo (que nada pode por não ter acesso a relações pessoais).

Também em DaMatta a proeminência desse tipo de explicação leva, como em Luhmann, ao tema da corrupção enquanto uma característica definidora e fundamental de toda uma sociedade. Em Luhmann os efeitos desse tipo de explicação da realidade também são nitidamente conservadores. Ele joga água no moinho de certo preconceito, pois é mundialmente aceito tanto na dimensão do senso comum quanto no consenso erudito que a corrupção é uma relíquia "pré-moderna" de "sociedades atrasadas", o que impede de se pensar as ambivalências do próprio mundo moderno que passa a ser percebido como livre da corrupção endêmica – os casos que saem na imprensa seriam algo como "deslizes individuais" inevitáveis – e como domínio da eficiência impessoal. A corrupção nos países centrais seria um mero "ruído", uma exceção, e não uma forma "normal" de funcionamento do sistema econômico e político.

A consequência inevitável desse tipo de legitimação científica de preconceitos nacionais – que estão pressupostos em todas as formas de relações internacionais – é que não apenas sociedades inteiras, mas também os "indivíduos" dessas sociedades sejam percebidos como sujos, corruptos e potencialmente inconfiáveis. Existe alguma dúvida de que esse tipo de preconceito está na base de uma legitimação subpolítica e nunca explicitada não só nas relações internacionais em geral, mas também na administração cotidiana de organismos internacionais multilaterais? Alguém duvida da enorme capacidade de produzir autolegitimação e autoestima, coesão interna e repressão das contradições internas nas sociedades avançadas pela propagação difusa e capilar desses preconceitos que pressupõem uma superioridade moral "inata" dessas sociedades em relação aos países percebidos como atrasados e corruptos?

A questão aqui não é, obviamente, negar a inegável corrupção efetivamente existente em países como o Brasil. O ponto aqui é desqualificar o tema da corrupção como uma distinção "qualitativa" entre sociedades percebidas como de "tipos" diferentes, que é o tema que perpassa todo o texto luhmanniano. Que o leitor reflita comigo: realmente o sistema político italiano é menos corrupto que o brasileiro? Será que existe menos corrupção em Wall Street nos Estados Unidos do que na avenida Paulista em São Paulo? Será que existiu menos corrupção na reconstrução de Berlim do que na construção do metrô do

Rio de Janeiro? Não será a corrupção – definida como vantagem privilegiada em um contexto de presumida igualdade – uma parte fundamental e indissociável de todo sistema econômico-político moderno? Junto com a tese da "sociedade corrupta" não se introduz também a tese de "povos corruptos"? Não se está, por baixo do pano e sem alarde, "essencializando" o conjunto das sociedades periféricas e seus habitantes com um tipo de "racismo" criado, propagado e legitimado cientificamente?

Um exemplo muito eloquente do "para que" esse tipo de racismo "cientificamente" legitimado "serve na verdade" pode ser retirado do tipo de justificativa usado pelo capital financeiro – nacional e internacional – para as altíssimas taxas de juros e de *spread* bancário em um país como o Brasil. O alto custo do dinheiro no Brasil – e em outros países periféricos como ele –, que oprime toda a população em favor de uma meia dúzia de banqueiros e especuladores, é legitimado precisamente pelo suposto "risco" de emprestar dinheiro em um país onde a corrupção seria endêmica, um verdadeiro "traço cultural". A legitimação aceita, "naturalizada" – não em último lugar porque a ciência dominante, no centro e na periferia, repete o mesmo preconceito, travestindo-o de conceitos com autoridade científica – e, por isso, não contestada, da situação privilegiada do setor financeiro sobre toda a sociedade advém de leituras hegemônicas que atualizam "culturalmente" um racismo que antes – até início do século XX – era abertamente "racial". Enquanto em países centrais, como os Estados Unidos, um mercado financeiro desregulado – que levou há pouco tempo o mundo inteiro à uma crise global de grandes proporções – é "eufemizado" como uma economia "alavancada", quando, na verdade, opera massivamente com créditos sem qualquer segurança, os países periféricos são "estigmatizados" e obrigados a pagar um "mais-valor" por pura obra de preconceitos criados e confirmados com a autoridade da ciência.

É a transformação das sociedades avançadas em entidades sem ambivalências e sem contradições – o mesmo engano, aliás, que a teoria da modernização tradicional efetuava em relação aos Estados Unidos – que permite a substancialização das sociedades periféricas em um "bicho estranho", marcado pela existência de "redes de relacionamento" todo-poderosas como se também nas sociedades avançadas decisões fundamentais não pressupusessem a mesma lógica. As tais "redes de relacionamento" são percebidas como determinantes de toda a hierarquia social entre os positiva e negativamente privilegiados, na medida em que todas as chances de acesso a recursos escassos são monopolizados pelas posições de poder e de influência dentro dessas redes. Luhmann, na realidade, apenas elabora uma versão sistêmica – com novo vocabulário e presunção de "modernidade" para as tais "redes de relacionamento" – para a velha tese do patrimonialismo pré-moderno latino-americano.

O que vejo de profundamente equivocado, do ponto de vista científico, e de conservador do ponto de vista político, em ambas as ideias, é o fato de que se assume a "ideologia meritocrática" do capitalismo tardio como se fosse verdade. Supõe-se uma competição social igualitária nas sociedades avançadas, em ambos os casos, de Luhmann e de DaMatta, de tal modo que a distorção sistemática da "competição justa" é percebida como a característica fundamental e também como o resultado mais palpável das tais "redes de relacionamento". O "privilégio" é percebido como produto espúrio da dinâmica social de operação dessas "redes de relacionamento", e não como produto "normal" de um processo que torna invisíveis os pressupostos sociais de todo sucesso individual, naturalizando a desigualdade social e o privilégio permanente seja nas sociedades avançadas, seja nas sociedades periféricas.

Esse é o ponto central que permite unir as sociologias conservadoras do centro e da periferia em um mesmo quadro de referência teórico: é a "idealização" das sociedades avançadas, como reino da competição justa e da efetiva superação de privilégios permanentes, que exige uma distinção substantiva e um corte teórico que separe a análise desses dois tipos de sociedade. A operação contrária também é constitutiva desse jogo de espelhos montados por preconceitos arraigados e nunca articulados: é a "demonização" das sociedades periféricas, como reino da corrupção e do engodo, que permite sua oposição com regras de funcionamento essencialmente distintas das sociedades avançadas.

Esse é o "racismo inarticulado" que povoa como um sentimento difuso toda a sociologia desde a sua criação e precisa ser reconstruído. Mesmo sendo sociedades modernas do mesmo tipo e com lógicas de funcionamento semelhantes, existem diferenças fundamentais que precisam ser explicadas entre países como França e Alemanha, de um lado, e Brasil e México, de outro. A enorme diferença no número de marginalizados e excluídos, precisamente o problema que interessava a Luhmann em seu texto, entre os países ditos avançados e periféricos pode e deve ser explicada de modo alternativo ao oferecido pela sociologia até hoje. Por conta disso, tentarei responder esses dois desafios articulados em meu presente texto: primeiro tentarei mostrar por que essas sociedades são do mesmo tipo para apenas depois tentar determinar suas diferenças específicas. Em conjunto, as respostas a essas duas questões podem nos ajudar nos primeiros passos do desenvolvimento de uma "teoria crítica da modernização".

CAPÍTULO 2

A miséria deles e a nossa

A dimensão simbólica do capitalismo

COMO SE PODEM perceber semelhanças em sociedades aparentemente tão distintas? Acho que a contribuição de Pierre Bourdieu pode ser decisiva aqui. Como se sabe, a "teoria dos capitais" em Bourdieu é o elemento mais abstrato de sua análise das sociedades do capitalismo tardio. Bourdieu percebe os capitais econômico e cultural como os elementos estruturantes de toda a hierarquia social moderna. Acho fundamental que se note com toda a clareza que isso vale tanto para países como França e Alemanha quanto para países como México, Brasil e África do Sul. Com isso quero dizer que toda a luta social por recursos escassos – a questão central para a compreensão da dinâmica profunda de qualquer tipo de sociedade – em qualquer uma das sociedades mencionadas acima é decidida pelo acesso diferencial a esses capitais impessoais. Esse aspecto é determinante porque permite a compreensão da luta diária de indivíduos e grupos sociais por todos os interesses materiais e ideais em jogo na vida social. Se a ciência deve, antes de tudo, separar o principal do secundário, não existe aspecto mais importante do que o estudo daquilo que decide sobre as chances de vida de todos nós em todas as dimensões da vida social, ou em todos os "campos" sociais, como prefere Bourdieu. Qualquer outro aspecto é, em relação a este tema, "secundário".

Esse esclarecimento é fundamental para minha tese: se a articulação entre os capitais impessoais econômicos e culturais é o ponto de partida para a compreensão da dinâmica social moderna – e muito especialmente da hierarquia social que decide sobre quem é superior e quem é inferior nesse tipo de sociedade –, então é justo afirmar que sociedades como México, Brasil ou África do Sul são sociedades do mesmo tipo que Estados Unidos, França ou Alemanha. Não há qualquer diferença essencial acerca do modo como se estruturam as classes sociais em luta, por exemplo, no Brasil ou na Alemanha. É o acesso a capital cultural sob a forma de capital escolar e herança familiar que garante a formação da moderna classe média brasileira enquanto uma classe do "trabalho intelectual", por oposição, por exemplo, ao "trabalho manual" das classes sem acesso significativo ao mesmo tipo de capital. É a mesma diferença que garante a separação – e o acesso a todos os privilégios materiais e ideais envolvidos nessa disputa – entre a classe média alemã e a classe trabalhadora alemã ou composta por imigrantes.

Não há qualquer diferença também – aspecto talvez ainda mais importante – na forma como a "distinção social" é naturalizada e legitimada em ambas as sociedades. Não apenas os capitais impessoais envolvidos no processo de classificação e desclassificação social operam segundo os mesmos princípios, mas também a "violência simbólica" que encobre, distorce e permite a legitimação da dominação social no capitalismo tardio se dá do mesmo modo nas sociedades avançadas e periféricas. Afinal, tanto no Brasil quanto na Alemanha ou na França a naturalização da desigualdade é possível pela sutil violência da "ideologia da meritocracia". Existem exemplos insofismáveis desse fato na pesquisa empírica que discutiremos mais adiante acerca da moderna "ralé" brasileira. Como explica Bourdieu, a "ideologia da meritocracia" esconde sistematicamente a produção social dos desempenhos diferenciais entre os indivíduos, tornando possível que o desempenho diferencial "apareça" como diferença de talentos inatos.

Se tanto a produção da hierarquia social quanto a da dominação social são obtidas segundo os mesmos princípios, então a dinâmica da vida social entre as sociedades avançadas e periféricas é fundamentalmente semelhante. A produção artificial de uma "diferença substantiva" entre esses tipos de sociedade tem que ser explicada como um dos mecanismos da própria dominação social em ambas as sociedades percebidas como de tipo substantivamente diferente. Em Luhmann, como vimos, o que separaria os dois tipos de sociedade de modo tão essencial seria a presença de "redes de relacionamento" ubíquas e todo-poderosas nas sociedades periféricas, parasitando, para os próprios fins, tanto a autonomia e o grau de liberdade dos sistemas sociais quanto a capacidade decisória das organizações. O pressuposto do argumento de Luhmann é, portanto, que não existem "redes de relacionamento" pessoais decidindo o destino das pessoas nas sociedades avançadas.

Mais uma vez Bourdieu pode nos ajudar a esclarecer esse ponto. O que ele chama de "capital social" pretende dar conta do mesmo problema. No entanto, o acesso ao capital social de relações pessoais, ainda que seja decisivo para as chances de sucesso individual em qualquer contexto, é percebido como secundário em relação aos capital impessoal econômico e cultural. Em outras palavras, o acesso a relações pessoais privilegiadas só é possível a quem já disponha de capital cultural e econômico (ou alguém conhece uma pessoa com acesso privilegiado a relações pessoais vantajosas sem capital econômico ou cultural?). Omitir a ação primordial desses capitais impessoais, como faz Luhmann, DaMatta e a imensa maioria dos teóricos nesse tema, equivale a omitir a luta de poder e de classes envolvida na apropriação diferencial de capital econômico e cultural. O que "aparece" são apenas pessoas positiva ou negativamente privilegiadas pelo acesso a relações pessoais vantajosas. Pior ainda, constrói-se uma percepção de sociedades dinâmicas e complexas, ainda que desiguais e injustas, como a brasileira, que passa a ser percebida como uma sociedade tradicional e pré-moderna cuja hierarquia social seria construída pelo acesso diferencial a relações pessoais e familiares.

Essas escolhas teóricas não são apenas percepções parciais da realidade sem vinculação com a realidade política. Ao contrário. E na demonstração disso a realidade brasileira pode ser muito informativa. A concentração da atenção nos processos de construção de "redes de relacionamento" para auferir vantagens permanentes, supostamente existentes apenas em sociedades como a brasileira – já nos esquecemos que a atual crise financeira começou com "redes de relacionamento" para vantagens mútuas que operavam em Wall Street, a 10 mil quilômetros do Brasil? –, cria a ilusão de que não existe luta de classes. A opacidade do processo social de apropriação diferencial dos capitais impessoais que decidirá, a partir do pertencimento de classe, o acesso privilegiado a todos os bens e recursos escassos é reforçada pela opacidade teórica que o torna literalmente invisível e não tematizável. Assim, é construída a ilusão de que esse tipo de aporte teórico permite a crítica de práticas moralmente reprováveis, e que aparece, portanto, ao leitor, com o "charminho crítico" de uma leitura crítica da realidade quando é precisamente seu oposto.

Que com isso criem-se falsos problemas e prioridades, como cruzadas moralistas contra a corrupção que passam a ocupar o lugar da atenção às questões básicas de distribuição desigual em todas as dimensões. A realidade social não é visível nem compreensível a olho nu. Pode-se ver a pobreza e a miséria de muitos e desconhecer as causas que produzem esse estado. Por exemplo, o brasileiro médio entende as mazelas sociais no país como produto da corrupção sistêmica, assim como Luhmann a percebeu. A "boa consciência" das classes privilegiadas torna-se perfeita, já que o problema está sempre longe, na corrupção estatal, por exemplo, permitindo uma perfeita legitimação de práticas cotidianas de exploração e humilhação. As classes média e alta de uma sociedade como a brasileira não possuem apenas o mesmo privilégio de consumo de seus pares europeus e norte-americanos. No Brasil essas classes contam ainda com um verdadeiro exército de mão de obra barata, sob a forma de empregadas domésticas, babás, faxineiras, porteiros, office boys, motoboys etc., que permite poupar tempo para atividades bem-remuneradas e reconhecidas além de minorar, por exemplo, a luta de gênero nessas mesmas classes, "transformada" em luta de classes invisível. Chamar a atenção para problemas aparentes ou criar falsas oposições têm sempre o fim de nos cegar em relação a conflitos reais e mais importantes. A percepção de países periféricos dinâmicos como se os mesmos funcionassem como sociedades pré-modernas serve, antes de tudo, para encobrir relações de poder injustas e desiguais.

É precisamente nesse ponto que a obra de Pierre Bourdieu pode, talvez, desempenhar um papel ainda maior do que tem tido hoje em dia. Sua teoria dos capitais pode ser a base de uma nova compreensão do capitalismo global e seus efeitos díspares em cada contexto peculiar. Pode fornecer o fundamento teórico para uma verdadeira teoria crítica da modernidade e da modernização, na qual a luta de classes – internacionalmente percebida – pelo acesso a bens e recursos escassos tenha a primazia da análise. Julgo que o tema marxista da "ideologia espontânea" do capitalismo possa, assim, ser reconstruído de modo mais crítico e teoricamente mais refinado do que foi até agora. No entanto, penso também que existem unilateralidades e falhas importantes no esquema bourdiesiano que devem ser superadas para que o mesmo possa ser aproveitado em toda a sua riqueza. O ponto que acho digno de crítica em Bourdieu é o que gostaria de chamar de "contextualismo moral".

Dois trabalhos de Bourdieu são fundamentais para meu escopo aqui: os escritos sobre a Argélia e sua obra coletiva sobre a miséria do mundo. Os textos sobre a Argélia são especialmente interessantes porque nele Bourdieu está combatendo os mesmos "inimigos" de qualquer teoria ou aporte crítico: o modelo econômico racional, implícito em todas as variantes antigas ou modernas da teoria da modernização – que pressupõe adaptações automáticas à "racionalidade" econômica – assim como as formas da época assumidas pelo "culturalismo" antropológico. Já nesse estudo encontramos como categoria "prática", ainda que não desenvolvida em todas as suas virtualidades, a grande contribuição, para mim pelo menos, de Bourdieu ao debate sociológico: a percepção de que a sociedade é dividida em grupos sociais com acesso diferencial a disposições para o comportamento prático assimiladas insensivelmente através da educação implícita e explícita.

Essa noção de classe social como aprendizado, em grande medida inintencional, de disposições para crer e agir, põe a percepção da vida social de sociedades modernas verdadeiramente em outro patamar de refinamento teórico e empírico. Foi essa percepção da centralidade da noção de classe social, assim compreendida, que permitiu entender a dinâmica das lutas de uma sociedade complexa – como a sociedade francesa estudada em *A distinção*[1] – de modo absolutamente novo, crítico e desilusionista. A novidade estava em perceber a atuação – não perceptível intencionalmente pelos atores envolvidos – de uma lógica de solidariedades e preconceitos, destinada a legitimar o acesso privilegiado e permanente a bens e recursos escassos, produzida de forma subliminar e apenas perceptível aos envolvidos nos seus efeitos.

No caso da Argélia colonial estudada por Bourdieu, o argumento central do livro se refere também, já desde essa época, às condições variáveis de incorporação das "disposições do cálculo econômico", percebida então, e ainda hoje, como efeito automático da introdução da economia monetária. Bourdieu consegue identificar que noções "naturalizadas" pela percepção cotidiana como "universais" – apenas por serem apropriadas de modo implícito e invisível pela educação das classes médias e privilegiadas – são aquelas que vão fundamentar a existência de uma fronteira entre os adaptados à ordem social dominante e os setores inadaptados condenados à pobreza e à humilhação social cotidiana. Assim, a ideia central da apropriação diferencial, definidas pelo pertencimento à classe social, das disposições associadas à noção de "temporalidade" – como a possibilidade do cálculo econômico, a capacidade de previsão ou ainda a capacidade de projetar um futuro alternativo – é decorrente não do milagre do "mérito individual", mas das precondições sociais que a possibilitam. Para mim não existe nenhuma ideia mais importante do que essa no horizonte da teoria social crítica, pela simples razão de que apenas ela permite a desconstrução crítica do arcabouço legitimador de todas as formas de desigualdade social em condições modernas.

Não obstante, existem também deficiências importantes na perspectiva bourdiesiana, e elas podem ser percebidas tanto nos textos sobre a Argélia como no decorrer de toda a sua obra. Ainda que Bourdieu seja um crítico perspicaz das teorias da modernização – dominantes à época de seu estudo na Argélia e ainda hoje sob formas mascaradas, inclusive no texto luhmanniano comentado anteriormente –, ele termina sendo vítima de algumas das pressuposições típicas das próprias teorias da modernização, como a da "transitoriedade" da condição subproletária – ou seja, daquela classe à qual faltam os pressupostos "invisíveis" para o sucesso econômico e social – no capitalismo. Essa tese não é explicitada enquanto tal por Bourdieu, mas sua perspectiva a pressupõe. Afinal, os subproletários argelinos são percebidos como fruto do êxodo rural para a cidade – um dos topos mais típicos da teoria da modernização – e da disparidade de códigos sociais vigentes em cada um desses universos.

Uma pergunta central nunca colocada muito menos respondida neste contexto é a que permitiria explicar a permanência da condição subproletária no tempo. Como em várias das análises bourdiesianas, a extraordinária acuidade em se perceber o "contexto" pragmático das lutas sociais, que consome toda sua energia teórica e empírica, o impede de perceber "constantes universais" – pelo menos tão universais quanto o capitalismo – que permitiriam também identificar o contexto particular e concreto como manifestação, sempre diferenciada em sua forma concreta, mas informada por uma lógica semelhante. Isso não deixa de ser surpreendente em um autor que logrou desvelar como poucos o "DNA simbólico" que garante e legitima a reprodução infinita dos privilégios sociais no capitalismo.

Se a atenção ao contexto é fundamental, afinal é onde a luta e o conflito se realizam e se mostram de modo mais direto e imediato, como a obra de Bourdieu atesta tão bem, a "prisão ao contexto", por outro lado, impede a percepção de uma hierarquia social universalizante e abrangente, ainda que ela se apresente, em cada contexto peculiar, com acentos e nuances distintas. Se a atenção ao contexto permite perceber os "efeitos" de uma moralidade incorporada nos agentes subjetivamente, a prisão ao contextual, por outro lado, nos cega em relação a uma moral objetivada em instituições e, por isso mesmo, eficaz independentemente de contextos particulares, mesmo variando na sua forma fenomênica de acordo com esses mesmos contextos.

Onde se apresenta essa "moralidade contextual" na obra de Bourdieu e de que modo concreto ela pode ser percebida como uma limitação fundamental de sua abordagem? Ainda que Bourdieu fale diversas vezes na sua obra-prima *A distinção* sobre a oposição alma/corpo como fundamento de percepções de classe antagônicas, ou no livro sobre a "dominação masculina" como fundamento da oposição homem/mulher, não existe uma reconstrução dessa hierarquia valorativa como uma estrutura institucional objetiva transcultural e transclassista que afeta todos os contextos da luta de classes nas "culturas" capitalistas.

Essa limitação de seu escopo teórico pode ser percebida muito especialmente no seu livro mais importante, o já citado *A distinção*. Os limites e possibilidades de uma teoria não são visíveis normalmente em pequenos textos nem podem ser avaliados a partir do que o autor "diz" sobre a própria obra. As limitações estão, por outro lado, sempre presentes, dado que todo autor possui uma perspectiva particular que esclarece algumas questões enquanto, necessariamente, esconde outras, embora as igrejinhas que sonham infantilmente com o conhecimento absoluto jamais reconheçam fato tão óbvio. Neste livro, afinal, Bourdieu se propõe a uma análise totalizante da sociedade francesa da segunda metade do século XX. Esse é o verdadeiro teste para sua teoria, dado que ela tem que responder ao desafio da explicação mais abrangente e desafiadora possível. Nesta obra, todas as pseudolegitimações morais da superioridade social, muito notadamente na distinção sutil pelo "bom gosto", que encobre e legitima privilégios injustos de todo tipo – que são, precisamente, o mote do livro – sempre são meras "racionalizações", no sentido freudiano do termo, de um interesse material ou ideal que se recusa a se mostrar enquanto tal. Nesse sentido, não existe, para Bourdieu, legitimação moral que não seja "encobrimento de um interesse que não se manifesta enquanto tal". Todas as lutas entre as classes e suas frações são permeadas por uma necessidade de justificação que "distorce a realidade" ao limite de tornar o interesse material ou ideal em jogo irreconhecível. Essa "atenção ao contexto" é muito compreensível, pois os interesses inconfessáveis sempre se mostram em contextos específicos.

No entanto, ao não reconstruir em toda a sua extensão a gênese da lógica de uma hierarquia moral que extrapola contextos particulares, como faremos adiante, o que Bourdieu deixa de perceber é a própria dimensão moral enquanto "aprendizado moral". A dimensão moral não é apenas "utilitária" no sentido de que serve sempre para encobrir interesses inconfessáveis, ela também constrói novos patamares transclassistas de aprendizado moral, nos quais a própria luta de classes por recursos escassos de todo tipo ocorre dentro de um quadro de referências novo. Um exemplo concreto talvez ilustre melhor o que digo. Quando Norbert Elias fala, por exemplo, que a competição social muda de patamar com a internalização do superego, como processo ligado ao monopólio da violência pelo Estado, levando à consequente "pacificação" da competição social, na medida em que resolver as querelas pessoais pelo assassinato deixa de ser uma hipótese viável, estamos tratando de um óbvio "aprendizado moral".

Se na Roma do século XVII era possível matar o opositor com uma espada na rua sem grandes consequências, atualmente elas são muito mais prováveis. A competição social tende a assumir uma forma exterior mais "pacífica", ainda que a intriga, a inveja e o ressentimento sejam os motivos dominantes. Que as pessoas tendam a substituir o "assassinato" real pelo "assassinato" social da reputação na competição social, parece-me óbvio avanço dos patamares da moralidade que abrange todas as classes e frações em luta por recursos escassos em um novo contexto que define limites mais estritos para a rivalidade e a desavença legítimos. Dito de outro modo, mesmo que a mentira e a fraude sejam a regra da vida social, os indivíduos e classes em luta podem mediar suas interações segundo princípios muitos distintos entre si.

Esse não é um problema menor desse grande clássico da sociologia de todos os tempos, talvez tão grande quanto Max Weber, que é Pierre Bourdieu. O que Bourdieu nega ao relativizar todo juízo moral e mostrar seu caráter meramente instrumental é o fato de que os indivíduos, as classes e as sociedades "aprendem moralmente" ainda que a custo de sofrimentos inauditos, guerras e muito sangue derramado. Existe, mesmo inarticuladamente, uma noção de "boa vida" e "virtude" subjacente a todas as nossas ações, embora não sejamos conscientes dela quase nunca. É isso que nos dá sentimentos como "vergonha", "culpa" ou "remorso". Por outro lado, é o que nos dá "bem-estar" e "boa consciência" quando fazemos o que é "certo" com os outros, amigos ou inimigos. É essa "hierarquia moral" inarticulada, mas visível em seus efeitos, que precisa ser articulada e reconstruída pela sociologia crítica, que pode nos dizer para onde estamos indo e se a orientação é desejável. Se não temos isso claro, torna-se difícil problematizar a questão central para as ciências sociais da "mudança social".

Se toda mudança é apenas o mesmo sob outros disfarces – embora sem dúvida a grande maioria das mudanças seja deste tipo –, então não existe mudança social possível e o mundo é só reprodução do mesmo. Bourdieu paga um preço caro por sua atenção ao contexto e sua instrumentalização ao tornar impossível determinar o que é "aprendizado moral", o que é "virtude" e o que é "boa vida". Essas questões são difíceis, mas inescapáveis. Sem isso, pode-se até falar em mudança social, mas esta se torna palavra vazia e indeterminada. Para o bourdieusiano de carteirinha, para quem o conhecimento não é conviver com a dúvida e a limitação inevitável, mas a ilusão infantil do conhecimento divino, total, sem falhas, sobre-humano, estas críticas são anátemas. Para mim, é uma necessidade de conviver com as limitações inevitáveis de todo conhecimento humanamente parcial, o qual não deixa de ser divino ao iluminar um pouco da vida que, de outro modo, seria apenas sombra, como na caverna de Platão.

Voltando a nossa questão: como unir e vincular os "efeitos" contextuais de uma hierarquia moral incorporada subjetivamente e percebida como atuante empiricamente em diversos contextos a uma mesma gênese institucional que afeta, obviamente com importantes diferenças contextuais, todas as sociedades capitalistas modernas, sejam elas centrais ou periféricas? Bourdieu me parece o interlocutor ideal e privilegiado para se discutir essa questão fundamental na medida em que seu trabalho empírico, em especial nos estudos empíricos sobre a Argélia ou sobre *A miséria do mundo*[2], nos permite encontrar situações contextuais e concretas que podem ser explicadas segundo uma lógica objetiva e institucional que seria eficaz para além dos casos estudados. Bourdieu, como vimos, não deu esse passo teórico. Os textos sobre a Argélia permanecem um estudo isolado de um caso particular. Também os estudos realizados em *A miséria do mundo*, em vários países interessantes e provocativos, na verdade, não dão o salto qualitativo de explicitar a lógica moral e política mais abstrata e geral subjacente aos processos contextuais e concretos analisados.

Ainda que Bourdieu tenha fornecido instrumentos valiosos para essa empreitada, minha opinião é que ele não logrou reconstruir a lógica geral e abrangente dos fenômenos que percebia, contextualmente, tão bem. A reconstrução dessa lógica abstrata e geral é fundamental para mim porque apenas ela pode permitir construir uma "teoria crítica da modernização" em todos os rincões do planeta onde a lógica da modernização capitalista logrou se institucionalizar. É essa lógica, afinal, que pode superar o "jogo de espelhos" entre uma teoria da modernização ainda dominante sob outras formas "práticas" – políticas de órgãos mundiais, no senso comum culto de sociedades centrais e periféricas – e suas imagens especulares "politicamente corretas", com quem divide, na realidade, todos os pressupostos teóricos e metateóricos principais. Acima de tudo, o esquecimento da luta de classes e sua substituição por conceitos compósitos que ofuscam conflitos e contradições, como nação, cultura, região ou civilização. Assim, para demonstrar como essa lógica abstrata e geral do capitalismo, que se expande para todo o globo, implica uma luta de classes global é necessário reconstruir e expandir o ponto de partida contextual bourdiesiano, adicionando-lhe uma dimensão não contextual, objetiva e universal que Bourdieu não levou às últimas consequências por razões internas ao seu ponto de partida teórico.

Nos seus estudos sobre a Argélia, Bourdieu cita, sintomaticamente, a ideia weberiana de que o capitalismo produz e exige um "cosmos" específico, ou seja, um *ethos*, um conjunto de disposições para crer e agir que é um pressuposto de qualquer comportamento "bem-sucedido" em um contexto capitalista. Esse tema é fundamental porque em todas as abordagens liberais e politicamente corretas ou esse pressuposto é esquecido – o *homo economicus* liberal é generalizado como se suas disposições fossem de todas as classes – ou se intenta "defender culturas oprimidas", como se não houvesse um contexto objetivo que as torna "desvalorizadas de forma objetiva", independente da vontade, supostamente benévola, de quem quer que seja. Desse modo, a reconstrução "genética" – hoje em dia "esquecida" e naturalizada no senso comum cotidiano – desse *ethos* ou cosmos me parece o maior desafio de uma teoria crítica com ambições globais.

E como se pode mostrar a lógica global de uma luta de classes mascarada e tornada invisível pela percepção fragmentária e contextual que só percebe noções compósitas como "nações", "culturas" e "regiões" – onde a contradição e o conflito já foram eliminados desde o início – como realidades primárias? A meu ver a crítica social tem que começar demonstrando que a classe perdedora da universalização do capitalismo por todo o globo – que não é a classe trabalhadora como pensava Marx – obedece a uma lógica semelhante nos países centrais e nos periféricos. Isso é fundamental porque não existe preconceito maior do que aquele que divide sociedades avançadas de sociedades periféricas como se essa diferença fosse de "substância", ou seja, de tipos de seres humanos distintos, uns mais refinados e outros mais primitivos, corruptos, sensuais etc.

A mesma divisão que habita cada sociedade concreta e separa classes superiores e inferiores, incorporando a divisão entre virtudes não ambíguas da "alma" e as virtudes ambíguas do corpo – mais sobre isso adiante – também está pressuposta nas relações globais em todos os níveis. Em especial na "ciência", instância legitimadora de todas as práticas no mundo moderno, onde os teóricos do centro são percebidos como aqueles que possuem cérebro e podem "pensar" teoricamente, e os teóricos periféricos só tem olhos e não cérebro e, portanto, apenas "veem" o dado empírico. A ciência reproduz, assim, o esquema das trocas desiguais na esfera econômica dos países que detêm tecnologia e dos que exportam matéria-prima, na medida em que a "invenção", a "ideia", será apanágio dos pensadores do centro. O resultado é uma cegueira global que explica por que os conceitos centrais são sempre "regionais" – na realidade norte-atlânticos e não "nacionais", como pensam alguns – e os conceitos "periféricos" sempre especularmente "reativos" e também regionalizados.

No entanto, é possível mostrar, empírica e teoricamente, como existem "classes sociais globais", ou seja, classes sociais que compartilham de uma gênese social e de um destino social semelhante. O primeiro ponto a ser desenvolvido é evitar a prisão contextual que só nos dá olhos para a experiência concreta e imediata e nos cega em relação às relações mais abstratas e mais gerais que conformam todos os contextos particulares. O próprio Bourdieu nos dá uma pista dessa hierarquia moral mais abstrata e mais ampla ao nos falar da oposição alma/corpo como uma oposição moral que articula e determina vários contextos de reprodução da desigualdade social, como nos exemplos da luta de classes e das relações de gênero.

Esse ponto fundamental, no entanto, não é desenvolvido por Bourdieu. Ele exigiria uma reconstrução genética, histórica e conceitual das precondições de eficácia de uma hierarquia moral que passa a abranger todas as dimensões da vida social. No entanto, apesar de usar distinções de caráter moral o tempo todo, esse tema é uma "batata quente" nas mãos de Bourdieu porque justificações morais, em seu esquema explicativo, tendem a ser reduzidas a formas de violência simbólica e mera justificação de situações fáticas de dominação. Uma reconstrução consequente da reprodução simbólica do capitalismo por parte de Bourdieu poderia tê-lo levado a encarar seus estudos empíricos na Argélia não como um fenômeno passageiro da transição campo/cidade, mas como uma reconstrução do *habitus* de classe das classes excluídas em todo o mundo. Do mesmo modo, no contexto de seu clássico *A miséria do mundo*, essa reconstrução poderia tê-lo levado a não apenas descrever a vida dos bairros pobres de imigrantes nos Estados Unidos e na França, pela mera superposição de casos empíricos, mas a reconstruir uma lógica simbólica de exclusão social presente em todos os lugares do mundo.

Essa redução parece advir de uma escolha consciente em Bourdieu: ainda que o autor perceba que existem consensos morais compartilhados por todas as classes em luta por recursos escassos – como, por exemplo, a entronização da competição pacífica, como mostrada por Norbert Elias, a partir da criminalização do assassinato como meio legítimo de auferir vantagens sociais –, ele parece aderir a certo perspectivismo moral, talvez como forma de denunciar seu uso instrumental e interessado. Em princípio, no entanto, não parece existir qualquer incompatibilidade em identificar a eficácia de hierarquias morais que constrange a todos, e perceber e criticar seu uso como violência simbólica. A meu ver, é exatamente a miopia em relação à eficácia das hierarquias morais que nos guia e constrange a todos, que condena toda análise ao contexto particular e concreto. A própria oposição moral alma/corpo, tantas vezes citada por Bourdieu, na verdade exige um esforço reconstrutivo prévio para que possa ser utilizada em todo o seu alcance.

CAPÍTULO 3

Tão longe, tão perto

O que existe, afinal, de comum e de distinto entre as sociedades centrais e periféricas?

NESSA DISCUSSÃO CRÍTICA da teoria sociológica internacional, a obra de Pierre Bourdieu desempenha um trabalho semelhante ao que os trabalhos seminais de Florestan Fernandes significaram para mim na discussão da sociologia brasileira: os dois representam o grau de desenvolvimento máximo da teoria crítica em cada um dos campos. Assim, a reconstrução dos pressupostos teóricos de ambos representa o caminho mais econômico para o avanço de uma teoria crítica tanto central quanto periférica. A estratégia é ir o mais longe que pudermos com a luxuosa ajuda desses pensadores e recorrermos a outras fontes e pesquisas que possam enriquecer e levar mais adiante o escopo de desvelar as formas de privilégio injusto que são justificadas cientificamente.

Os aspectos analisados acima se destinaram a demonstrar a existência de uma série de pressupostos não explicitados que vicia a análise das assim chamadas sociedades avançadas e sociedades periféricas, como se as mesmas possuíssem estruturas e normas de funcionamento qualitativamente distintas. Nossa tese aqui é de que este não é o caso. Ao mesmo tempo, existem diferenças essenciais em sociedades como a francesa ou a alemã que se distinguem de modo claro e perceptível de sociedades como a brasileira ou a mexicana, diferenças essas –

como pobreza e marginalização de amplos setores da população – claras como a luz do sol para qualquer visitante desses países. É essa "prova empírica" de diferenças tão claras que comprovaria as teses culturalistas que criticamos acima.

Como as diferenças são tão evidentes, o que passa a ser problemático é demonstrar a unidade de fundo entre essas sociedades. Se isto é passível de ser feito com sucesso, então o próximo desafio é explicar as diferenças sem apelar para os pressupostos do "culturalismo racista" que as fundamentam hoje em dia. Esses são os dois passos que tentaremos seguir.

A unidade de fundo entre as sociedades "modernas", ou seja, "capitalistas", não só no sentido da existência de uma economia monetária desenvolvida, mas também de direito formal efetivo e da garantia de liberdades individuais, exige uma crítica de pressupostos. Esses pressupostos são compartilhados tanto pelo senso comum que dividimos com todos na vida cotidiana quanto pela própria prática (pseudo) científica das "ciências da ordem", ou seja, das ciências que existem para afirmar e legitimar o mundo como ele é. Dado que o mundo social é estruturado para legitimar, na sua dimensão simbólica, o mundo tal qual ele existe, a ciência dominante tende a ser aquilo que Max Weber chamava, tratando das grandes religiões mundiais, de "profetas da boa aventurança", no sentido, por exemplo, da teoria da modernização e sua legitimação dos Estados Unidos como uma espécie de "paraíso na terra".

Esse trabalho é tanto mais facilitado quando a própria percepção da vida cotidiana é eivada daquilo que Karl Marx chamava de "ilusões objetivas", ou seja, de percepções constituídas para serem superficiais e enganosas, mas que, como fomos todos "socializados" dentro desses padrões de percepção e pré-compreensão, tendemos a aceitar como tão "naturais" quanto a luz do sol. Essa "naturalidade" das ilusões objetivas delega às ciências críticas o "ônus da prova" de sua superficialidade. Por exemplo, a ideia de que o mundo é composto por indivíduos livres e racionais, transparentes para si mesmos, que conhecem seus motivos e desejos e que são, portanto, autorresponsáveis, criadores dos próprios valores e escolhas.

A ciência crítica pode demonstrar como nenhum desses pressupostos é verdade. Por exemplo, que o mundo não é constituído por "indivíduos livres", já que o peso de nossa socialização nos inclina a "escolhas pré-escolhidas"; que nossa "racionalidade" é, em grande medida, um mito e que não existem "valores subjetivos", já que a sociedade cria todo o pano de fundo cognitivo e moral no qual nos movimentamos. Não obstante, as ciências da ordem continuam a fundar suas hipóteses nesses mesmos pressupostos. Existe um "interesse" prático que as ilusões sobrevivam. São as mesmas ilusões por trás dos romances *best-sellers*, dos filmes comerciais e das propagandas de cigarros ou carros de luxo. Existe como que uma "articulação silenciosa" para a manutenção dessa fraude por parte de todos os interesses que "estão ganhando" para se perpetuarem no poder.

As visões dominantes selecionam aspectos do mundo que são do seu interesse mostrar e fragmentam a percepção do todo social ao ponto em que a efetiva dinâmica dos interesses sociais se torna irreconhecível. São perspectivas fragmentadas desse tipo que evitam a percepção das sociedades modernas como possuidoras de uma dinâmica semelhante, ainda que existam diferenças empíricas nada desprezíveis em aspectos centrais do funcionamento das sociedades.

Um dos aspectos mais importantes da ordem social que é subtematizado na esmagadora maioria das visões que tratam das sociedades em escala mundial ou da "sociedade mundial" enquanto tal é o aspecto "simbólico" da reprodução social. Ainda que a própria divisão entre "material" e "simbólico" seja resultado da percepção fragmentada do mundo social que criticamos anteriormente, a distinção analítica entre essas dimensões mostra que apenas a dimensão "material", ou seja, a troca de mercadorias e capitais, a dimensão "econômica" do capitalismo, seja percebida. A dimensão simbólica é compreendida apenas como "cultura nacional", ou, no máximo, como "cultura regional", como a denominação de "Ocidente" abrangendo apenas Europa ocidental e América do Norte. Assim, não só a dimensão simbólica dos valores, das hierarquias morais e das ideias permanece amesquinhada quase sempre ao nível dos "mitos nacionais", como também nem sequer sua eficácia real na vida prática de todos nós, seja no "centro", seja na "periferia", é percebida.

A não percepção, pela consciência cotidiana fragmentada ou pela ciência dominante superficial, do elemento moral como componente importante do comportamento humano no mundo moderno acontece por boas razões. Poderíamos dizer, para voltar a usar uma expressão querida a Karl Marx, que é uma espécie de "ilusão objetiva" do tipo de consciência moderna. É uma ilusão por ser uma "percepção distorcida do mundo", mas é também, por outro lado, "objetiva" porque esta má percepção nos atinge a todos em alguma medida. Esta ilusão objetiva que a todos constrange possui uma causa comum. Para o filósofo e sociólogo alemão Georg Simmel, esta causa é resultado da universalização do que ele chamava de a "economia do dinheiro".

O fato de praticamente todas as relações sociais modernas serem mediadas pelo dinheiro não seria algo sem consequências para nossa percepção do mundo nem para a hierarquia valorativa que construímos para avaliá-lo e para comandar nossa ação nele. Para Simmel, o dinheiro entra de modo tão profundo em nossas almas que adquire, de certa maneira, o estatuto que as intuições do espaço e do tempo tinham para Kant. Assim como para Kant percebemos o mundo sempre a partir das intuições do espaço e do tempo, para Simmel percebemos o mundo moderno e suas relações a partir das características que o dinheiro, tornado carne e osso, e dominando nossas emoções e sentimentos, nos inclina a sentir e a pensar.[1]

O fato de o dinheiro moldar por dentro todas as emoções e pensamentos implica, em outras palavras, que assimilamos suas virtualidades sem o sentir. Assim, adquirimos o "ritmo" do dinheiro e nos tornamos ansiosos, com pressa, dominados pelo relógio, como qualquer comparação com o trânsito de uma grande cidade e a vida tradicional de uma comunidade rural – desde que menos perpassada pelo dinheiro – deixa entrever de modo evidente. Emocionalmente o dinheiro nos faz sermos *blasé*, indiferentes e calculistas, reproduzindo a atitude distanciada e fria que o cálculo monetário exige para sua persecução perfeita.[2]

Finalmente, no contexto que nos interessa aqui de modo mais próximo, nossa "capacidade avaliativa" tende a assumir a forma "quantitativa" do dinheiro, o qual, para Simmel, reduz todas as "qualidades" a "quantidades". Assim, para a imensa maioria dos indivíduos, "melhor" e mais "importante", mais digno de "amor" e de "atenção", é quem tem mais dinheiro. O critério de avaliação absoluta para a imensa maioria – não apenas dos indivíduos, mas também das instituições de todo tipo – equivale e beneficia, como em uma curva estatística perfeita, o dinheiro e seus representantes.

Num mundo de "quantidades" e de "quantificação", todas as "qualidades", como, por exemplo, os valores que nos guiam na vida cotidiana, tendem não apenas a serem percebidas como desempenhando um papel secundário, mas, ao fim e ao cabo, correndo o risco de não serem percebidas de modo nenhum. É precisamente este fato que ajuda a tornar tão ubíqua a "ilusão objetiva" da não percepção das fontes morais de nosso comportamento e a dificuldade que todos sentimos quando confrontados com o desafio de explicar o papel do componente moral em nossas vidas.

Essa dificuldade se reproduz na consideração apenas do aspecto "material" do capitalismo, que se expandiu praticamente para todas as partes do globo, e no amesquinhamento da dimensão simbólica à dimensão, quase sempre eivada de "violência simbólica", da "cultura nacional" ou do "mito nacional". Como a cultura nacional reflete, pelo menos em grande medida, como dizia com razão o Marx da ideologia alemã, os interesses particulares das classes dominantes transformados em interesses de todo o corpo social, estamos nos confrontando tanto com a distorção da realidade quanto com sua fragmentação e redução ao elemento "material" na dimensão da comparação entre sociedades.

CAPÍTULO 4

Existe algo de comum na reprodução simbólica das sociedades modernas?

O PROBLEMA DA reconstrução da reprodução simbólica das modernas sociedades capitalistas é a questão de reconstruir "o quê?" e "como?". Em um contexto onde até o bem-estar das nações é percebido sob o modelo da empresa capitalista a partir da medição de seu PIB, ou seja, de seu "lucro", ou onde todas as esferas simbólicas são, em grau variável, "colonizadas" – na metáfora habermasiana não muito longe das usadas por Simmel – pelo dinheiro e pelo poder,[1] como perceber as "fontes morais", as quais, paralelamente ao dinheiro e ao poder, também influenciariam de modo importante todas as nossas ações, julgamentos e comportamentos?

Um ponto de partida teórico, que para mim sempre foi de grande ajuda nesse terreno, foi a contribuição dos teóricos neo-hegelianos da teoria crítica filosófica e sociológica de vanguarda conhecida por alguns como "teoria do reconhecimento social",[2] na qual despontam os nomes de Axel Honneth e Charles Taylor. Para meus fins aqui me interessa especialmente a contribuição deste último. Na sua obra máxima sobre as *Fontes do Self*,[3] Taylor reconstrói o que para ele seriam as fontes morais do comportamento de todo indivíduo moderno. Duas dessas fontes* nos interessam de perto: a busca por "dignidade" e a busca por "autenticidade".

* Na verdade, Taylor se refere a algumas fontes morais e inclui a "busca religiosa por Deus" como uma dessas fontes. Decidi considerar apenas as fontes seculares e potencialmente universalizáveis a despeito de culturas religiosas particulares.

Vale a pena reconstruir seu argumento passo a passo. Afinal, o leitor pode legitimamente se perguntar: Taylor sonhou e acordou com essa visão? Ela não seria tão arbitrária quanto qualquer outra? Para comprovar sua não arbitrariedade, é necessário desenvolver dois de seus pressupostos filosóficos, os quais são intimamente relacionados. O primeiro é o da pressuposição hegeliana da existência de um contexto ético e moral subjacente a toda ação humana.[4] Isso significa que nos avaliamos a nós mesmos e aos outros segundo uma "hierarquia valorativa" opaca e, portanto, invisível à consciência cotidiana. Se isso é verdade, construiríamos tanto nossa autoestima quanto o valor relativo de nós mesmos e dos outros, ou seja, o "reconhecimento social", próprio e alheio, segundo uma hierarquia que, longe de ser arbitrária, nos constrangeria a todos de modo "objetivo", isto é, "intersubjetivo" e compartilhado.

Um leitor cético pode aqui, nesse ponto da argumentação, se perguntar também legitimamente: se é, efetivamente, uma hierarquia opaca e invisível, como sabemos que existe? A resposta mais óbvia é aquela que diz e comprova que essa hierarquia moral não é visível nem consciente – Taylor prefere dizer que é "inarticulada" –, mas que, ainda assim, sabemos que existe, pois percebemos sua "eficácia", posto que a "sentimos" mesmo que não possamos articulá-la, ou seja, ainda que não possamos reconstruí-la de modo refletido e claro.

Que todos nós temos "sentimentos e emoções morais" nem nosso amigo e cético leitor imaginário poderia negar. Afinal, ele mesmo, como todos nós, sente, por exemplo, "culpa" e "remorso" e pode chegar a ter noites sem dormir ou consequências muitos piores por conta disso. Se surpreendido em uma mentira ou ato reprovável, pode sentir "vergonha" e enrubescer o rosto sem a mediação de sua vontade. Não existe, portanto, dúvida "razoável" acerca da existência de "sentimentos morais" que nos constrangem a todos e que desempenham um papel relevante em nossas vidas.

A questão passa a ser a de como compreender e "articular", de modo claro e consciente, aquilo que "sentimos" de fato. Essa articulação consciente e refletida, por sua vez, pressupõe a reconstrução explícita da "hierarquia valorativa", que nos comanda sem que saibamos de modo consciente, ainda que a sintamos nos seus "efeitos" e "consequências". Afinal, se o primeiro passo para o conhecimento é a separação entre o importante e o secundário – senão nos perderíamos na multiplicidade infinita e caótica do que existe –, é a construção de uma hierarquia clara entre os valores mais e menos importantes que pode nos indicar quais e de que modo eles interferem na nossa vida prática.

Desse fato advém, precisamente, a importância de que saibamos quais são as "fontes morais" que comandam nosso comportamento moral, ainda que as percebamos apenas em seus "efeitos" sem que tenhamos clareza acerca da hierarquia valorativa da qual eles constituem o vértice. Esse elemento, aliás, da mera possibilidade da "compreensão prática" do sentido de nossas ações, mesmo sem a mediação da consciência, é um dado que demonstra a influência extraordinária – implícita ou explícita – de filósofos como Merleau-Ponty e Wittgenstein não apenas em Taylor, mas em praticamente todos os pensadores efetivamente criativos e sofisticados da segunda metade do século XX, como Pierre Bourdieu, Jürgen Habermas e Michel Foucault.

Aqui o inimigo comum é a tendência racionalista e intelectualista, ainda dominante seja na filosofia seja nas ciências sociais, ou ainda, muito especialmente, no senso comum, cartesianamente anacrônico, da vida prática e cotidiana. Enquanto a tradição intelectualista, nesses campos do conhecimento e da vida prática, tende a perceber a compreensão de uma regra social, seja de fundo moral ou pragmático, como um processo que se consuma no nível das representações e do pensamento, abstraindo seu componente corpóreo e contextual, tanto Wittgenstein quanto os autores influenciados por ele enfatizam o elemento da "prática".[5] Obedecer e compreender uma regra social é antes de tudo uma prática aprendida, e não um conhecimento. A "prática" pode ser articulável, pode explicitar razões e explicações para seu "ser deste modo e não de qualquer outro", quando desafiada a isto. Mas na maior parte das vezes esse pano de fundo inarticulado permanece implícito, comandando silenciosamente nossa atividade prática e abrangendo muito mais que a moldura das nossas representações conscientes.

Assim, a reconstrução dessa "hierarquia valorativa", cujo vértice é composto pelas "fontes morais" que comandam de forma silenciosa nossa vida prática, é a chave para que compreendamos o como e o por que – tendo consciência desse fato ou não – nos sentimos como de fato nos sentimos e nos avaliamos a nós mesmos mutuamente do modo como – mais uma vez, com consciência ou não – de fato nos avaliamos em todas as ocasiões. A reconstrução dessa hierarquia valorativa equivale a uma chave que nos permite ter acesso ao segredo social e individual mais importante para cada um de nós: entender quem somos e por que agimos como agimos.

Mais ainda. A reconstrução explícita dessa hierarquia valorativa nos permite mostrar a falsidade daquilo que "aparece" a cada um de nós como evidente, mas que, na verdade, representa uma distorção e um falseamento de nossa percepção do e no mundo que todos compartilhamos. Assim, não somos vítimas impotentes de construções paradoxais hoje dominantes nas ciências da "ordem" e no senso comum, como "subjetivismo ético", que imagina, absurdamente, que indivíduos podem "criar" valores – dado que moralidade e ética pressupõem uma coletividade que compartilha uma dada "ética" ou "moralidade" sempre supraindividual – e que cada qual pode ter uma compreensão moral "só sua" (!). Nesse caso, a "aparência", a distorção do sentido, a "patologia social", enfim, apenas por ser "compartilhada", transforma a doença – a produção de sentido superficial, paradoxal e distorcida – em sanidade.

A reconstrução dessa "hierarquia valorativa" permite demonstrar o doentio mesmo se a doença for o normal, ou seja, mesmo se o comportamento patológico for também o mais generalizado socialmente. O alcance crítico e de possibilidade de aprendizado político e social é, portanto, enorme. Para que este desafio reconstrutivo, no entanto, fique claro e evidente para o leitor mais cético – desde que também leitor de boa-fé e amante da verdade –, é necessário proceder a três passos inter-relacionados: a) proceder a reconstrução histórica e institucional dessas fontes morais que comandam os indivíduos sob sua égide; b) mostrar sua realidade concreta e empírica insofismável tanto através da empiria indireta – que permite deixar claros pressupostos que atingem a todos nós sem distinção – quanto através dos resultados que já obtivemos sob a forma de trabalho empírico direto; e, finalmente, c) demonstrar teórica e empiricamente a problemática específica do tema da existência de uma "fronteira objetiva da dignidade humana", a qual estaria presente em todas as sociedades modernas, ainda que em graus distintos de institucionalização. Este último aspecto comprovaria a tese de distinções "quantitativas", e não de "qualidade" entre sociedades centrais e periféricas.

a) A reconstrução histórica e institucional das fontes morais do mundo moderno

Para tentar evitar mal-entendidos talvez seja necessário dizer, desde o início, que não me interessa o uso que Taylor faz de suas investigações no contexto do debate sobre o multiculturalismo – tema em relação ao qual ele é, talvez, mais conhecido. Aqui me interessa seu ponto de partida comunitarista como uma hermenêutica do espaço social a partir da sua crítica ao "naturalismo" que perpassa tanto a prática científica quanto a vida cotidiana. É este ponto de partida que permite articular precisamente a configuração valorativa implícita ao racionalismo ocidental, que dá ensejo, como veremos, a um tipo específico de hierarquia social e uma também singular noção de reconhecimento social baseada nela. São, portanto, precisamente as consequências "universalistas" do argumento de Taylor que me interessam, ao contrário do seu uso pelo próprio autor.*

Sua crítica à concepção reificada de Estado e mercado enquanto grandezas sistêmicas – como vemos tanto em Luhmann quanto em Jürgen Habermas, por exemplo – parece-me certeira e de importância decisiva para uma compreensão mais adequada do processo de expansão do racionalismo ocidental do centro para a periferia, a qual se realiza pela exportação dessas instituições enquanto "artefatos prontos" no sentido weberiano do termo.[6] A negação do caráter simbólico e cultural contingente materializado na prática dessas

* Charles Taylor, afinal, é muito mais conhecido como um dos expoentes do "relativismo cultural" internacional. A minha apropriação enfatiza, ao contrário, o universalismo de suas ideias.

instituições – a negação, portanto, da hierarquia valorativa opaca, mas por isso mesmo extremamente eficaz, que se atualiza nessas instituições e na sua prática cotidiana –, percebendo-a como uma grandeza regida segundo critérios de eficácia, equivaleria a reduplicar, na dimensão conceitual, o efeito do "naturalismo", ou seja, a negação de qualquer eficácia prática das realidades morais na vida prática.

Fundamental na empreitada tayloriana é que ele consegue reconstruir a hierarquia valorativa subjacente e opaca que se materializa, antes de tudo, nessas duas instituições centrais do mundo moderno, a qual comanda irrefletida e inconscientemente nossas disposições e nosso comportamento cotidiano. Nesse esforço reconstrutivo, o que torna a reflexão tayloriana de interesse para as ciências sociais é que sua reconstrução da "história das ideias", acerca das fontes morais do mundo moderno, não é um fim em si. Sua estratégia é compreender a gênese ou arqueologia das concepções da "boa vida" e de como essas evoluíram e adquiriram eficácia social. Este ponto é crucial. Não interessa a Taylor uma mera história das ideias, mas como e por que estas lograram tomar os corações e as mentes das pessoas comuns. Daí sua empresa ser sociologicamente relevante. Ele se interessa, portanto, em primeiro lugar, pela eficácia das ideias morais efetivamente institucionalizadas e de fato internalizadas e "incorporadas" – literalmente tornadas "corpo" e realidade pré-reflexiva que atualizamos o mais das vezes sem o saber –, e não por seu conteúdo ou "doutrina". Este último só é importante na medida em que explica as razões da sua aceitação coletiva.

Nesse sentido, o estudo dos autores não é perseguido como uma "exegese da obra", mas a partir ou de seus "efeitos práticos" na realidade institucional e cotidiana das pessoas comuns ou pelo seu caráter de "exemplaridade" enquanto espelho de concepções destinadas a guiar a vida prática. Platão é uma figura central nesse contexto. Ele é percebido por Taylor como o primeiro grande sistematizador da ideia fundante de toda a concepção moral do Ocidente, qual seja, a ideia de que o eu é visto como ameaçado pelo desejo (em si insaciável), devendo, portanto, ser subordinado e regido pela razão. A importância dos escritos platônicos sobre essa noção singular de virtude e de bem não é consequência do fato de que as pessoas passaram a "ler Platão" e se deixaram influenciar por suas ideias. Não é deste modo que as ideias morais adquirem importância prática. As pessoas que sabem ler – especialmente na antiguidade – e que se interessam por este tipo de leitura são, e sempre foram, uma ínfima minoria. As ideias morais têm que ser "institucionalizadas" para adquirirem real eficácia prática e social.

Assim, a concepção de virtude platônica só foi decisiva para a história social e política do Ocidente porque o cristianismo adotou a perspectiva platônica da dominância da razão sobre as paixões enquanto específico "caminho da salvação" cristão. A noção de santidade e de virtude cristãs passaram a ser expressas nos termos da pureza platônica. Sociologicamente, o decisivo, portanto, é que a Igreja, ou seja, cada padre e cada pequena paróquia no mundo inteiro passou a estimular o comportamento "prático" de sua clientela em um sentido muito específico. É desse modo que as "ideias" adquirem importância prática e concreta.

Ao mesmo tempo, Santo Agostinho, ao se apropriar da tradição platônica, engendra uma novidade radical que será fundamental para a especificidade do Ocidente: a noção de interioridade. Foi essa vinculação entre uma noção muito singular de virtude com a necessidade religiosamente motivada – o interesse ideal na salvação de parte de todos os fiéis – que tornou a linguagem da interioridade e a noção de virtude como repressão dos afetos do "corpo" irresistível.

O vínculo entre as ideias dominantes no Ocidente e a sua eficácia são percebidos – uma óbvia correspondência com Max Weber – como um processo interno à racionalização religiosa ocidental. Desse modo, as concepções de bem, articuladas idealmente – moralidade e ideia –, são vinculadas a "interesses ideais" específicos a partir do "prêmio" religioso da salvação. A reconstrução desse vínculo é fundamental para a percepção adequada da eficácia das ideias na vida prática, pois as pessoas comuns não costumam guiar suas vidas e seu comportamento cotidiano porque se "convenceram da justeza de certas ideias". Ao contrário, as pessoas seguem certos ideários porque satisfazem seus interesses práticos, sejam estes materiais ou ideais, percebidos por todos como os mais fundamentais para a vida cotidiana. É preciso existir um "componente afetivo" – quase sempre a mera legitimação da vida que se leva –, como Durkheim afirma contra Kant, para que a ideia moral possa lograr obediência generalizada.

É esta circunstância que explica o lugar paradigmático de Santo Agostinho na empresa tayloriana. O processo de institucionalização da virtude platônica e o processo de constituição da ideia de uma "interioridade" do sujeito individual iniciado por Agostinho são radicalizados por Descartes. A partir dele existe uma mudança fundamental nos termos e na forma como a virtude é concebida.[7] Essa mudança é radical, posto que inverte as noções de virtude e de bem que imperavam até então. A ética da honra e da glória da antiguidade é reinterpretada em termos do ideal cartesiano de controle racional. A racionalidade deixa também de ser substantiva e passa a ser procedural. Racional passa a significar pensar de acordo com certos cânones. É esse novo sujeito moral que Taylor chama de "*self* pontual". Locke será o sistematizador do novo ideal de independência e autorresponsabilidade, interpretado como algo livre do costume e da autoridade local, transformando o "*self* pontual" no fundamento de uma teoria política sistemática.

O *self*, o "eu", é pontual, posto que "desprendido" de contextos particulares e, portanto, remodelável por meio da ação metódica e disciplinada. A essa nova maneira de ver o sujeito, desenvolvem-se uma filosofia, uma ciência, uma administração e técnicas organizacionais, destinadas a assegurar seu controle e disciplina. A noção de *self* desprendido – de passado, família e classe como no sujeito liberal clássico –, por estar arraigado em práticas sociais e institucionais, é "naturalizada". Essas ideias germinadas durante séculos de razão calculadora e distanciada e da vontade como autorresponsabilidade, que somadas remetem ao conceito central de Taylor de *self* pontual, não lograram dominar a vida prática dos homens até a grande revolução da Reforma Protestante.

Aqui outro óbvio ponto em comum com Max Weber. Para os dois pensadores a Reforma Protestante foi a parteira tanto da singularidade cultural quanto moral do Ocidente. A Revolução Protestante realiza na prática, no espaço do senso comum e da vida cotidiana, a nova noção de virtude ocidental. Daí que, para Taylor, a noção de *self* pontual tenha que ser acrescida da ideia de "vida cotidiana" para a compreensão da configuração moral que nos domina hoje. O tema da vida cotidiana está em oposição à concepção platônica ou aristotélica que exaltavam a vida contemplativa por oposição à vida prática. A revolução de que fala Taylor é aquela que redefine a hierarquia social a tal ponto que agora as esferas práticas do trabalho e da família, precisamente aquelas esferas nas quais todos sem exceção participam, passam a definir o lugar das atividades superiores e mais importantes.

Ao mesmo tempo, ocorre um desprestígio das atividades contemplativas e aristocráticas anteriores. A sacralização do trabalho, especialmente do trabalho manual e simples, de origem luterana e depois genericamente protestante, ilustra a transformação histórica de grandes proporções para toda uma redefinição da hierarquia social que é nosso fio condutor neste texto.

Taylor percebe que as bases sociais para uma revolução de tamanhas consequências devem-se à motivação religiosa do espírito reformador. Ao rejeitar a ideia do sagrado mediado, os protestantes rejeitaram também toda a hierarquia social ligada a ela. Este é o fato decisivo aqui. Como as gradações da maior ou menor sacralidade de certas funções (papa, cardeal, bispo, padre) é a base da hierarquia (religiosa) das sociedades tradicionais, desvalorizar a hierarquia baseada nesta ordem é retirar os fundamentos da hierarquia social como um todo, tanto da esfera religiosa em sentido estrito quanto das outras esferas sob sua influência.

Desse modo, abre-se espaço para uma nova e revolucionária (dado seu potencial equalizador e igualitário) noção de hierarquia social que passa a ter por base o "*self* pontual" tayloriano, ou seja, uma concepção contingente e historicamente específica de ser humano presidido pela noção de calculabilidade, raciocínio prospectivo, autocontrole e trabalho produtivo como os fundamentos implícitos tanto da sua autoestima quanto do seu reconhecimento social. O fato de estes fundamentos serem implícitos não retira sua validade e eficácia prática. Ao contrário, a aumentam na medida em que retira a possibilidade de sua crítica racional.

Seu caráter implícito ou opaco significa apenas que teremos que estudar seus "efeitos práticos" para perceber sua eficácia. As representações conscientes e intencionais vão tender a desempenhar um caráter legitimador e distorcido da realidade, "inflando o ego" do super-homem comum que se pensa livre, autônomo, independente, autotransparente, consciente de si e do mundo e criador dos valores e das escolhas que guiam sua própria vida. Os comerciais de cigarros e de carros todos se valerão desse tipo de autorrepresentação superficial e infantil de si mesmo que marca a personalidade moderna.

Os suportes sociais dessa nova concepção de mundo, para Taylor, são as classes burguesas da Inglaterra, dos Estados Unidos e da França, disseminando-se depois pelas classes subordinadas destes países e depois por diversos países com desvios e singularidades importantes.[8] A concepção do trabalho nesse contexto enfatizará não o que se faz, mas o "*como* se faz o trabalho" (Deus ama advérbios). O vínculo social adequado às relações interpessoais passa a ser de tipo contratual (e por extensão a democracia liberal contratual como tipo de governo). Em linguagem política essa nova visão de mundo será consagrada sob a forma de direitos subjetivos e, de acordo com a tendência igualitária, definidos universalmente. Taylor chamará o conjunto de ideais que se articulam nesse contexto de "princípio da dignidade". Dignidade designará, portanto, a possibilidade de igualdade tornada possível ainda que nunca efetivamente realizada – o autor não realiza essa crítica da dialética entre aparência e realidade –, por exemplo, nos direitos individuais potencialmente universalizáveis. Em vez da "honra" pré-moderna, que pressupõe distinção e privilégio, a dignidade moderna pressupõe pelo menos a possibilidade de reconhecimento universal entre iguais.[9]

Mas esta não é a única fonte da moralidade moderna para Taylor; essas fontes para ele são duas e estão, antes de tudo, em contradição uma com a outra. Toda sua genealogia da hierarquia valorativa do Ocidente, umbilicalmente ligada a um diagnóstico da modernidade que enfatiza, além de suas conquistas, também suas contradições e perigos, está ancorada em uma ambiguidade e contradição central constituída pela oposição entre a concepção instrumental e pontual do *self* e a configuração expressivista do mesmo. No expressivismo, a ideia central, por oposição ao tema da dignidade do *self* racional e pontual que é universalizável, é a da originalidade de cada pessoa; aqui o tema é a "voz" particular de cada um, enquanto tal, única e inconfundível.

O contexto de concorrência com a noção de dignidade do *self* pontual tem a ver com o fato de que o caminho para o acesso à fonte da moralidade é o mesmo nos dois casos, ou seja, implica a virada à interioridade e à subjetivação comum a todas as formas modernas de dotação de sentido e moralidade. Apesar de ambas pressuporem as noções de subjetividade e interioridade – o que para Taylor apenas aprofunda a rivalidade entre as duas configurações –, o "bem moral" é antinômico e não poderia ser mais diverso. E é precisamente por ser internalizada e única, referindo-se portanto a uma realidade original e particular, que a normatividade que daí se abstrai é aquela que exige que "se deve viver de acordo com essa mesma originalidade".[10]

Para que esse contexto adquira força normativa, isto é, seja percebido como obrigatório e vinculante pelas pessoas que vivem sob sua égide, é necessária a revolução histórica que permite renomear as paixões em sentimentos. Em vez de conceber a natureza interna como um campo de pulsões incontroláveis e perigosas, o que equivale à denominação negativa das paixões, descobre-se, diferentemente, um campo fundamental que passa a ser percebido como a fusão do sensual e sentimental com o espiritual, no qual os aspectos sensual e sentimental passam a ter a proeminência. A experiência e a expressão das "profundezas interiores" passam a ter também um conteúdo normativo. A novidade radical em jogo aqui é que a compreensão do que é certo ou errado passa a ser percebida não apenas como um assunto que requer reflexão distanciada e cálculo instrumental, mas também, e em especial, como algo ancorado nos nossos sentimentos. Moralidade passa a ter de certo modo uma voz interna.[11]

Essa realidade inexiste antes de sua articulação e não devemos esperar por modelos externos para ela. O acesso às "profundezas do *self*" só é possível ao sujeito dotado de poderes expressivos. Mas todos nós estamos sob a égide da atração da concepção da "personalidade sensível", ainda que ela assuma formas pasteurizadas como nas novelas, nos *best-sellers* e na propaganda. Que exista uma forma *kitsch* que procura "vender" aquilo que não se compra, isso mostra, pelo avesso, a penetração e a importância objetiva da fonte moral expressiva para todos nós. Pierre Bourdieu, inclusive, transformou a busca expressiva degradada em "procura pela distinção" no mecanismo universal do racismo de classe que legitima todo tipo de privilégio injusto na França moderna.[12]

Apesar de as duas formas de interioridade implicarem uma radicalização do subjetivismo, são também rivais e se excluem mutuamente enquanto tipos puros, apesar de a regra empírica ser o compromisso e a interpenetração. Exercer uma forma de maneira consequente é abdicar da outra. O sujeito moderno que reconhece as duas fontes está, portanto, constitutivamente em tensão.[13]

A localização e explicitação desses princípios pode nos ajudar a identificar os mecanismos operantes, de forma opaca e implícita, na distinção social entre classes, gêneros, "raças" e grupos sociais distintos em sociedades determinadas. Podem nos ajudar a identificar os "operadores simbólicos" que permitam a cada um de nós na vida cotidiana hierarquizar e classificar as pessoas como mais ou menos, como dignas de nosso apreço ou de nosso desprezo. O acesso a essa "hierarquia valorativa" equivale a devolver a "transparência" e "reculturalizar" o que foi tornado "opaco" e "naturalizado" no mundo moderno: nada mais nada menos que o critério mais importante da vida social, que são os princípios que esclarecem o que "classifica" ou "desclassifica" as pessoas. Não existe nada mais importante que o desvelamento dos princípios que, ao mesmo tempo, justificam e encobrem todo tipo de privilégio injusto no Ocidente e nas sociedades ocidentalizadas. Voltaremos ao expressivismo mais adiante. Por enquanto nos interessa o princípio da dignidade e sua importância jurídica e política no mundo moderno.

Assim, ao contrário, por exemplo, do critério hierarquizador da civilização hindu tradicional, no qual o princípio da pureza ritual classificava, e ainda classifica, em alguma medida, as distintas castas sociais,[14] *no Ocidente passa a ser o compartilhamento de uma determinada estrutura psicossocial, que Taylor denomina de "princípio da dignidade", o fundamento implícito do reconhecimento social.* É essa estrutura psicossocial que é o pressuposto da consolidação de sistemas racionais-formais, como mercado e Estado, e depois produto principal da eficácia combinada dessas instituições. Sem a efetiva incorporação das disposições sociais pressupostas no "princípio da dignidade", como disciplina, autocontrole e pensamento prospectivo, não existe sucesso possível, seja na escola, seja no mercado de trabalho mais tarde. Nosso estudo teórico e empírico sobre os excluídos no Brasil comprova essa realidade sobejamente, como teremos ainda ocasião de argumentar com mais detalhes.

É a generalização dessas mesmas precondições que torna possível falar em cidadania, o conjunto de direitos e deveres no contexto do Estado-nação, supostamente compartilhável por todos, em uma pressuposição de efetiva igualdade. É aqui, precisamente, que a comparação entre sociedades mais ou menos igualitárias – como a brasileira – permite entrever a singularidade social destas últimas, como veremos adiante. As considerações de Taylor sobre a dignidade, enquanto fundamento da autoestima individual e do reconhecimento social, remetem, portanto, à relação entre o compartilhamento de uma economia emocional e moral contingente à possibilidade de reconhecimento social para indivíduos e grupos. É neste ponto que uma reflexão amputada do direito que se vincula apenas ao ordenamento positivado mostra toda sua superficialidade: afinal, *para que haja eficácia legal da regra de igualdade é necessário que a percepção da igualdade na dimensão da vida cotidiana esteja efetivamente internalizada.*

b) A realidade concreta e empírica das fontes morais

Existem três limitações fundamentais para um aproveitamento consequente do ponto de partida tayloriano na sociologia. No nível de abstração da reflexão levada a cabo por Taylor, não fica claro de que modo essa nova hierarquia que passa a ser implementada por mercado e Estado se torna eficaz como base da classificação social e do valor diferencial entre indivíduos e classes sociais. A reconstrução hermenêutica de Taylor, por mais importante que efetivamente seja, apresenta pelo menos três dificuldades para seu aproveitamento sociológico e empírico consequente:

1) *Não fica claro como essas fontes morais são* "institucionalizadas" e transformadas em "prática institucional" cotidiana, de modo a serem internalizadas – de modo consciente ou pré-reflexivo – pelos agentes;
2) Também não fica claro de que modo as "fontes morais" *são* "incorporadas", literalmente, como se tornam "corpo", comportamento automático e pré-reflexivo pelos agentes;
3) Nem como as mesmas fontes, na medida em que constituem a hierarquia social responsável pela atribuição de reconhecimento social e autopercepção de autoestima de cada um de nós, se transforma em mecanismo de legitimação de privilégios e desigualdades injustas.

Sem que possamos esclarecer devidamente esses três passos, não podemos também explicar por que Taylor simplesmente não "sonhou" e acordou na manhã seguinte convencido da eficácia dessas categorias, mas que elas, de fato, para além de qualquer dúvida razoável, são partes orgânicas e substanciais da vida prática de todos em todas as sociedades modernas, centrais ou periféricas, quer tenhamos disto consciência ou não. Esses passos de concretização são necessários para lograr transformar a filosofia hermenêutica filosófica tayloriana em uma sociologia crítica da realidade de qualquer sociedade moderna, central ou periférica.

Para responder a essas três questões, intimamente interdependentes entre si, e avançarmos ainda mais um passo no nosso esforço de concretização de análise, gostaria de usar as investigações de Michel Foucault e Pierre Bourdieu – de modo seletivo e para meus próprios objetivos – a fim de complementar e concretizar o argumento tayloriano. Aspectos centrais da obra desses dois autores permitem tematizar a questão fundamental que possibilita pensar como e de que modo tanto o reconhecimento social quanto o sentimento de autoestima, objetivamente produzidos, podem ser implementados de forma institucional e, enfim, serem inscritos nas disposições individuais – automáticas e pré-reflexivas – que esclarecem o comportamento dos indivíduos concretos. A partir da compreensão desses passos, torna-se, por sua vez, possível perceber a tese central deste texto: a existência de uma "hierarquia valorativa" opaca, mas por isso mesmo muito eficaz, como núcleo da condição de possibilidade de se estabelecerem *distinções sociais a partir de signos sociais opacos, mas perceptíveis por todos de maneira pré-reflexiva*. Essa "hierarquia valorativa", em seus traços mais gerais pelo menos, é o que perfaz a dimensão simbólica de qualquer sociedade moderna, seja ela central ou periférica.

Sob vários aspectos, a união das perspectivas desses três autores parece-me interessante. Essas perspectivas me parecem, antes de tudo, complementares, no sentido de desenvolverem aspectos que suprem deficiências importantes uma da outra. Se falta a Taylor uma teoria contemporânea da luta de classes, na medida em que fala do ponto de vista do intelectual canadense do final do século XX, quando é suposto que as sociedades centrais estivessem pacificadas internamente dos conflitos de classe mais virulentos, e estariam entrando em uma fase de rearticulação das suas lutas políticas,[15] temos em Foucault e Bourdieu uma sofisticada análise da forma opaca e refratada que a dominação ideológica, mascarando seu caráter de classe, assume na modernidade tardia.

A perspectiva desses dois estudiosos franceses nos permite, acredito, *ir além de um conceito de reconhecimento que assume, pelo menos tendencialmente, como realidade efetiva a ideologia da igualdade* prevalecente nas sociedades centrais do Ocidente. Ao mesmo tempo, por outro lado, a genealogia da hierarquia implícita que comanda nosso cotidiano, desenvolvida de forma soberana por Taylor, ajuda a esclarecer o calcanhar de Aquiles de todo o argumento de Foucault e de Bourdieu. Afinal, ambos autores franceses, cada um a seu modo, acabam por transformar qualquer realidade valorativa em mero epifenômeno de uma concepção totalitária do poder, no caso de Foucault, ou, como ocorre em Bourdieu, retira qualquer autonomia da instância moral percebida como um disfarce mais ou menos sutil de interesses contextuais de poder. A favor de Taylor e também de autores como Axel Honneth neste particular, há que se perceber que a concentração unicamente no aspecto instrumental da disputa por poder relativo entre as classes em luta por recursos escassos não deixa perceber que esta mesma luta ocorre em um contexto que pressupõe sempre algum aprendizado moral produzido de forma intersubjetiva – o que mantém sua contingência e, assim, a necessidade de seu aperfeiçoamento crítico, mas retira o dado arbitrário de mera imposição de poder do mais forte.[16]

A teoria do reconhecimento pode, nesse sentido, dar conta do mecanismo generativo do "consenso normativo mínimo" compartilhado intersubjetivamente e que, na realidade, contextualiza e filtra as chances relativas de monopólio legítimo na distribuição dos recursos escassos pelas diversas classes sociais em disputa em dada sociedade, mecanismo este secundarizado e não devidamente tematizado por Foucault ou Bourdieu. Apesar da sua unilateralidade, no entanto, a contribuição de autores como Foucault e Bourdieu para uma compreensão da dominação simbólica específica à modernidade tardia, seja central ou periférica, parece-me, por outro lado, também fundamental.

Tentarei responder as duas primeiras questões a que nos propusemos anteriormente para um esforço de concretização da fonte moral da "dignidade" neste subcapítulo, deixando a terceira para a última parte do capítulo. Recordando: como a noção objetiva mas inarticulada de dignidade se transforma em "imperativos institucionais", constrangendo de tal modo todos os indivíduos que vivem sob sua égide que estes mesmos imperativos são tornados "carne e osso", se transformando em disposições pré-reflexivas que comandam – sem que o agente tenha, quase sempre, consciência disso – seu comportamento prático e cotidiano?

Os dois conceitos, um de Foucault e o outro de Bourdieu, respectivamente, que ajudam a esclarecer essas questões centrais são o de "poder disciplinar" e o de "*habitus*". O surgimento do poder disciplinar é percebido por Foucault no contexto da mudança da punição na passagem do que ele chama de "período clássico" para a época moderna.[17] Foucault nota que dentro de um tempo histórico muito exíguo mudam as formas de punição de modo flagrante. Em vez da teatralização do suplício e do espetáculo público da punição temos, quase que de uma hora para a outra em termos históricos, o advento do espírito contrário: punir passa a ser indecoroso e deve ser mantido em segredo. A interpretação clássica – e "*a posteriori*" – deste processo fala de uma "humanização" da punição e da sociedade como um todo.

Esse tipo de interpretação legitimadora não convence Foucault. Ele parte do princípio que o tema da punição e sua mudança estrutural são excelentes pontos de partida para a descoberta das regras opacas que regem a sociedade moderna. Desse modo, *Vigiar e punir* não é apenas um livro sobre a prisão, mas também sobre uma específica articulação saber/poder que muda radicalmente a forma como se realiza a dominação e a legitimação da ordem social como um todo. Quais as razões profundas da nova economia do punir? Essa é a verdadeira questão desse livro já clássico da teoria crítica contemporânea. A resposta do autor se concentrará nas razões para uma nova economia do controle social como um todo. Ela passa a se exercer agora não mais sobre o "corpo", mas sobre a "alma" do criminoso.

Como essa nova "técnica do poder" se alastra para toda a sociedade e abrange não apenas as prisões, mas ainda as fábricas, as escolas, os hospitais, os tribunais assim como todas as práticas sociais, estamos diante do processo que constitui, através de novas práticas e técnicas institucionais, não apenas o criminoso, mas o "indivíduo moderno" enquanto tal. O objetivo explícito de Foucault é produzir a história da alma moderna, partindo – mas não se limitando – da elaboração de uma genealogia desse novo poder de julgar.[18] A punição e o complexo punitivo são percebidos como uma função complexa, opaca e abrangente compreensível apenas a partir de uma nova tecnologia do poder baseada no "conhecimento do homem". E mais ainda, a prática punitiva é compreendida como uma maneira de perceber as enormes transformações implícitas na maneira como o "corpo" é investido e reinventado pelas relações de poder.

O projeto não poderia ser mais atraente nem nos interessar mais de perto: trata-se de compreender como uma nova ideia e uma nova legitimação moral que se articula a ela – uma nova "hierarquia moral" no sentido de Taylor, portanto – constrói e transforma instituições e práticas sociais de modo a "fabricar" um novo tipo de ser humano que corresponde a essa nova hierarquia. Quais os estímulos institucionais que tornam possível a "incorporação" dessa nova hierarquia pelos sujeitos? De que modo os estímulos não apenas "negativos" – ligados à punição – mas também os "positivos" do novo dispositivo de poder ajudam a sustentar toda uma nova visão de mundo e de sociedade?

O segredo da produção dessa nova tecnologia do corpo é a construção de corpos "dóceis e produtivos", afinal, o corpo só pode ser percebido como força útil se for simultaneamente submisso e produtivo. Ao mesmo tempo, a "docilidade" só pode ser conseguida se o "corpo não tiver consciência" de sua própria submissão. Esse é precisamente o alfa e ômega que perfazem a nova tecnologia do poder e o novo edifício da dominação social. Como a nova tecnologia do corpo pressupõe que o próprio agente participe ativamente da própria submissão, ela só é eficaz se seus mecanismos constitutivos permanecerem no limbo e nas sombras da percepção ordinária.

Como esta "opacidade" é produzida? De diversas maneiras. Primeiramente, essa tecnologia é uma espécie de "microfísica do poder", como a chama Foucault para relevar seu caráter difuso e de difícil percepção que se atualiza em práticas institucionais e sociais concretas, mas que nunca ousam dizer de sua efetiva intenção e dinâmica. Como esse tipo de poder se atualiza antes em uma rede tensa de relações opacas à consciência, e não através de privilégios explicitamente assumidos, sua forma de ação é a de uma "estratégia", cujo funcionamento obedece ao jogo de disposições, manobras, táticas e técnicas capilares, realizadas em "pequeno". Esse modo de perceber o funcionamento do poder moderno é diametralmente oposto à forma dominante tanto para a consciência cotidiana quanto para as ciências afirmativas do mundo para as quais o Estado teria o monopólio do poder na sua relação com os cidadãos.

Para essa percepção dominante, o poder é "externo" ao agente, se impondo de "fora para dentro". Para Foucault essa é a concepção de poder do que ele chama de período clássico, onde a crueldade do poder exposta nas torturas públicas e suplícios se destinava a esconder a própria fragilidade como mecanismo de submissão. Frágil precisamente porque dependente de coerção externa, necessitando de vigilância constante posto que é percebido como explícita heteronímia. O poder disciplinar é “invisível”, cujo caráter heterônomo escapa à consciência já que exercido como se fosse em benefício do submetido. É uma técnica a tal ponto ubíqua e intermitente que termina por se “naturalizar” como naturalizamos a respiração e o piscar de olhos.

No entanto, a “política dos tolos” que imagina o centro do poder no Estado, na verdade mera “teatralização do poder”, esconde a realidade de dois modos: primeiro é cega em relação ao jogo de interesses e influências que pré-decidem e antecipam aquilo que depois se torna política explícita – ou também quando não se tornam eficazes precisamente por jamais se tornarem “política explícita” – e depois, no ato mesmo de concentrar toda a atenção ao “teatro do poder” e não a sua prática, se torna um dos elementos fundamentais para a opacidade e invisibilidade desta última para a consciência cotidiana.

Ainda outra forma de produzir a opacidade da nova tecnologia dos micropoderes é a sua associação saber/poder. Como a nova forma de poder está sempre associada à produção de saberes, que controlam, classificam, julgam e hierarquizam os sujeitados, e o senso comum e as ciências da ordem imaginam que só há “saber” quando o “poder” se ausentou, a ideologia do “desinteresse do saber” serve como uma luva para tornar invisível sua verdadeira ação nos novos mecanismos de “sujeição voluntária”.

E como se realiza, na vida concreta, a lógica da nova dinâmica institucional do mundo moderno sob a égide do poder disciplinar? Dito de outro modo, como se criam “corpos dóceis”, plásticos, remodeláveis, “flexíveis” – o eufemismo preferido hoje em dia – para que possam ser usados, de acordo com as exigências do dia, para a reprodução do mercado e do Estado? Mais ainda, como mascarar a tal ponto a heteronomia e a arbitrariedade dos imperativos da reprodução de mercado e de Estado a tal ponto que esses imperativos sejam percebidos como desejados, queridos e realizados em proveito do submetido a sua égide? A resposta a essa questão é o segredo da dominação “sutil” do poder disciplinar para Foucault. Um corpo dócil para

Foucault é aquele que pode ser submetido, sujeitado e, a partir disso, utilizado, transformado e aperfeiçoado. No advento da modernidade, mudam a escala e a amplitude do processo de disciplinarização de maneira tão dramática que toda a sociedade passa a ter a disciplina e os processos disciplinadores como sua lógica principal. É esta sociedade que Foucault chamará de "sociedade do poder disciplinar". Como vimos, a "elegância" e a "inteligência" deste poder é que ele não se mostra como poder, pois, diferentemente das formas mais pessoais e, portanto, mais óbvias de dominação, como os diversos modos de escravidão, servidão ou vassalagem, a dominação pela disciplinarização, que tem na "impessoalidade" e "universalidade" suas características principais, não se fundam na apropriação violenta e custosa dos corpos. Com isso se evita o "capricho" e a arbitrariedade do dominador pessoal. Precisamente por conta disso se quebra a "resistência" presente em todas as formas de dominação pessoal, seja de maneira latente ou manifesta. Além disso, poderíamos acrescentar, a "disciplinarização" passa a ser percebida como de "interesse" do disciplinado, na medida em que as possibilidades abertas pela disciplinarização do corpo para seu uso econômico e útil implicam em compensações materiais muito palpáveis. E o que a cegueira da dimensão moral em Foucault não o permite perceber é que também as compensações "imateriais" que se referem ao ganho em "reconhecimento social" e prestígio, associadas a esta mesma utilidade social, são decisivas para sua opacidade como instrumento de dominação e asujeitamento.

A percepção individual dos lucros ligados a essa forma de dominação impessoal é o que explica a "docilidade" não apenas econômica – autotransformação e flexibilização constante para fins econômicos –, mas também de uma "docilidade" política naturalizada e pensada como sendo exercida em proveito próprio. Além disso, a disciplina e o poder disciplinar são polimorfos. Podem assumir as formas de "cercamentos" e das instituições fechadas típicas da modernidade, como a escola, o quartel, o hospital e as fábricas, e pode também trabalhar o espaço de modo muito mais flexível e fino. O dado principal é a instauração de um "procedimento" (e não do resultado) que propicie o conhecimento, a dominação e a utilização dos corpos. A disciplina organiza um espaço "analítico".[19] Esse procedimento inaugura um princípio de apropriação da força de trabalho em todas as suas virtualidades – vigor, habilidade, rapidez, constância – de tal forma que se possibilite sua contabilização, apreciação e julgamento constantes. Esse tipo de controle se torna possível tanto por meio da separação entre o trabalhador e os meios de produção, analisada por Marx no contexto do mercado, quanto pela separação do burocrata dos meios de administração, analisada por Max Weber no contexto do aparelho estatal.

A disciplina permite a classificação e o cálculo da força de trabalho dispondo os corpos em uma "rede de relações hierárquicas". Cada ato deve ser passível de decomposição em seus elementos constituintes. A posição do corpo, de cada membro, das articulações, cada movimento e cada "escolha" passa a ter seu tempo adequado, uma direção, uma amplitude. O "tempo" penetra o corpo e, com ele, todos os controles minuciosos do poder disciplinar.[20] É precisamente essa "penetração" de uma lei heterônoma no corpo que produz o "automatismo disciplinar".

É esse automatismo, por sua vez, que leva ao esquecimento da gênese e do caráter heterônomo da disciplina, explicando a "naturalização" do controle em "autocontrole". Não existe mais "inimigo externo" que impõe seu arbítrio, e por isso mesmo estimula a resistência contra ele. A imposição do controle externo, depois de internalizada e "incorporada" (tornada corpo naturalizado e automatizado como o ato de respirar), é percebida como uma lei orgânica, natural e "nossa", e não imposta ou estranha, exercida em nosso próprio nome e interesse. Sem que se perceba esse processo de tornar "natureza" a "cultura" disciplinar, não se percebe a singularidade de todas as práticas institucionais e sociais do mundo moderno. Como o poder heterônomo não é mais percebido como externo, arbitrário e estranho nem se trata mais de uma "apropriação física", onde o dominador é visível e claro, a nossa "vontade" é seduzida por dentro, de modo sutil e imperceptível. É esse "pequeno" e "astuto" poder que passa a invadir as grandes estruturas impessoais e a determinar a sua lógica.

O poder disciplinar tornado espírito e *ethos* de todas as formas de práticas institucionais modernas – espírito este tanto mais eficaz, posto que não percebido enquanto tal – atualiza, na verdade, a entronização do princípio da "dignidade" no sentido de Taylor. Como vimos, o autor explora o sentido que este termo possui no senso comum – "digno" como aquilo que é nobre e valorável – e explica precisamente aquilo que escapa ao senso comum, que são a gênese e a causa de toda atribuição objetiva – no sentido de que todos nós a fazemos, quer queiramos ou não – de "valor social". Taylor indica a gênese da "dignidade" moderna, não mais como qualquer "conteúdo" material, mas como um "procedimento", exatamente como Foucault também percebe a entronização do poder disciplinar.

Passível de reconhecimento pelos seus pares – outros seres humanos nas condições da sociedade moderna ocidental, seja ela central ou periférica – é todo aquele ou aquela que tenha efetivamente "incorporado", no sentido preciso que estamos usando o termo neste livro, o de realmente "tornar corpo" o autocontrole, a disciplina e o pensamento prospectivo. Esses são, afinal, como mostra Foucault sobejamente, os pressupostos para qualquer ação útil no mundo do trabalho, assim como, poderíamos acrescentar, para qualquer comportamento político "adequado" no mundo moderno. Disciplina e autocontrole são pressupostos necessários para o desempenho escolar e para o exercício de qualquer função produtiva no mercado. Mas também a noção de "cidadania" moderna, que implica o respeito ao espaço e aos direitos alheios, pressupõe a existência dessas disposições para o comportamento.

O que importa perceber é que este conceito *procedural* de "dignidade" substitui na sociedade moderna a atribuição de respeito e valor dependente de conteúdos específicos, por exemplo, independente da beleza, da bravura, do heroísmo, do estoicismo ou de qualquer tábula de virtudes que imperavam nos contextos pré-modernos. Importa também perceber que esta atribuição de valor ou de "reconhecimento social", como preferem os neo-hegelianos, é tão "objetiva", ubíqua e universal quanto o "poder disciplinar" descrito por Foucault. Em outras palavras, todos julgamos a nós mesmos e aos outros segundo os mesmos critérios. E isso não porque Taylor "dormiu" e acordou com essa ideia abstrusa ou “bateu a cabeça” e passou a defender essa hierarquia de valores estranha à consciência cotidiana, mas porque a lógica das instituições modernas, no mercado ou no Estado, pressupõem esse tipo de incorporação de disposições para o comportamento – é isso, afinal, que toda entrevista de emprego procura perceber: a “economia emocional” adequada à empresa ou ao Estado – como pressuposto em todos aqueles indivíduos que poderão ser utilizados pelo mercado ou pelo Estado.

Como a incorporação desses pressupostos psíquico-emocionais não é perceptível para o sujeito e seu uso como mecanismo de poder é imperceptível para a sociedade – como Foucault demonstra –, nós, que compomos o senso comum, não percebemos que estamos sob a égide e o comando deste poder disciplinar. Ele nos faz de “tolos”, na medida em que não temos consciência, e, portanto, nenhum controle das forças sociais que nos comandam a vida em todas as dimensões, mas isso não significa que este poder não exista. Ao contrário, é apenas porque ele nos faz de tolos que existe de modo tão eficiente.

c) O problema da dignidade humana em perspectiva comparada

Vimos que a “dignidade” existe ainda que esta seja “procedural” e vazia de conteúdo valorativo específico. “Digno” no mundo moderno é todo aquele passível de ser utilizado produtivamente pelas organizações do mercado e do Estado. Se isso acontece, essa pessoa é “útil” e o produto do trabalho dela contribui para o bem-estar social como um todo. De que modo preciso isso ocorre desde a socialização em casa, na escola, nas fábricas, nas firmas, nos hospitais, nos exércitos, na justiça, na administração do Estado em todos os níveis é precisamente o que Foucault analisou sob a forma de “poder disciplinar”.

Mas de que modo, poderia perguntar ainda teimosamente nosso leitor cético imaginário, esse poder disciplinar “entra” nas pessoas e não apenas explica o sentido e o objetivo da ação das instituições sobre nós, mas também a) por que nos sentimos como sentimos e por que nos avaliamos a nós mesmos e aos outros segundo essa hierarquia valorativa cujo vértice é o conceito procedural de dignidade? Mais ainda, b) como perceber, para além de qualquer dúvida razoável, a importância social e política desta questão para as sociedades modernas em geral e, muito especialmente, para as sociedades muito desiguais, como as periféricas semelhantes ao Brasil?

Para responder a primeira questão temos que compreender melhor o terceiro elo causal e explicativo, caminhando do nível mais abstrato ao mais concreto conforme estamos desenvolvendo neste texto. Primeiro a reconstrução histórico-hermenêutica, empreendida por Taylor, das fontes morais inarticuladas, redundando em uma "hierarquia valorativa" opaca à consciência cotidiana, que percebemos, não obstante, nos seus "efeitos", como já vimos. Depois, no segundo momento, a reconstrução histórica, filosófica e sociológica de Foucault que percebe o produto principal do "poder disciplinar", o sujeito plástico e remodelável que Taylor havia identificado como produto da noção procedural de "dignidade".

Que Foucault não perceba os efeitos de "reconhecimento social" e, portanto, de moralidade "prática" que o sujeito "disciplinado" e "digno" aufere nas relações sociais práticas não é importante aqui. Afinal, podemos usar os autores de modo complementar de tal maneira que a combinação de suas perspectivas possa enriquecer a resposta às "nossas" questões, as quais são, por sua vez, diferentes das dos autores. Mais ainda falta um terceiro elemento nesse esforço de concretização. Esse elemento deve explicar de que modo essa hierarquia valorativa, reconstruída filosoficamente por Taylor e analisada por Foucault como o componente essencial do mecanismo de poder disciplinar institucional moderno, pode ser "incorporado" – literalmente tornar-se "corpo" automático e não refletido como respirar e piscar os olhos – nos sujeitos de modo "pré-reflexivo". Se essa demonstração for possível, então poderemos mostrar a eficácia desta moralidade opaca em todas as dimensões da explicação sociológica.

Quem melhor compreendeu como certas "economias emocionais" que levam a uma percepção e avaliação do mundo muito peculiar em cada caso se torna "carne" e "sangue" nos indivíduos agentes foi, para mim, sem nenhuma dúvida, Pierre Bourdieu. Esta é, afinal, a questão central da sociologia como ciência: como a sociedade se "inscreve" em cada indivíduo e se reproduz a partir dele como se fosse "vontade livre" desse mesmo indivíduo? Descobrir isso equivale a penetrar um pouco mais no segredo mais bem-guardado de todas as sociedades, que é sua estrutura de reprodução de privilégios injustos. Na sociedade moderna os indivíduos se acreditam, como vimos, "sujeitos" do próprio destino, mas o são – quando o são – apenas em um nível muito pequeno. Na sociedade moderna os indivíduos creem em uma igualdade de oportunidades para quem "realmente quer vencer na vida", mas também isso é, na enorme maioria dos casos, já pré-decidido por vantagens acumuladas desde o berço. A ideologia da "meritocracia", que resulta desta crença ingênua, transforma constantemente privilégio social em "talento individual". Como se explica a constituição de sujeitos – Foucault diria "assujeitados" – tão dóceis e inconscientes da dominação social da qual são, ao mesmo tempo, participantes e vítimas? Como a dominação impessoal e opaca da sociedade disciplinar toma conta da "alma" – e por extensão do corpo – de cada um de nós e nos transforma a todos, em alguma medida variável, em "marionetes" de um drama que atualizamos todos os dias, mas cujo sentido último nos escapa?[21]

O conceito de *habitus* em Bourdieu pretende dar conta precisamente deste segredo. O segredo mais bem-guardado de uma forma de dominação social que se apresenta como "justa", "humana", "democrática" e "igualitária". Onde reside sua "sutileza" e extrema "astúcia"? Bourdieu desenvolve seu conceito por oposição às duas outras posições antagônicas na sociologia: por um lado o objetivismo, que pressupõe uma lógica que se impõe aos indivíduos sem que estes tenham participação; e por outro lado, o subjetivismo, que "compra" a percepção ingênua dos atores sobre si mesmos – como seres "livres" que "escolhem" sua própria vida – na dimensão da vida cotidiana. Exemplos de objetivismo são as diversas formas de "estruturalismo". Exemplos de subjetivismo são as diversas formas de fenomenologia social e as teorias de escolha racional que abundam na economia e na ciência política.

A meu ver, Bourdieu não consegue efetivamente unir as duas perspectivas por razões que não podemos adentrar aqui.[22] Sua perspectiva é majoritariamente objetivista, dada sua ênfase na "reprodução" da vida social. Não vejo qualquer problema nisso para nossos propósitos neste livro. Primeiro porque o núcleo da vida social é efetivamente reprodução – ainda que a mudança social seja um desafio importante para a teoria social – e a maior parte do que se apresenta como novo é o velho em outros disfarces. Depois, nossa questão neste texto é compreender como uma estrutura cognitiva e avaliativa de perceber o mundo, presente, por exemplo, no que Foucault chama de sociedade disciplinar, penetra na alma e nos corpos dos sujeitos de modo "sutil" e "imperceptível à consciência", permitindo precisamente a reprodução do mundo tal qual ele é.

Se compreendermos isso, compreenderemos também como as "estruturas sociais" se introduzem "dentro" dos sujeitos e são, por sua vez, reproduzidas por eles. O objetivismo de Bourdieu é refinado o bastante para não pressupor nenhuma característica da "natureza humana" como explicação para a ação individual coordenada socialmente, mas sim o trabalho emocional e cognitivo que permite à socialização, especialmente a socialização familiar desde tenra idade, nos fazer quem realmente somos. Como isso é feito? Como as "hierarquias" do mundo, como a "hierarquia valorativa" que estamos pressupondo neste texto, penetram nos sujeitos mesmo que não tenham nenhuma consciência que é devido a elas que agem da forma como agem e que avaliam do modo como avaliam?

Existe efetivamente, em uma dimensão mais óbvia, todo um sistema de sanções e prêmios inscritos objetivamente nas práticas institucionais – por exemplo, salário, prestígio, distinções etc. – que permite estruturar, em grande medida, a experiência prática dos indivíduos e conduzi-la em certo caminho predeterminado. Mas esta é apenas a dimensão mais óbvia de como a estrutura social se "inscreve" nos sujeitos. É preciso mostrar como a "instituição" está "instituída" a partir de "dentro" do sujeito e não apenas "fora" dele. O *habitus* é a instância que explica como todo um sistema de estruturas cognitivas e motivadoras, ou seja, um sistema de disposições duráveis inculcadas desde a mais tenra infância, pré-molda e pré-decide possibilidades e impossibilidades, oportunidades e proibições, liberdades e limites de acordo com as condições objetivas. A comunidade consciente pressupõe uma comunidade inconsciente, ou seja, um conjunto não tematizado de competências linguísticas e culturais que permite não só a comunicação consciente, mas também o funcionamento semiautomático e irrefletido da vida cotidiana.

Fruto de dada condição econômica e social, o *habitus* implica a inscrição dessas precondições, especialmente as relativas às experiências infantis, que passam a ser traduzidas no sujeito como um conjunto de estruturas perceptivas e avaliativas que servirão como uma espécie de filtro para todas as outras experiências ulteriores. O *habitus* seria, portanto, um esquema de conduta e comportamento que passa a gerar práticas individuais e coletivas. Nesse sentido, o que parece ser para a perspectiva do realismo das estruturas a ação independente destas seria, na realidade, assegurada pela presença ativa desse depositário de experiências anteriores, que inscreve em cada organismo, sob a forma de esquemas de percepção, pensamento e ação, a garantia da "correção" de práticas no decorrer do tempo. É este princípio de continuidade e reprodução que o objetivismo percebe sem poder dar conta de sua gênese.

O *habitus* é o passado tornado presente, a história tornada corpo e, portanto, "naturalizada" e "esquecida" da própria gênese.[23] A reprodução institucional só é possível dada a existência dessas disposições ajustadas a uma finalidade, revivendo e revigorando a letra morta depositada nessas instituições. É o *habitus* que produz a "mágica social" que faz com que pessoas se tornem instituições feitas de carne. Nesse sentido, o filho mais velho e herdeiro, o homem por oposição à mulher, são diferenças instituídas que tendem a se transformar em distinções naturais. As instituições, desse modo, precisam estar objetificadas não apenas em coisas e lógicas de funcionamento que transcendam os agentes, mas têm que estar também representadas nos "corpos" e em disposições de comportamento durável.

A meu ver, o grande aporte crítico da teoria do *habitus* é a ênfase no aspecto "corporal" e automático do comportamento social. O que para grande parte da tradição sociológica é "internalização de valores", o que evoca tendencialmente uma leitura mais racionalista que enfatiza o aspecto mais consciente e refletido da reprodução valorativa e normativa da sociedade, para Bourdieu seria, ao contrário, o condicionamento pré-reflexivo, automático, emotivo, espontâneo, "inscrito no corpo", de nossas ações, disposições e escolhas. Nossos corpos são, nesse sentido, na sua forma, dimensão, apresentação etc., a mais tangível manifestação social de nós mesmos. Nossos hábitos alimentares moldam nossa figura, nossa cultura e socialização formam todas as nossas manifestações expressivas em gestos, escolha de vestuário, corte de cabelo, forma de andar e falar, transformando o conjunto de nossas expressões visíveis em sinais sociais. É com base nesses sinais visíveis que classificamos as pessoas e os grupos sociais e lhe atribuímos prestígio ou desprezo.

Essa corporação ou incorporação de sentidos, significados e esquemas avaliativos dá-se desde a mais tenra infância, quando se aprende a treinar o corpo como "reservatório de valores".[24] Bourdieu localiza a base de sua sociologia primariamente nesses valores "tornados corpos", fruto da persuasão invisível de uma pedagogia implícita que pode inscrever e naturalizar toda uma cosmologia, por estarem além da percepção consciente e se mostrarem apenas em detalhes tidos como insignificantes, como de comportamento físico, maneiras de falar, andar e se portar. Esses detalhes, aparentemente insignificantes, apontam, no entanto, para características essenciais do comportamento social.

Desse modo, o corpo funciona como uma espécie de "operador analógico"[25] das hierarquias prevalecentes no mundo social. Assim, a oposição homem/mulher é manifestada em posturas, gestos, formas de sentar, andar, na maneira de ver direta do homem que se contrapõe à reserva feminina, por exemplo. Essa manifestação se dá em hábitos aparentemente inexpressivos como a forma de comer, que no homem se dá com toda a boca, de garfo cheio, enquanto na mulher a contenção indica reserva ou dissimulação, já que, como observa Bourdieu, as virtudes dos dominados são sempre ambíguas. O corpo é, enfim, o campo de forças de uma hierarquia não expressa – entre sexos, classes ou grupos de idade –, contribuindo decisivamente para a naturalização da desigualdade em todas as suas dimensões.

d) A linha invisível da dignidade

Como identificar, para além de qualquer dúvida razoável, a importância desta noção do funcionamento da sociedade moderna para a questão da percepção da "hierarquia valorativa" que ela pressupõe, seja para sociedades centrais, seja para sociedades periféricas? Toda a reconstrução prévia, do nível mais abstrato ao mais concreto, implicava poder perceber por que e como obedecemos a estruturas valorativas que não construímos e que respeitamos em grande medida sem o saber. O que importa é perceber que obedecemos efetivamente e nos avaliamos segundo os critérios dessa hierarquia opaca.

Como parece "natural" às práticas institucionais às quais estamos todos submetidos, e está "naturalizada" em nós mesmos nos mecanismos que constroem nosso *habitus*, só a identificamos nos seus "efeitos". Mas esses efeitos podem ser tornados explícitos pela reflexão científica. No seu estudo sobre as hierarquias opacas efetivas na sociedade francesa moderna[26], Bourdieu utilizou a segunda fonte moral descrita por Taylor como "autenticidade" ou "expressivismo". Para Bourdieu se tratava de perceber a luta de classes na França e a legitimação de privilégios injustos a partir da luta pelo monopólio na definição da "personalidade sensível", ou seja, pela definição do "bom gosto" como fruto do "talento individual". Essa definição fazia com que o acesso a todo tipo de recurso escasso, seja ele material ou não material, aparecesse como "merecido" por aqueles que se percebiam e eram efetivamente percebidos como "mais sensíveis" e, portanto, "melhores" seres humanos.

Em um país como o Brasil, onde também há uma luta pela "distinção social" nos termos que Bourdieu analisou na França, existe também, certamente de modo muito mais virulento do que em países como a França ou a Alemanha, uma "luta pela dignidade", no sentido procedural que explicitamos anteriormente. Afinal, antes da luta social pela "personalidade sensível", sob a égide da busca pela "autenticidade", existe a luta pela "personalidade útil", sob o manto da busca pela dignidade. Essa luta não é consciente, assim como a luta pela distinção também não o é, mas produz seus efeitos terríveis todos os dias em sociedades como a brasileira. Em nossos trabalhos coletivos procuramos perceber a importância do tema da "dignidade" a partir das classes sociais que se definem por sua "falta".[27]

A hipótese que estamos desenvolvendo quer dizer que produzimos avaliações "objetivas", socialmente construídas, ainda que estejam em nós mesmos, no nosso *habitus*, dentro de nós. Mas não as "escolhemos" livremente como pensa o subjetivismo ético do senso comum. Também não classificamos essas pessoas meramente pela sua "renda" como pensam quase todas as ciências sociais "economicistas" de hoje em dia e quase todos os especialistas que falam nos jornais. A sociedade e todos nós em alguma medida desprezamos – ou temos "pena", o que é apenas o outro lado da moeda de quem não merece nossa admiração e respeito – quem não é "disciplinado", autocontrolado, e que não incorporou na sua economia emocional aquelas qualidades emocionais e psíquicas que formam o "cidadão digno" e o "trabalhador útil".

Mais uma vez: a "dignidade moderna" está ligada não a valores substanciais como a "honra", mas a um conjunto de qualidades e disposições para o comportamento "incorporadas", em grande medida pré-reflexivas, que formam, no entanto, uma economia emocional, moral e cognitiva singular e produto de dado momento histórico. Também de modo pré-reflexivo, reagimos todos, quer tenhamos consciência disto ou não, à existência ou à falta dessas disposições com atitude de respeito, por um lado, ou de desprezo ou pena, por outro. Também as instituições reagem do mesmo modo, seja em uma entrevista de emprego no mercado, seja em um concurso público para o Estado.

A palavra "dignidade" é controversa posto que o senso comum a povoa com um sentido difuso quase sempre ligado a valores substantivos como honestidade, altivez, honradez etc. Como o senso comum fragmentado não percebe a dimensão pré-reflexiva da vida social, essa alusão a valores substantivos é não só compreensível, mas necessária. Por outro lado, apesar de sua invisibilidade enquanto elemento constitutivo de nosso comportamento prático, o termo "dignidade" é interessante precisamente porque materializa o "respeito" objetivo para todo aquele ou aquela que possui essas disposições e que, portanto, pode contribuir como "produtor útil" para o bem geral sob as condições da competição capitalista. A transformação de si mesmo como "meio para todos os fins" heterônomos que marcam o trabalho, seja no mercado, seja no Estado, é aqui o elemento decisivo.*

Mais importante ainda para nossos propósitos neste livro é o fato de que essa "linha invisível" pode ser tornada visível e perceptível pelo trabalho empírico teoricamente informado e crítico. A pesquisa empírica bem-construída possui vários inimigos que não são privilégio de brasileiros ou de cientistas da periferia. Também em nível mundial a realidade dos excluídos é tornada invisível pelos mesmos "inimigos": a percepção liberal da sociedade, que universaliza as disposições de comportamento da classe média para todas as classes subalternas, permitindo "culpá-las" pelo próprio fracasso, e, por outro lado, a percepção "politicamente correta", apenas superficialmente crítica, que assume o discurso do excluído sobre si mesmo como sua verdade.

Os estudos "politicamente corretos" são especialmente insidiosos, posto que se pretendem "críticos" e de "esquerda" e consideram "progressista" a atitude ingênua de aceitar como verdade o discurso do oprimido sobre si mesmo. No entanto, a descrição do excluído abaixo da condição de "dignidade" sobre sua própria condição é necessariamente "reativa", ou seja, tende a negar subjetivamente a condição sub-humana que vive em seu cotidiano. O distanciamento reflexivo da própria condição só é possível para quem tem acesso à possibilidade de mudar a própria vida. Para quem não tem acesso a "outros possíveis",[28] resta fantasiar ou negar a própria realidade. No entanto, essa perspectiva é francamente dominante nos estudos sobre os excluídos tanto no Brasil quanto no mundo afora.[29]

Em nossa pesquisa empírica realizada entre 2004 e 2008, levada a cabo em diversas regiões brasileiras, desenvolvemos um método

---

* Como nós "naturalizamos" as disposições para o comportamento criadas a muito custo pela "sociedade disciplinar" (como a disciplina, o autocontrole, o pensamento prospectivo, onde o futuro é mais importante que o presente, além da capacidade de concentração indispensável para o sucesso escolar e no mercado de trabalho) do mesmo modo que naturalizamos o fato de termos dois olhos e dois braços, então nem sequer damos conta de que eles são construção social, e, mais importante ainda, um "privilégio" de classe.

empírico original baseado nas pesquisas de Pierre Bourdieu na Argélia[30] e de Bernard Lahire[31] na França. Essa metodologia implicou em entrevistas sucessivas com os mesmos entrevistados de todos os tipos sociais que compõem a “ralé brasileira”. Nossa principal atenção foi dirigida precisamente para os fatores sociais que implicam a construção de um “*habitus* precário” – ou seja, um *habitus* incapaz de incorporar as disposições que perfazem a dignidade no seu sentido procedural – para toda essa classe. Se nas primeiras entrevistas a vida familiar era invariavelmente pintada em tons cor-de-rosa com pais amorosos e dedicados, as entrevistas subsequentes permitiam mostrar rachaduras cada vez mais visíveis no idílio construído pelos excluídos sobre a própria realidade.

Assim, os pais amorosos e dedicados eram, em muitos dos casos estudados, substituídos paulatinamente por pais ausentes ou abusadores sexuais das filhas e filhos e por mães instrumentais e competidoras das filhas. O aproveitamento consequente de uma metodologia de pesquisa empírica autorreflexiva e crítica nos permitiu, por meio do estudo das lacunas e contradições do discurso dos indivíduos dessa classe, “reconstruir” – apesar do autoengano compreensível de quem não tem defesa contra a própria humilhação social de que se é vítima – o sentido da vida nas condições extremas de exclusão social em que vive cerca de 1/3 da população brasileira.[32] Menos compreensível é que um especialista com vinte ou trinta anos de estudos sistemáticos seja vítima da mesma armadilha.

É fundamental para a tese que estamos construindo aqui que não nos deixemos cegar por todos os preconceitos do “nacionalismo metodológico”, já que este tipo de cegueira preconceituosa quase nunca é “nacional”, mas sim “regional” e consubstanciada na categoria teoricamente injustificável de “Ocidente”, restrito à Europa ocidental e à América do Norte. Apesar de nossa pesquisa ter se circunscrito à sociedade brasileira, essa “classe de desclassificados”, abaixo da linha da dignidade, é um fenômeno mundial. Talvez, inclusive, a classe social mundialmente mais numerosa.

Essas classes de desclassificados sociais são construídas por motivos “modernos” e semelhantes em qualquer lugar. Afinal, é a ausência da incorporação dos modernos capitais impessoais, tanto o econômico quanto o cultural, que reduz os indivíduos dessa classe a "corpos" que são vendidos "enquanto corpos", a baixo preço, para serviços desvalorizados. Esses serviços desvalorizados são, tipicamente, divididos em serviços sujos e pesados para os homens reduzidos a energia muscular, e serviços domésticos e sexuais para as mulheres, também reduzidas a corpos que não incorporaram conhecimento útil nos mercados competitivos.

Não se trata aqui do famoso "exército de reserva" marxista, já que essa classe de despossuídos, pelo menos em grande medida, não pode exercer funções produtivas no mercado competitivo do capitalismo, pois lhe faltam pressupostos até mesmo para a incorporação de capital cultural e técnico imprescindível para o adequado desempenho nos setores intensivos em tecnologia. Exemplo típico é o caso brasileiro de poucos anos atrás, quando se falava no "gargalo da mão de obra especializada" – que exigiu, na época, importação crescente de mão de obra estrangeira –, apesar de haver milhões de pessoas desempregadas ou subempregadas no país. É, portanto, precisamente a impossibilidade de incorporação dos tipos de capitais culturais indispensáveis para a reprodução do mercado capitalista que implica uma realidade simbólica existencial e política precária para aqueles situados abaixo da linha divisória da "dignidade" no sentido tayloriano.

Essa classe de desclassificados parece ser construída, em primeiro lugar, na reprodução da "família desestruturada", fruto da cegueira do debate científico e público dominante em países como o Brasil e do consequente abandono político dessa classe. A naturalização do abuso sexual dos mais velhos e mais fortes em relação aos mais novos e mais fracos – especialmente das meninas, mas também dos meninos – chocou todos os pesquisadores envolvidos na pesquisa. Esse tema é um tabu quase nunca veiculado pela mídia, o que apenas favorece sua perpetuação no tempo. De modo mais geral, uma atitude abertamente instrumental de todos em relação a todos no interior das famílias dessa classe não é incomum.* As feridas na autoestima e na autoconfiança dos indivíduos dessa classe, resultantes dessa prática que se transmite de geração a geração cuidadosamente ocultada por um acordo silencioso entre vítimas e algozes, não são difíceis de serem imaginadas. Também os papéis sociais de pais e filhos com as obrigações recíprocas da família burguesa de classe média são apenas precariamente reproduzidos. Nesse contexto, adquire todo o sentido a retomada por Axel Honneth da importância das relações afetivas e emotivas familiares como pressuposto para o exercício de toda função pública, seja como produtor útil, seja como cidadão.[33] O abandono social e político das famílias marcadas pelo cotidiano da exclusão parece ser o fator decisivo para a reprodução indefinida dessa classe social no tempo.

O fator fundamental ligado ao problema discutido acima é o não aprendizado de habilidades e capacidades fundamentais para a apropriação de capital cultural de qualquer tipo. No relato de vários de nossos informantes, não faltou a presença da instituição escolar. No entanto, era muito comum a observação de que, quando crianças, ficavam fitando o quadro-negro durante horas sem nada aprender. Com a repetição desse tipo de relato, que nos desconcertou no começo, aprendemos a perceber que o problema em jogo era a ausência da incorporação afetiva da "capacidade de se concentrar", algo que os indivíduos de classe média tendem a perceber como uma "habilidade natural", como se simplesmente nascêssemos com ela, como acontece com a capacidade de enxergar ou ouvir.

Como faltavam exemplos afetivos em casa, tornados possíveis pelo processo de identificação paterna e materna, essa capacidade ou disposição para se concentrar não era desenvolvida. Mesmo nas famílias mais bem-estruturadas dessa classe, onde os pais permaneciam juntos e se esforçavam para ter uma relação afetiva e de cuidado com os filhos, as marcas do abandono social se mostraram presentes. Como

---

* Contexto semelhante já havia sido detectado por Florestan Fernandes em estudo pioneiro na São Paulo dos anos 1950. Fernandes, Florestan. *A integração do negro na sociedade de classes*. São Paulo: Ática, 1979.

nunca se via o pai lendo, apenas fazendo serviços braçais e brincando com os filhos com os instrumentos desse tipo de trabalho, que tipo de sucesso escolar pode-se esperar dessas crianças? Ou quando a mãe os instava para estudar dizendo que apenas a escola poderia mudar a vida para melhor; que efeito possui esse tipo de exortação se a própria mãe, que havia tido algum tempo na escola, não havia conseguido mudar a própria vida? Percebemos claramente com nossos informantes que não são os "discursos", proferidos da boca para fora, mas apenas as "práticas" sociais efetivas, moldadas por exemplos efetivos, os verdadeiros instrumentos de mudança individual e social.

A capacidade de concentração pressupõe tanto disciplina da vontade quanto autocontrole e pensamento prospectivo. Não é fácil nem "natural", e depende também de estímulos e exemplos, além de um contexto social propício. O que as classes privilegiadas recebem desde o nascimento são as "armas" necessárias para a luta da competição diária por todos os bens e recursos escassos. Os excluídos entram "desarmados" nessa luta. Um exército de pessoas, como disse Bourdieu em seu livro acerca dos subproletários argelinos, "disposto a fazer todo tipo de serviço porque não aprendeu a fazer nenhum".

A instituição escolar nesse contexto é ineficiente porque essas crianças já chegam como "perdedoras" nas escolas, enquanto as crianças de classe média já chegam "vencedoras" pelo exemplo e estímulo paterno e materno afetivamente construído. Mas não apenas isso. A instituição escolar pública – cada vez mais precária no Brasil e crescentemente também nos países ditos avançados – passa a ser marcada pela "má-fé institucional", no sentido que Bourdieu e Foucault utilizam esse termo, de tal modo que prometem a redenção dessa classe pela educação enquanto, na verdade, possibilitam transformar, com o carimbo do Estado e anuência de toda a sociedade, o abandono social em "culpa individual" de alunos supostamente burros e preguiçosos.

Em nossa pesquisa abundam declarações tocantes de jovens que se imaginam incapazes de estudar, sem inteligência e incapazes de concentração por culpa própria. Constrói-se a partir disso um contexto em que, tanto na dimensão intersubjetiva da interação social face a face dos sujeitos quanto na dimensão das práticas institucionais de todo tipo, sejam elas policiais, médicas ou escolares, o desvalor objetivo dos indivíduos dessa classe despossuída existencial, moral e economicamente é reafirmado no cotidiano.

Esse exemplo empírico, confirmado centenas de vezes em nossas pesquisas, revela que não apenas a "sensibilidade", como mostrou Bourdieu com maestria, mas também a "dignidade" no sentido sempre "procedural" que estamos utilizando, são construções de classe. Não são dados naturais de todo ser humano, como as habilidades de fala e de visão. A habilidade de se concentrar é um "privilégio de classe", fruto de uma socialização diferenciada, construída para permitir sua incorporação invisível, mas extremamente eficaz porque é invisível.

O exemplo da capacidade de concentração poderia ser facilmente multiplicado. Nossas pesquisas empíricas sobre as classes populares brasileiras nos mostraram que o "pensamento prospectivo", ou seja, a consideração do futuro como mais importante que o presente, também é uma construção e um privilégio de classe. Assim, temos literalmente "classes com futuro" e "classes sem futuro". Todos sabemos, mesmo os mais privilegiados entre nós, que o futuro, ainda que cuidadosamente planejado, é incerto. Quem não planeja, ou sequer pensa no futuro, posto que está preso no aguilhão do "aqui e do agora", efetivamente não tem futuro.

Em nosso segundo estudo empírico com amplitude nacional, realizado posteriormente à pesquisa dos desclassificados sociais brasileiros,[34] dedicado ao estudo da "nova classe trabalhadora" brasileira, erroneamente chamada no debate público brasileiro de "nova classe média", pudemos precisar ainda melhor os contornos fluídos da "linha invisível da dignidade", usando como exemplo empírico a sociedade brasileira contemporânea. Essa suposta "nova classe média", como foi apelidada no discurso oficial triunfalista do governo e da mídia brasileiros, refere-se à efetiva ascensão social de cerca de 40 milhões de brasileiros, que não só tiveram um aumento de renda, mas também levou a que cerca de metade deles entrasse no mercado formal, com proteção de leis trabalhistas, previdenciárias e sociais.

Esta foi, sem qualquer dúvida, a melhor notícia dos dez anos de elevado crescimento econômico do Brasil entre 2002 e 2012. Pela primeira vez em muitas décadas, o crescimento econômico beneficiou também os setores populares da sociedade brasileira. Políticas redistributivas, como o Bolsa Família, que beneficia mais de 46 milhões de pessoas, aliadas ao aumento real do salário mínimo em cerca de 70%, a políticas de microcrédito e de facilidades ao crédito de modo geral, além de políticas tópicas de acesso à educação superior para a população mais pobre, fortaleceram a base da pirâmide social brasileira e operaram importantes mudanças morfológicas na estrutura de classes da sociedade brasileira contemporânea.

Uma parte dos componentes dessa classe social – para além de setores da pequena burguesia que havia perdido expressão econômica desde os anos 1990 – foi formada precisamente por segmentos "superiores" da classe dos desclassificados sociais. Isso, de resto, comprova que não existe classe condenada para sempre e que condições econômicas e políticas favoráveis podem desempenhar papel decisivo. A confusão implicada na denominação desta classe como "nova classe média" reflete a influência dos discursos liberais que confundem "classe social" com "faixa de renda". Como esta classe representa, em termos de faixa de renda, o segmento médio de ganho das famílias brasileiras,[35] foi cunhado o termo manipulador e apologético de "nova classe média".

Na realidade essa classe não possui quaisquer dos privilégios de nascimento das classes médias e altas. Ao contrário, seus membros típicos têm que trabalhar desde cedo, frequentemente já aos onze ou doze anos, e conciliar escola e trabalho. Muitos são também superexplorados com jornadas de trabalho de até catorze ou quinze horas por dia, acumulando mais de um emprego e fazendo "bicos" de fim de semana, e, quando têm acesso ao ensino superior, o fazem em universidades privadas – cuja qualidade é muito inferior às universidades públicas –, estudando à noite ou fazendo cursos à distância. As condições de trabalho e de exploração dessa mão de obra a aproximam muito do patamar de uma classe trabalhadora precarizada, típica da fase atual do capitalismo sob hegemonia do capital financeiro. Característica dessa fase é a legitimação, na qual muitos creem, de que são patrões de si mesmos, especialmente os que estão na posição de trabalhadores autônomos ou proprietários de pequeno negócio sob a base, quase sempre, de mão de obra familiar.

Se esta nova classe não é uma classe do privilégio, também não é uma classe de desclassificados. Ela parece materializar uma rápida mudança social que se nutre tanto de setores da pequena burguesia tradicional, que perdeu expressão econômica, política e social, de parte da classe trabalhadora "fordista" tradicional, que perdeu espaço e postos de trabalho de modo crescente na última década, quanto de novos segmentos ascendentes da classe marginalizada dos desclassificados. Em termos de perfil de ocupações essa mudança reflete mudanças estruturais – típicas certamente não apenas do capitalismo brasileiro – de destruição de emprego na indústria e criação de empregos novos na área de serviços, comércio, informática e, base da pirâmide desta classe, da construção civil.

É interessante notar, em especial, os fatores que entraram em cena nas dezenas de milhões de pessoas que tiveram a experiência de ascensão social e que compõem a maioria desta nova classe incluída economicamente no mercado formal e de consumo de bens duráveis, entre os quais o carro novo é o maior símbolo. Na pesquisa empírica que realizamos entre 2008 e 2010 em todo o território brasileiro acerca desta nova classe,[36] nossa questão central foi precisamente compreender por que alguns logram ascender socialmente e outros não. No contexto das classes populares, nosso estudo dos batalhadores se concentrou na determinação das fronteiras que os separam da "ralé", por um lado, e da classe média verdadeira, por outro. Observamos, por exemplo, fontes importantes de "autoconfiança" individual e de solidariedade familiar baseada na socialização religiosa, temas negados por estudiosos conservadores.[37]

O tipo de religiosidade pentecostal, crescentemente importante nas classes populares brasileiras, tende a ser, nos "batalhadores", dominado pelas denominações mais "éticas" – ao contrário da "ralé", na qual predominam as denominações mais "mágicas" do pentecostalismo –, em que a "regulação racional da vida cotidiana" e a "crença na própria capacidade" passam a ser os valores máximos.[38] Isso implica, nos melhores casos, na possibilidade de se conquistar tardiamente estímulos morais e afetivos que, nas classes do privilégio, são dados pelo horizonte familiar em tenra idade. O belo estudo de Maria de Lourdes Medeiros mostra como também a Igreja Católica no interior do Nordeste pode servir de incorporação de sólida ética do trabalho para muitas famílias.[39] A religião também pode ser fundamental na redefinição da ética do trabalho de mulheres que o racismo havia condenado ao destino de objeto sexual.[40]

Assim, do mesmo modo que a não incorporação familiar, escolar e social dos pressupostos de qualquer aprendizado e trabalho moderno é o que produz e reproduz a ralé, os "batalhadores" representam a fração das classes populares que lograram sair deste círculo vicioso. Como as fronteiras aqui são muito fluídas, isso significa que não existe "classe condenada" para sempre. Com condições políticas e econômicas favoráveis, os setores que lograram incorporar, seja por socialização religiosa tardia, seja por pertencerem a famílias comparativamente mais bem-estruturadas – malgrado o ponto de partida desvantajoso comum a todas as classes populares –, as precondições para o desempenho do papel social do "trabalhador útil" podem ascender socialmente.

Além da importância inegável, para classes socialmente tão frágeis, da variável religiosa, procuramos perceber a dinâmica e os efeitos da incorporação – ainda que tardia – familiar e extrafamiliar, dos pressupostos emocionais, afetivos, morais e cognitivos para a "ação econômica racional" nas classes populares. Este é o caminho oposto de toda forma de economicismo, que simplesmente "pressupõe" e, portanto, "naturaliza" o "ator econômico universal", escondendo a "luta de classes", que implica, precisamente, uma incorporação diferencial e seletiva desses pressupostos. A maior parte do livro, inclusive, se dedica a compreender, levando em conta as desvantagens do ponto de partida das classes populares, como se aprende, na "prática", com erros e acertos, por exemplo, a "ser um trabalhador" ou a calcular e a administrar um pequeno negócio de um trabalhador autônomo.[41] Ou, ainda, na dimensão mais política e social, tentar responder à questão acerca das bases da solidariedade familiar pressuposta nas pequenas unidades produtivas. Ou como o trabalhador formal, mas precário, especialmente dos serviços e do comércio,[42] é tornado refém de uma legitimação de um novo tipo de capitalismo que se expande precisamente para essas áreas do capitalismo moderno.[43]

Nosso segundo estudo acerca das classes populares brasileiras tratou da ascensão social, portanto, como um conceito "relacional". Quando se trata o tema da ascensão de maneira relacional é possível perceber, por exemplo, como ela também traz consigo sofrimento, esforço, assim como o próprio medo de uma possível desclassificação social futura. Se tratamos o tema da ascensão social desta maneira, foi para demonstrar que ascensão não é uma categoria linear de um ponto ao outro, como um "trem social" que se pega de uma classe à outra. Ela não é uma "bala" que vai de um lugar a outro sem encontrar obstáculo. Qualquer entrevista no livro comprova isso. Para levar o conceito a sério, temos que considerar a ascensão social como uma prática em constante reafirmação, um jogo social, cujos participantes são postos à prova a todo o momento com o fantasma da queda social e da desclassificação sempre à espreita.

Politicamente, a "nova classe trabalhadora" paga um preço caro pela incorporação dos estímulos e disposições adequados à reprodução do capitalismo. O reverso desta moeda é que o "sacrifício do intelecto", comum à maior parte das religiões, se desdobra, no caso do neopentecostalismo brasileiro, em um sentido tanto da não solidariedade social, por um lado, e, tanto por parte do neopentecostalismo quanto do pentecostalismo, no sentido da defesa de teses regressivas e conservadoras em relação ao casamento homossexual, ao aborto e a todas as bandeiras mais reacionárias que representam um ataque às liberdades individuais em nome de uma moral repressora. A não solidariedade da religiosidade neopentecostal tem a ver com a "doutrina da prosperidade", na qual o aumento da riqueza individual é o indicador mais importante de salvação e o acesso ao consumo é interpretado como materialização da graça divina.

Por sua vez, é um contexto de ainda maior miséria material e simbólica o que explica não só o conservadorismo, mas também a impotência política da classe de desclassificados. Notamos em nossa pesquisa que existe um verdadeiro abismo entre os chamados "pobres honestos" – que aceitam vender sua energia muscular a preço pífio – e os "pobres delinquentes" – que se revoltam reativamente contra a estrutura que os condena. Em nenhum estrato social essa diferença é tão importante e decisiva quanto na "ralé" pesquisada. O drama cotidiano da imensa maioria das famílias da "ralé" – em particular das mais estruturadas entre elas – é precisamente o tema da "honestidade", percebida como a fuga do destino de bandidos para os meninos, ou do destino de "bêbados" para os homens adultos, e do destino de prostituta para as meninas. Essas são as figuras paradigmáticas da delinquência nessa classe que está, por sua fragilidade e pobreza, especialmente exposta aos riscos e seduções da vida desviante.

Constrói-se com isso uma divisão insidiosa e virulenta dentro dessa classe, tornando especialmente difícil qualquer forma de solidariedade interna dessa camada negativamente privilegiada. Como praticamente toda família ou vizinhança tinha exemplos de vidas que "optaram" pela delinquência no sentido exposto acima, abundaram os relatos de mães que exploravam economicamente a filha prostituta ao passo que a acusavam pela escolha de vida, ou ainda de irmãos que não se falavam por terem optado por caminhos diferentes nas únicas duas opções possíveis para membros dessa classe. A hierarquia valorativa dominante, que pode ser exposta nos termos que viemos utilizando na oposição "digno"/"indigno", não só transfere a culpa da "indignidade" de todos aos próprio indivíduo, mas também quebra e separa a classe como um todo, e, dentro dela, cada família, cada vizinhança, e, no limite, cada indivíduo em dois inimigos irreconciliáveis.

A "indignidade", é sempre bom repetir, não se refere a "conteúdos materiais" de caráter ou personalidade. No mundo moderno, também a hierarquia valorativa não é "material", mas "procedural", são características ou disposições psicoemotivas que capacitam ou não os indivíduos a, por exemplo, serem capazes de "incorporar" conhecimento técnico útil (uma forma de capital cultural no sentido de Bourdieu). Sem a incorporação dessas precondições não se consegue nem sucesso escolar nem êxito no mercado de trabalho competitivo. Se o "corpo" não é perpassado por conhecimento e disposições psicoemotivas que tornem o sujeito capaz de aprendizado e de trabalho em condições de alta competitividade, esse corpo não é mais do que "um feixe de músculos", que pode ser comprado a baixo preço em trabalhos sujos e pesados como acontece no Brasil.

Esses indivíduos, abandonados – a exemplo do que acontece com suas famílias e sua classe como um todo – por toda a sociedade "incluída", que os vê apenas como perigo e ameaça, recebem, no fundo, o desprezo que toda a sociedade – em grau variável, e no Brasil esse grau é dos mais intensos – reserva aos seus "indignos". Em sociedades onde a responsabilidade social pelos membros mais fracos tem forte tradição tanto religiosa quanto política, existe a consciência de alguns setores mais esclarecidos ou politizados de que ninguém "escolhe" a exclusão e a miséria. São sempre causas sociais – abandono secular, no caso brasileiro – que criam as misérias individuais dos excluídos.

No entanto, essa classe de destituídos não é uma classe social apenas "brasileira". O contrário é verdade. Apenas a cegueira de uma ciência que se reproduz com pressupostos racistas – e que, portanto, não merece este nome – pode fragmentar a realidade social – seja ela nacional, regional ou mundial – a tal ponto que seus traços mais importantes se tornam completamente irreconhecíveis. Essa classe de destituídos é, talvez, a classe social mundialmente mais numerosa. Se chega a quase 30% em um país como o Brasil, provavelmente chega a 80% em vários, se não na maioria, dos países africanos, ou ainda 50% em várias sociedades asiáticas. É uma "classe social" porque em todo lugar os pressupostos de sua exclusão social são os mesmos. Até em países europeus ou nos Estados Unidos essa classe é cada vez mais representativa. Até o discurso contra quem recebe pelo programa Hartz IV na Alemanha ou quem recebe o Bolsa Família no Brasil é bastante semelhante. São os novos "preguiçosos", que, por culpa própria, "escolheram" a humilhação e a vida indigna.

O caso dos excluídos sociais nos mostra que as sociedades modernas compartilham muito mais que a troca de mercadorias do comércio internacional ou do fluxo de capitais das bolsas de valores. Elas compartilham também de uma "hierarquia moral" comum ou semelhante, a qual, por exemplo, define quem será percebido, seja pelas instituições, seja pelos seus membros, como "digno" ou "indigno" de respeito e reconhecimento social. É exatamente a cegueira em relação a toda a "dimensão simbólica" do capitalismo que impede de se perceber e de se "articular" conscientemente sua hierarquia.

A existência de uma "fronteira da dignidade" comum – ou em grande medida compartilhada – mostra dois aspectos quase sempre tornados invisíveis pelas teorias sociais dominantes. Primeiro, o fato de que existe uma "hierarquia moral" pelo menos parcialmente compartilhada entre as sociedades tidas como centrais e periféricas. Segundo, que a "legitimação" dessa mesma hierarquia social também é, de modo geral, compartilhada. A "ideologia da meritocracia" como bastião da violência simbólica típica das sociedades modernas, na medida em que procura preservar a ilusão de justiça e igualdade que perpassa todas as sociedades modernas centrais ou periféricas, também se torna visível, por exemplo, na maneira como o preconceito contra os "dispensáveis" ou "marginalizados" sociais se atualiza nessas sociedades.

Se nosso argumento até agora é correto, então é legítimo afirmar que tanto a "hierarquia simbólica" (por exemplo, que decide quem é "digno" ou "indigno") quanto a forma pela qual essa realidade injusta é legitimada (por exemplo, na ampla aceitação da "ideologia meritocrática", pelo menos em grande medida, aceita tanto em sociedades tidas como centrais quanto em periféricas, como Alemanha e Brasil) são semelhantes nas sociedades centrais e naquelas ditas periféricas. Se isso é verdade, não estamos falando de dois aspectos superficiais das sociedades que estão sendo comparadas, mas de seus pilares mais importantes, na medida em que definem e legitimam a "estrutura de poder", ou seja, os princípios ou critérios classificatórios que tornam possível a apropriação desigual e privilegiada de todos os bens e recursos escassos pelos quais todos nós lutamos as 24 horas do dia.

Não existe nada mais importante do que isso em uma sociedade. É esta questão que decide ou pré-decide o resultado provável de todas as lutas sociais. O acesso a todos os bens e recursos não apenas "simbólicos", como, por exemplo, reconhecimento e autoestima, mas também todos os bens e recursos "materiais" só é possível de ser operado de forma legítima se os negativamente privilegiados – pelo menos sua ampla maioria – se "convencerem" de que as regras sociais que os discriminam são aceitáveis. Se isso é verdade em relação à "fronteira da dignidade", então a percepção da semelhança em relação à "fronteira da distinção" é ainda mais visível.

Chamo de "fronteira da distinção" àquilo que Pierre Bourdieu logrou demonstrar em sua obra máxima, *A distinção*: que existe uma "legitimação dos privilégios sociais" de todo tipo a partir da noção da definição legítima de "personalidade sensível". Os setores dominantes são também aqueles que logram determinar em próprio proveito que os privilégios que efetivamente desfrutam são todos "merecidos" pela sua "qualidade inata" do mesmo modo – ainda que com outros meios – que acontecia nas assim chamadas "sociedades pré-modernas". Ainda que essa "personalidade sensível já tenha sido 'colonizada'", em grande medida, pela "indústria cultural", a própria existência do *kitsch* comprova, pelo seu avesso, a necessidade objetiva da "referência à personalidade sensível".

Em outras palavras, ainda que a própria referência à personalidade sensível tenha se tornado "mercadoria", na medida em que o acesso a bens materiais ou às boas maneiras, ou ainda o bom gosto em relação aos vinhos mais adequados, dependa mais de dinheiro do que do acesso autêntico às fontes expressivas da personalidade, às quais são, por definição, únicas e infungíveis – ou seja, são o contrário da homogeneização e generalização que o mercado opera para vender seus produtos –, o próprio acesso ao mundo das mercadorias é permeado e mediado pela noção de unicidade da personalidade sensível. Qualquer anúncio de carro de luxo ou cigarro comprova o que está sendo dito. Nesse terreno da "distinção", as semelhanças entre as sociedades centrais e periféricas são ainda mais visíveis. Existem propagandas em escala mundial de forma crescente. George Clooney anuncia para a Nespresso em Berlim e no Rio de Janeiro. Os sonhos de consumo dos jovens de classe média são cada vez mais parecidos em todo lugar.

Se estamos corretos e a reprodução simbólica das sociedades modernas, sejam elas centrais ou periféricas, apresentam essas duas "linhas invisíveis de classificação e desclassificação social", extremamente eficazes porque invisíveis à consciência cotidiana e fragmentada, então estamos tratando de aspectos fundamentais tanto do processo de classificação/desclassificação quanto do processo de legitimação da dominação social nas sociedades modernas. Sejam mais ricas como a Alemanha, ou mais pobres como o Brasil, o que importa para a teoria sociológica crítica é perceber como a dominação social é construída e legitimada. Essas são as duas questões mais importantes para qualquer teoria social crítica.

A importância central dessas ideias tem a ver com sua capacidade de explicitar conflitos sociais e lutas de classe que de outro modo seriam invisíveis. Em sociedades como a brasileira e a indiana, as classes média e alta verdadeiramente roubam o tempo dos desclassificados incapazes de lutar no mercado competitivo, posto que lhes faltam os pressupostos mínimos que possibilitam todo aprendizado, o que acarreta a ausência de conhecimento técnico utilizável pelo mercado. Essa classe é reduzida por completo à "energia muscular" com um mínimo de conhecimento incorporado, que a condena aos "trabalhos domésticos", no caso das mulheres, e aos serviços pesados, perigosos ou sujos, no caso dos homens. O "tempo poupado" às classes do privilégio pelo trabalho dos desclassificados as ajuda a reproduzir em escala ainda mais ampliada os próprios privilégios de nascimento. Os desclassificados se tornam ainda mais condenados a reproduzir a sua miséria.

Essa é uma luta de classes extremamente importante e, ao mesmo tempo, invisível. Mesmo o marxismo não a vê, de tão acostumado a inquirir acerca da "mobilização" e de "setores sociais mobilizáveis" para a luta através de sindicatos e partidos. As classes sem "consciência de si", mas, por isso mesmo, superexploradas, são invisíveis na sua dor e no seu sofrimento. E tornar a dor e o sofrimento visíveis é o desafio maior de qualquer ciência verdadeiramente crítica. Perceber e reconstruir esses sistemas de classificação invisíveis a olho nu é um passo fundamental para a reconstrução da teoria social crítica em qualquer lugar, na periferia ou no centro do capitalismo.

Nesse desiderato, o brasileiro pode ver coisas que um francês ou alemão não percebe, pois, na periferia, o tema da fronteira entre dignidade/desprezo, por exemplo, é muito mais visível e ubíquo aqui do que lá. Nesse contexto, se nos libertamos do complexo de vira-lata que nos torna servis e colonizados até o osso, podemos inclusive começar a pensar e refletir com nossas próprias cabeças e compreender questões centrais que se veem muito melhor da periferia do sistema do que no centro.

PARTE IV

Conclusões:
para entender a crise atual

CAPÍTULO 1

A cegueira do debate brasileiro sobre as classes sociais e a pobreza do debate político

O OBJETIVO DESTA conclusão é refletir acerca da união entre economicismo e culturalismo conservador, analisados neste livro como leituras dominantes e empobrecedoras do debate político brasileiro de hoje. Nosso interesse é demonstrar que as categorias trabalhadas aqui permitem uma visão mais profunda e mais crítica de nosso momento atual e das questões que nos afligem. A ciência social crítica não é um blá blá blá abstrato, mas uma arma poderosa para a reconstrução da realidade opaca em pensamento e uma intervenção inteligente na realidade.

Para isso usarei como mote polêmico tanto a discussão pública acerca da assim chamada "nova classe média" quanto também das assim chamadas "Jornadas de Junho" de 2013. Minha tese é que o tema das relações entre as classes sociais no Brasil – único que pode permitir uma concepção crítica do Brasil contemporâneo – é ainda hoje dominado e obscurecido pelas mesmas leituras "economicistas" e culturalistas conservadoras que criticamos no decorrer deste livro.

A fim de tentar comprovar nossa hipótese, vamos examinar, na primeira parte deste texto, a obra recente de dois dos mais festejados e reconhecidos economistas brasileiros, os professores Márcio Pochmann[1] e Marcelo Neri.[2] O ponto talvez mais relevante de toda a pesquisa do professor Pochmann para os nossos fins é a tese de que todo o movimento positivo da pirâmide social brasileira, na primeira década do século XXI, na verdade envolveu postos de trabalho que se encontram na base da pirâmide social. Nesta, os movimentos mais importantes indicam a criação de quase 2 milhões de ocupações abertas anualmente, em média, para os trabalhadores com remuneração mensal de até 1,5 salário mínimo, e de 616 mil postos de trabalho anuais, em média, para a parcela de ocupados pertencentes à faixa de rendimento entre 1,5 e 3 salários mínimos.[3] Na maior parte de seu estudo, Pochmann se dedica a mostrar em detalhes o universo ocupacional desses trabalhadores.

O trabalho de Neri, assim como o de Pochmann, é também o trabalho de um virtuoso no uso de dados estatísticos. A miríade de dados dos órgãos censitários e de pesquisa do governo é tornada compreensível e agrupada de modo a estabelecer relações estatísticas importantes. Afora uma diferença de "tom", não existe nenhuma distinção substancial entre as análises estatísticas de Pochmann e Neri em seus mais recentes trabalhos que usaremos para fins de contraposição. Ambos, inclusive, louvam os mesmos aspectos principais deste fenômeno recente, que são, para os dois, a expansão do emprego formal com carteira assinada,[4] o potencial de mobilidade ascendente acompanhado de inclusão no mercado de bens de consumo[5] e a diminuição da abissal desigualdade brasileira.[6] Até os fatores causais dessa mudança são percebidos por ambos do mesmo modo, na medida em que os ganhos de salário real e aumento real do salário mínimo, por um lado, e o sucesso do Bolsa Família e do microcrédito, por outro, são compreendidos como elementos decisivos.

Como a fonte dos dados para os dois é muito semelhante, muito da aparente diferença pode ser esclarecida pelo fato de Pochmann analisar o ganho individual, enquanto a família e seus rendimentos agregados são a unidade básica da análise estatística de Neri.[7] Afora isso, as análises de ambos possuem os mesmos pontos fortes e fracos: excelente tratamento estatístico dos dados; e carência de qualquer força explicativa mais profunda do fenômeno analisado por outro. A única diferença efetivamente observável é que Pochmann enfatiza o fato de que estamos falando da base, da classe trabalhadora, do "setor de baixo" da população brasileira, enquanto Neri enfatiza o caráter "mediano" e ascendente deste mesmo grupo. Ainda que o modo como denominamos os fenômenos sociais seja importante, já que a forma como são interpretados socialmente depende disso, não basta, no entanto, "denominar" os fenômenos sociais para compreendê-los.

Efetivamente a construção do conceito de uma "nova classe média" por Marcelo Neri carece de qualquer reflexão aprofundada. Neri simplesmente toma o "rendimento médio" como indicador daquilo que ele chama de classe C, ou "nova classe média". Em seguida, imaginando com isso contornar todas as dificuldades desta noção, diz que não está falando de "classe social", supostamente para tranquilizar os "sociólogos", mas sim de "classes econômicas".[8] O conceito de "classe econômica" é inteiramente absurdo, pois pressupõe que as determinações econômicas são as únicas variáveis que importam para o conceito de classe – o que suponho seja efetivamente o caso, ainda que o autor não tenha a coragem de admitir* –, caso contrário, deveria simplesmente se referir a "faixas de renda", e não a "classes". Neri usa o termo "classe" porque desse modo possibilita dar a impressão de que "entrega" o produto, no caso, que sua reflexão ajuda a compreender e prever o "comportamento prático" das pessoas, que é o que importa saber. Como "faixas de renda" não possuem essa pretensão, acaba cedendo ao absurdo de se pleitear "classes econômicas", ou seja, fazendo de conta que a simples determinação das faixas de renda esclarece o comportamento prático dos indivíduos.

O problema é que, apesar de sua intenção explícita, a análise de Pochmann não é fundamentalmente diferente da de Neri. Ao contrário, para além das diferenças superficiais já apontadas, Pochmann compartilha todos os fundamentos essenciais da análise de Neri. Pochmann acrescenta, em relação a Neri, um estudo mais detalhado das "ocupações" que ganharam dinamismo no último momento econômico e confere menos ênfase aos dados de consumo. Assim, poderíamos dizer, utilizando as subdivisões consagradas por Karl Marx acerca da esfera econômica, que Neri pratica um "economicismo" da "distribuição", enquanto Pochmann pratica um "economicismo" da "produção". Mas o principal, o "economicismo", ou seja, a crença explícita ou implícita

---

* Como as recorrentes menções de Neri ao "bolso como parte mais sensível do corpo humano" deixam entrever. Neri. *Ibid.* p. 17.

de que a variável econômica por si esclarece toda a realidade social, está presente nos dois autores e contamina todas as suas hipóteses e conclusões.

Assim, ainda que eu concorde com as críticas de Pochmann na introdução de seu livro, dirigidas provavelmente ao próprio Neri, não acho que o autor acrescente qualquer ponto explicativo decisivo em relação a Neri que possa pô-lo no outro polo do debate brasileiro acerca dessas questões fundamentais. Citemos o próprio Pochmann literalmente:

> Em síntese: entende-se que não se trata da emergência de uma nova classe – muito menos de uma classe média. O que há, de fato, é uma orientação alienante sem fim, orquestrada para o sequestro do debate sobre a natureza e a dinâmica das mudanças econômicas e sociais, incapaz de permitir a politização classista do fenômeno de transformação da estrutura social...[9]

Assim como para Pochmann, meu interesse maior é precisamente estimular com "meios do esclarecimento científico" a "politização classista" das transformações sociais no Brasil recente. O que não acredito é que o trabalho de Pochmann – malgrado as preciosas "informações" que o tratamento sério e qualificado dos dados estatístico proporciona – tenha efetivamente contribuído de qualquer forma substancial para este desiderato. Afinal, não é apenas apresentando os dados – ainda que muito bem-agrupados e esclarecidos – da estrutura ocupacional que se conhece e se compreende qualquer coisa relevante acerca da dinâmica das lutas de classe do Brasil contemporâneo.

Quais são os pressupostos da análise de Pochmann, que ele não explicita, e quais suas limitações para perceber tanto o tema da estrutura social quanto da luta de classes? Pochmann utiliza em seu estudo noções marxistas centrais, e é a partir do uso consequente dessas noções que pretende vislumbrar a "estrutura social" do Brasil moderno e as relações de classes que ela enseja. A noção central de "capital", definida por Marx, seguindo David Ricardo, como expressão de "trabalho acumulado",[10] servia a Marx para compreender a "estrutura social" e a dinâmica de classes por ela criada, para além da vaga e fragmentada ideia que temos dela no senso comum. Capital já era, para Marx, um conceito "relacional", ou seja, ele só desenvolve suas virtualidades de apropriação de privilégios em uma "situação social" concreta. Assim, a propriedade dos "meios de produção", capital fixo, produto ele próprio de trabalho acumulado anterior, "morto" e materializado nele, define a classe dos capitalistas. A classe dos despossuídos dos meios de produção de seu próprio trabalho tem que vender a única mercadoria que possui, o trabalho "vivo", para ser empregado e explorado pelo capitalista que recebe um algo "a mais" do que investiu, seja pelos meios de produção que adquiriu, seja pelo trabalho que comprou sob a forma salarial.

Também a "qualificação do trabalho" para Marx é um produto de "trabalho acumulado" anterior. Assim, o valor maior, pago ao trabalho mais qualificado, na verdade pagaria o tempo de trabalho investido na sua formação. Essa diferença na "qualidade" do trabalho seria a principal responsável pela estratificação social interna da classe trabalhadora. E é precisamente o estudo das variações estatísticas da estratificação interna da classe trabalhadora brasileira dos últimos quarenta anos que perfaz o cerne do trabalho de Márcio Pochmann.

Ainda que Karl Marx tenha sido um autor genial e o pai de toda a ciência social crítica, as ciências sociais não pararam em 1883, quando Marx morreu. Ao contrário, se desenvolveram e se sofisticaram – pelo menos a meu ver – a um ponto em que as grandes questões marxistas clássicas puderam ser respondidas de modo muito mais convincente. O conceito central de "capital", por exemplo, foi desenvolvido por outros autores, como o sociólogo francês Pierre Bourdieu, com um potencial criativo muito mais penetrante, esclarecedor e sofisticado do que seu uso por Marx. Em primeiro lugar, "capital" deixa de ser apenas uma categoria "econômica", e inclui tudo aquilo que passa a ser decisivo para assegurar o acesso privilegiado a todos os bens e recursos escassos em disputa na competição social. Ainda que Bourdieu reconheça que o capital econômico é decisivo para assegurar vantagens permanentes nesta disputa, ele não está sozinho.

Para além do capital econômico, uma das maiores descobertas de Bourdieu para a ciência social crítica foi a da importância, tão central como a do capital econômico, do "capital cultural". Capital cultural para Bourdieu é tudo aquilo que logramos "aprender", e não apenas os títulos escolares. O conhecimento e a ciência já eram fundamentais para Marx, já que a reprodução do capitalismo depende de conhecimento, seja para "qualificar" sua força de trabalho, seja para auferir ganhos em produtividade em inovações técnicas aplicadas aos meios de produção. Mas Marx era um homem do século XIX e pensava o processo de aprendizado como o de um sujeito "já pronto", que adiciona certo tipo de conhecimento à sua "bagagem", como alguém enche um cesto vazio quando vai à feira. Nesta concepção, o conhecimento se aloja na cabeça do sujeito e seu corpo é um mero meio para fazê-lo caminhar e segurar a cabeça que envolve seu espírito.

Essa é a concepção "cartesiana" do sujeito, que era alta filosofia no século XVII e que hoje é senso comum e base das ciências da ordem. Tanto que Pochmann e Neri, homens do século XXI, usam essas prenoções como fundamento não explicitado de seus próprios trabalhos. Eles também partem de homens e mulheres já formados que serão reunidos seja em diferentes "agrupamentos ocupacionais", no caso de Pochmann, seja em distintos "grupos de renda", no caso de Neri. Onde reside, nessa discussão dos pressupostos da análise, a "cegueira de toda forma de economicismo"? Para mim, no fato de não perceber que a faceta mais importante do "capital cultural" é o fato de ser uma "incorporação", literalmente, "tornar-se corpo" de toda uma forma de se comportar e agir no mundo, a qual é "compreendida" por todos de modo inarticulado e não refletido. O avanço científico aqui é a superação da oposição entre corpo e espírito, em que o corpo é pensado como "matéria sem vida" e sem "espírito", em favor de uma concepção em que o corpo é compreendido como um "emissor de sinais" e prenhe de significados sociais.* É precisamente esse avanço científico que permite perceber o trabalho da gênese e da reprodução das classes sociais e, portanto, da produção diferencial dos seres humanos que ela constitui

* Essa "virada epistemológica" nas abordagens mais sofisticadas das ciências sociais da segunda metade do século XX é, muitas vezes, chamada de "revolução Wittgensteiniana". Ver, por exemplo, Taylor, Charles. "To Follow a Rule". *In*: Calhoun, Craig, *et al.* (orgs.). *Bourdieu: critical debates*. Chicago: 1993.

para além da "cegueira" da percepção unilateral e amesquinhada da determinação econômica, seja na produção, seja no consumo.

Esse avanço científico, que implica a percepção de outro tipo de capital fundamental que não apenas o econômico, esclarece, inclusive, a própria ação do capital econômico e a sua relação com outras formas de capital. Afinal, o capital econômico jamais está sozinho como a "cegueira economicista" imagina. O ponto decisivo aqui é que os indivíduos são constituídos, em seus limites e possibilidades na competição social, de modo muito distinto dependendo de seu ponto de partida de classe. Esse ponto de partida envolve, basicamente, "três capitais": o econômico, o cultural e o social. Os dois primeiros são, nas sociedades modernas, os mais importantes.

Assim, uma família de classe média, que tem menos capital econômico que a classe alta, só pode assegurar a reprodução de seus privilégios – como empregos de maior prestígio e salário no mercado ou no Estado – se possuir algum capital econômico para "comprar" o "tempo livre" dos filhos (que não precisarão trabalhar cedo como os filhos das classes populares) para o estudo de línguas ou de capital cultural técnico ou literário mais sofisticado. Isso mostra a importância do capital econômico mesmo para as classes que não se reproduzem majoritariamente a partir dele como as classes altas. Ao mesmo tempo, a competição social não começa na escola. Para que possamos ter tanto o desejo quanto a capacidade de absorção de conhecimento raro e sofisticado, é necessário ter tido, em casa, na socialização com os pais, ou com quem ocupe esse lugar, o estímulo "afetivo" – afinal, nos tornamos "seres humanos" imitando a quem amamos – para, por exemplo, a concentração nos estudos, ou a percepção da vida como formação contínua, onde o que se quer ser no futuro é mais importante que o que se é no presente.

Os filhos das classes médias, com grande probabilidade, possuem esses "estímulos" emocionais e afetivos, ou seja, possuem esse "capital cultural", o que garantirá sua reprodução de classe como "classe privilegiada" em dois sentidos. Em primeiro lugar, chegarão como "vencedores" na escola e depois no mercado de trabalho, e ocuparão espaços que as "classes populares" – classe trabalhadora e "ralé" – não poderão alcançar; em segundo lugar, reproduzem também a invisibilidade do processo social de produção de privilégios – que se realizam na privacidade dos lares e que podem "aparecer", posto que sua gênese é encoberta, como "mérito individual" e, portanto, como "merecimento" dos filhos das classes médias. Que o privilégio apareça como "merecido" é a forma especificamente capitalista e moderna de legitimação da desigualdade social. A "cegueira" do economicismo é, portanto, dupla: é cega em relação aos aspectos decisivos que reproduzem todos os privilégios; e é cega também em relação à falsa justificação social de todos os privilégios. Em outras palavras, o economicismo é congenitamente "conservador", posto que joga água no moinho da reprodução no tempo de todos os privilégios injustos, já que não possui meios científicos de criticar a ideologia do mérito individual.

Mas os limites do economicismo não param aí. O economicismo é incapaz até de perceber adequadamente o próprio capital econômico. A reprodução das classes altas, que tem no capital econômico seu elemento principal na luta pelos recursos sociais escassos, também depende em boa medida de outros capitais. Por exemplo, um rico sem capital cultural de alguma espécie – nem que seja aquela espécie de cultura que significa saber os novos lugares *in* no Soho, em Nova York, o vinho da hora, ou qual ilha no oceano Índico é agora a legal para se levar a amante – não é levado a sério por seus pares. Ao "rico bronco" estão vedadas não apenas as importantes relações entre o capital econômico e o capital cultural, o qual possibilita a naturalidade, a leveza e o charme pessoal, tão importantes no mundo dos negócios como em qualquer outro lugar, mas também as relações com uma terceira forma importante de capital – ainda que secundária em relação aos estudados anteriormente – que é o "capital social de relações pessoais".[11] É este capital que permite aquele amálgama específico entre interesses e afetos, tão necessários para a gênese e reprodução das amizades, casamentos e alianças de todo tipo no interior de uma classe onde a reprodução dos direitos de propriedade é tão decisiva.

O economicismo é, portanto, cego tanto em relação à "estrutura social", que implica a consideração de capitais que não se restringem ao econômico, quanto ao ponto verdadeiramente decisivo no que diz respeito às classes sociais: a forma velada como essas classes são produzidas e reproduzidas. Se o economicismo é incapaz de perceber a gênese e a reprodução das classes, é incapaz – pelas deficiências não das "posições progressistas" pessoais de seus defensores, mas pela superficialidade de seu aparato conceitual – de compreender qualquer fato realmente importante em relação à dinâmica das classes sociais. Pode até "falar" de classes sociais, mas sua compreensão deste fenômeno tão decisivo e central difere muito pouco da forma como o senso comum (não) percebe as classes. É isso que permite que Pochmann trate apenas do mundo das ocupações e pense estar oferecendo uma análise verdadeiramente compreensiva das relações de classe no Brasil moderno. É isso que permite também a Neri falar de "classes econômicas" – envolvendo apenas faixas de renda e hábitos de consumo – e achar que está "interpretando" as novas relações de classe do Brasil contemporâneo.

Como Pochmann (ou Neri) nem sequer põe como problema explicar a produção de seres humanos diferencialmente aparelhados pela herança familiar, que é também uma herança de classe – ou seja, a construção do "capital cultural" específico a cada classe social –, para a competição social, então o pressuposto de que estamos tratando com um "sujeito genérico", igual em todas as classes, é inescapável. Por conta disso, a investigação sobre a estrutura ocupacional não diz nada de verdadeiramente relevante a respeito da dinâmica de classes do Brasil moderno porque nada se sabe acerca de sua gênese nem de sua reprodução no tempo.

Pochmann não responde, na verdade nem se atenta para o fato de que a questão principal para o problema que ele mesmo quer resolver é o questionamento acerca do "por que aquela classe está condenada a exercer aquele tipo de ocupação e quais são os fatores que a eternizam ali?" Não são as ocupações que criam as classes sociais, como parece pensar Pochmann, mas é o pertencimento a certa classe que pré-decide a "escolha" por certo tipo de ocupação. Mas só um estudo, teórico e empírico, da incorporação dos diversos tipos de capital cultural pode esclarecer o tipo específico de socialização que permite, ou melhor, pré-decide, a "escolha" daquele tipo de ocupação.

Sem um estudo da "socialização anterior", que explica a incorporação de certo tipo de capital cultural, tem-se que, necessariamente, pressupor que todos são iguais, um *homo economicus* que reage sempre do mesmo modo, um "sujeito genérico", o qual é, no fundo, o sujeito típico do liberalismo clássico – sem passado, sem socialização prévia e, portanto, sem classe – que o economicista engajado compra sem saber. A simples investigação quantitativa do horizonte ocupacional não nos esclarece em nada acerca do que é realmente relevante, ainda que seja uma "informação importante" neste caminho.

O engano de Neri é complementar. Saber-se que a população brasileira se divide em dadas faixas de renda é uma informação relevante para uma posterior análise das estruturas de classe no Brasil. Mas apenas isso. Porque também Neri nem sequer atenta – a cegueira congênita de toda percepção redutoramente economicista da realidade social – que a questão central para o que ele quer saber, e não sabe, é: "por que precisamente aquele porcentual de indivíduos logrou ascender a outros patamares de consumo, enquanto outros permaneceram onde estavam?" O tamanho do "bolso" é uma informação preliminar relevante, mas nem toca no principal. A ciência da sociedade tem como questão central saber por que as pessoas se comportam diferencialmente.* Se compreendemos isso, podemos analisar e interpretar a sociedade, dizer onde estão seus problemas e para onde ela tende a ir. Mas não sabemos um milímetro a mais acerca desta questão se conhecemos a magnitude quantitativa das faixas de renda ou da estrutura ocupacional, ainda que essas informações sejam relevantes como informação preliminar.

Para além do economicismo

Como ir além da percepção limitada e superficial do capital econômico e com isso produzir uma percepção verdadeiramente crítica da realidade social brasileira? Esse foi o desafio que nos propusemos

* Essa é a definição clássica de Max Weber e seguida por Bourdieu. Ver Weber, Max. *Wirtschaft und Gesellschaft*. J.C.B. Mohr, 1985. pp. 1-30.

nas duas pesquisas que redundaram em dois trabalhos publicados subsequentemente: um sobre os "muito precarizados" socialmente, que chamamos provocativamente de "ralé";[12] e o trabalho sobre os "batalhadores",[13] ou seja, os também precarizados socialmente, mas com maiores recursos e possibilidade de ascensão social. Os dois estudos representam, portanto, um esforço de compreender e responder àquela questão central – a única verdadeiramente fundamental – deixada de lado pelo economicismo, seja da produção, seja do consumo: *afinal, o que é que faz com que alguns ascendam e outros não?*

A meu ver o que há de novo e inédito no estudo dos desclassificados brasileiros é, antes de tudo, a percepção de que formam uma "classe social específica",* com gênese, reprodução e "futuro provável" semelhante. Tanto o senso comum quanto a ciência dominante entre nós deixam de perceber essa classe "enquanto classe" ao fragmentá-la a ponto de torná-la irreconhecível. Mas é possível defini-la, na periferia das grandes cidades do Sudeste como também no sertão do Nordeste, como a classe social reduzida à "energia muscular", pois não dispõe – ou não dispõe em medida significativa – das precondições para a "incorporação do capital cultural" indispensável no capitalismo moderno para o trabalho no mercado competitivo.

Essa classe é, portanto, "moderna" porque formada pela incapacidade estrutural na sua socialização familiar – sempre de classe – de dispor dos estímulos afetivos e das precondições psíquicas, cognitivas e emocionais que possibilitam a incorporação do conhecimento útil, necessário à reprodução do capitalismo competitivo. Como o economicismo, arrogantemente míope, parte do indivíduo sem passado, já adulto e igual a todos e, portanto, sem classe, esta questão central nem é percebida como relevante ainda que vá decidir, inclusive, que

* Que não se confunda com os diversos trabalhos sobre a pobreza e os pobres. O trabalho anterior mais importante sobre uma classe de desclassificados entre nós é o clássico de Florestan Fernandes, *A integração do negro na sociedade de classes*. São Paulo: Ática, 1978. Neste brilhante clássico da sociologia brasileira, Florestan termina por confundir raça e classe social, o que limita de modo decisivo o alcance de seu trabalho. Para conhecer minha crítica em detalhe, ver Souza, Jessé. A *construção social da subcidadania*, 2ª edição, com prefácio de Axel Honneth. Belo Horizonte: UFMG. p. 153 e seguintes.

tipo de sujeito econômico será criado pelas distintas heranças de classe. O capital cultural é constituído por ambas as coisas: tanto as precondições afetivas e psíquicas para o aprendizado quanto pelo aprendizado em si do conhecimento julgado útil. No caso da "ralé", a carência e o abandono são tamanhos que a questão principal é a da ausência – em maior ou menor medida – dos próprios pressupostos indispensáveis ao aprendizado do papel social de "produtor útil" no contexto da economia competitiva.

É isso também que faz com que essa classe não seja passível de ser confundida com o "lumpemproletariado" marxista, o famoso "exército de reserva do capital", posto que no capitalismo do tempo de Marx a quantidade de incorporação de conhecimento necessária ao trabalhador era mínima, tanto que até crianças podiam realizar o trabalho das tecelagens de Manchester. Com o desenvolvimento das forças produtivas do capitalismo, no entanto, a incorporação crescente de conhecimento aos meios de produção exige que quem opera as máquinas – por exemplo, os robôs da indústria automobilística moderna – também seja "perpassado" por certa economia emocional e conhecimento técnico. O trabalhador moderno do setor competitivo tem que ter "incorporado", ou seja, tornado "corpo", reflexo automático e naturalizado, tanto a disciplina e o autocontrole necessários ao "ritmo das máquinas" quanto o conhecimento para sua operação bem-sucedida.

É esse tipo de "incorporação de capital cultural" que caracteriza as classes trabalhadoras modernas e que reencontramos nos "batalhadores" de nossa pesquisa. A "ralé", ao contrário – ainda que as fronteiras entre as diversas classes populares na realidade concreta sejam na imensa maioria dos casos muito fluida –, pode ser definida, para fins analíticos, como a classe "abaixo" da classe trabalhadora, posto que caracterizada, para fins analíticos, pela ausência dos pressupostos acima definidos. Isso não significa, obviamente, que esta classe também não seja explorada. Ela o é de modo inclusive muito mais cruel, já que é jogada nas "franjas do mercado competitivo", condenada a exercer todos os trabalhos mais duros, humilhantes, sujos, pesados e perigosos. As classes do privilégio exploram esse exército de pessoas disponíveis a fazer quase de tudo. O motoboy que entrega pizza, o lavador de carros, o trabalhador que carrega a mudança nas costas, a prostituta pobre que vende o corpo para sobreviver, ou o exército de serviçais domésticos que fazem a comida e cuidam dos filhos das classes média e alta, que, assim, podem se dedicar a estudos ou trabalhos mais rentáveis. É este tempo "roubado" de outra classe que permite reproduzir e eternizar uma relação de exploração que condena uma classe inteira ao abandono e à humilhação, enquanto garante a reprodução no tempo das classes do privilégio.* Luta de classes não é apenas a greve sindical ou a revolução sangrenta nas ruas que todos percebem. Ela é, antes de tudo, o exercício silencioso da exploração construída e consentida socialmente.

Usamos o mesmo método no estudo da classe que chamamos de "batalhadores". Em outubro de 2010, quando publicamos nosso livro, a esfera pública brasileira era dominada pela noção acrítica e não criticada de "nova classe média". Uma noção superficial e triunfalista que, ao reduzir as classes à sua renda, simplesmente esquece o principal: as relações de dominação que fazem com que alguns monopolizem todos os privilégios enquanto outros são excluídos. Procuramos, ao contrário, sem deixar de reconhecer as conquistas e a ascensão social de tantos, mostrar o sofrimento e a luta diária de quem ascende sem possuir qualquer dos privilégios de nascimento da verdadeira classe média. Daí que tenhamos defendido a tese da construção de uma nova classe trabalhadora precarizada como o resultado desse processo complexo. É que cabe à verdadeira teoria crítica mostrar a ambivalência e a contradição dos processos sociais, e não construir interpretações unilaterais e em "tons rosados" da realidade social. O debate público só tem a enriquecer com este tipo de contribuição. Mesmo que o discurso de nova classe média ainda seja dominante, não é mais o único discurso.

---

* A tese central do livro da "ralé" é que a "luta de classes mais importante" e, ao mesmo tempo, a mais escamoteada e invisível do Brasil contemporâneo é a exploração sistemática e cotidiana dos nossos desclassificados sociais, o que apenas contribui para sua reprodução no tempo. Não existe nenhum "problema real", que seja específico do Brasil e de países em condição semelhante, que não advenha do abandono desta classe.

Neste livro a questão foi tentar perceber como é possível reverter o círculo vicioso de abuso sexual generalizado, instrumentalização dos mais fracos pelos mais fortes, baixa autoestima, baixa capacidade de concentração e autocontrole etc., que caracteriza o cotidiano de muitas das famílias da "ralé" e as condenam a uma vida sem futuro e sem esperança. "Ascender socialmente" só é possível a quem logra incorporar as precondições que o capitalismo atual pressupõe para a crescente incorporação de distintas formas de conhecimento e de capital cultural como "porta de entrada" em qualquer de seus setores competitivos. A "fronteira" entre "ralé" e "batalhadores", sempre fluida na realidade concreta, está situada precisamente na possibilidade da incorporação pelos batalhadores dos pressupostos para o aprendizado e o trabalho que faltam à "ralé".

Mas por que falta a uns o que é possível a outros nas fluidas fronteiras das classes populares? A resposta a essa questão exige o passo teórico que tomamos na nossa pesquisa de criticar e complementar o esquema "utilitarista" dos capitais em Bourdieu.[14] As pessoas também precisam dotar sua vida de "sentido", de onde retiram tanto a autoestima quanto o reconhecimento social para o que são e o que fazem. No estudo das classes populares essa dimensão é fundamental, porque o que se retira dos dominados socialmente não são apenas os "meios materiais". O domínio permanente de classes sobre outras exige que as classes dominadas se vejam como "inferiores", preguiçosas, menos capazes, menos inteligentes, menos éticas, o que reencontramos em todas as nossas entrevistas. Se o dominado socialmente não se convence de sua inferioridade, não existe dominação social possível.*

Para percebermos adequadamente a dor e o sofrimento humanos envolvidos nesta condição, acrescentamos – à dimensão bourdieusiana "utilitarista" da teoria dos capitais que não se reduzem ao capital econômico – a dimensão "valorativa" do que as sociedades modernas julgam ser a "boa vida". É a noção "prática" de "boa vida" que define o que é a virtude e, portanto, o que perfaz um indivíduo digno de respeito ou

* Essa também é uma tese clássica de Max Weber. Ver Weber, *op. cit.*, 1985. pp. 122-176.

de desprezo. Essa dimensão é implícita e não articulada, mas todos nos julgamos a nós mesmos e aos outros baseados nela as 24 horas do dia. Utilizamos a reconstrução do filósofo social canadense Charles Taylor,[15] que mostra, como nenhum outro, a relevância dessas categorias que se tornaram "instituições" e, portanto, "prática naturalizada" e irrefletida no mundo moderno. Para Taylor, assim como para Max Weber,* julgamos socialmente uns aos outros baseados nas figuras do "produtor útil" e da "personalidade sensível". O efeito de distinção produzido pela noção implícita de personalidade sensível foi a base do estudo mais brilhante de Bourdieu acerca das lutas de classe na França.[16]

Nos nossos estudos das classes populares brasileiras, procuramos tornar operacional o conceito de dignidade do produtor útil. "Dignidade" aqui, como já vimos, é um conceito procedural e não substantivo, ou seja, ele não é um "valor moral específico", mas um conjunto de características psicossociais incorporadas praticamente afetivas, emocionais e cognitivas que fazem com que tanto a autoestima quanto o reconhecimento social seja possível. É essa "seleção prática" que qualquer entrevista de emprego no mercado ou qualquer prova de concurso público procura fazer. É a mesma seleção que fazemos todos os dias acerca de quem apertamos a mão ou de quem evitamos até usar a mesma calçada. Essa dimensão é tão escamoteada quanto a dimensão dos capitais não econômicos. Daí que a realidade social tenha que ser reconstruída de modo novo em pensamento para que faça sentido.

As classes populares não são apenas despossuídas dos capitais que pré-decidem a hierarquia social. Paira sobre elas também o fantasma de sua incapacidade de "ser gente" e o estigma de ser "indigno", drama presente de fato em todas as entrevistas. As classes com essa "insegurança generalizada", como a ralé e boa parte dos "batalhadores", estão divididas internamente entre o "pobre honesto", que aceita as regras do jogo que o excluem, e o "pobre delinquente", o bandido no caso do homem, e a prostituta no caso da mulher. A maioria esmagadora das

---

* As célebres figuras do "especialista sem espírito" e do "hedonista sem coração", no final do livro sobre a ética protestante, referem-se a papéis sociais muito próximos ao desenvolvidos por Taylor. Ver Weber, Max. *Die protestantische Ethik und der Geist des Kapitalismus*. J.C.B. Mohr, 1948.

famílias pobres convive com essa sombra e essa ameaça, como a mãe da prostituta que a sustentava e que dizia à filha em uma discussão: "já fiz de tudo na vida, minha filha, mas puta eu nunca fui".[17] Como o "estigma da indignidade" ameaça a todos, vale qualquer coisa contra quem quer que seja para se conseguir um alívio momentâneo de tamanha violência simbólica.

Assim, as classes do privilégio não dispõem apenas dos capitais adequados para vencer na disputa social por recursos escassos, possuem também a "crença em si mesmo", produto de uma autoconfiança de classe, tão necessária para enfrentar todas as inevitáveis intempéries e fracassos eventuais da vida sem cair no alcoolismo e no desespero, e poder usufruir do "reconhecimento social" dos outros como algo tão natural quanto respirar. As classes populares, ao contrário, não dispõem de nenhum dos privilégios de nascimento das classes média e alta. A socialização familiar é muitas vezes disruptiva, a escola é pior e muitas vezes consegue incutir com sucesso insegurança na própria capacidade,[18] os exemplos bem-sucedidos na família são muito mais escassos, quando existentes, quase todos necessitam trabalhar muito cedo e não dispõem de tempo para estudos, o alcoolismo, fruto do desespero com a vida, ou o abuso sexual sistemático, são também "sobrerrepresentados" nas classes populares. Os efeitos desse ponto de partida acarretam que a incorporação da tríade disciplina, autocontrole e pensamento prospectivo, pressuposta em qualquer processo de aprendizado na escola e em qualquer trabalho produtivo no mercado competitivo, seja parcial e incompleto, ou até inexistente.

Sem disciplina e autocontrole é impossível, por exemplo, também, como vimos acima, se "concentrar" na escola. Por essa razão os membros da "ralé", que analisamos no nosso livro anterior sobre essa classe, diziam repetidamente que "fitavam" o quadro-negro por horas a fio sem aprender. Essa "virtude" não é natural, como pensa o economicismo, mas um "aprendizado de classe". Por outro lado, sem pensamento prospectivo – ou seja, a visão de que o futuro é mais importante que o presente –, não existe sequer a possibilidade de condução racional da vida pela impossibilidade de cálculo e de planejamento da vida pela prisão no "aqui e agora".

No contexto das classes populares, nosso estudo dos batalhadores se concentrou na determinação das fronteiras que os separam da "ralé", por um lado, e da classe média verdadeira, por outro. Observamos, por exemplo, fontes importantes de autoconfiança individual e de solidariedade familiar baseada na socialização religiosa, temas negados por estudiosos conservadores.[19] Como já vimos anteriormente, o tipo de religiosidade pentecostal, crescentemente importante nas classes populares brasileiras, tende a ser, nos "batalhadores", dominado pelas denominações mais "éticas" – ao contrário da "ralé", em que predominam as denominações mais "mágicas" do pentecostalismo –, onde a "regulação racional da vida cotidiana" e a "crença na própria capacidade" passam a ser o valor máximo.[20] Isso implica, nos melhores casos, na possibilidade de se conquistar tardiamente estímulos morais e afetivos que, nas classes do privilégio, são dados pelo horizonte familiar em tenra idade.

Assim, como vimos acima, do mesmo modo que a não incorporação familiar, escolar e social dos pressupostos de qualquer aprendizado e trabalho moderno é o que produz e reproduz a ralé, os "batalhadores" representam a fração das classes populares que lograram sair deste círculo vicioso. Como as fronteiras aqui são muito fluidas, isso significa que não existe "classe condenada" para sempre. Com condições políticas e econômicas favoráveis, os setores que lograram incorporar, seja por socialização religiosa tardia, seja por pertencerem a famílias comparativamente mais bem-estruturadas – malgrado o ponto de partida desvantajoso comum a todas as classes populares –, as precondições para o desempenho do papel social do "trabalhador útil" podem ascender socialmente.

Além da importância inegável, para classes socialmente tão frágeis, da variável religiosa, procuramos perceber a dinâmica e os efeitos da incorporação, ainda que tardia, familiar e extra familiar, dos pressupostos emocionais, afetivos, morais e cognitivos para a "ação econômica racional" nas classes populares. Este é o caminho oposto de toda forma de economicismo que simplesmente "pressupõe" e, portanto, "naturaliza" o "ator econômico universal", escondendo a "luta de classes" que implica, precisamente, uma incorporação diferencial e seletiva desses pressupostos. A maior parte do livro, inclusive, se dedica a compreender, levando em conta as desvantagens do ponto de partida das classes populares, como se aprende, na "prática", com erros e acertos, por exemplo, a "ser um trabalhador" ou a calcular e a administrar um pequeno negócio de um trabalhador autônomo.[21] Ou ainda, na dimensão mais política e social, procura tentar responder a questão acerca das bases da solidariedade familiar pressuposta nas pequenas unidades produtivas. Ou ainda notar como o trabalhador formal, mas, precário, especialmente dos serviços e do comércio,[22] são tornados refém de uma legitimação de um novo tipo de capitalismo que se expande precisamente para essas áreas do capitalismo moderno.[23]

O economicismo é, portanto, como já dito, cego em relação tanto à estrutura social, que implica a consideração de capitais que não se restringem ao econômico, quanto ao ponto verdadeiramente decisivo no que diz respeito às classes sociais: a forma velada de como as classes sociais são produzidas e reproduzidas. Se o economicismo é incapaz de perceber a gênese e a reprodução das classes ele é incapaz de compreender qualquer fato realmente importante em relação à dinâmica das classes sociais. Ele pode até "falar" de classes sociais, mas sua compreensão deste fenômeno tão decisivo e central difere muito pouco da forma como o senso comum (não) percebe as classes. É isso que permite que Pochmann trate apenas do mundo das ocupações e pense estar oferecendo uma análise verdadeiramente compreensiva das relações de classe no Brasil moderno. É isso que permite também Neri falar de "classes econômicas" – envolvendo apenas faixas de renda – e achar que está "interpretando" as novas relações de classe do Brasil contemporâneo.

CAPÍTULO 2

As manifestações de junho e a cegueira política das classes

O ECONOMICISMO, COMO narrativa social dominante entre nós, não esconde apenas as reais condições da luta de classe social e econômica. Ele se casa em união estável com o culturalismo conservador, o que impossibilita também a percepção adequada da política entre nós. Como a dinâmica das classes e de seus interesses é permanentemente silenciada e escamoteada, a "política" aparece sempre com máscaras e outros nomes. A opacidade da percepção das relações entre as classes no Brasil no mundo da política pode ser muito bem-demonstrada a partir da análise das manifestações de junho de 2013.

A grande fraude das "Jornadas de Junho" é a impressão de que o "vilão" está no Estado e a "sociedade", engajada e politizada, é o "mocinho". Os jornais estrangeiros falaram então, cheios de esperança, da "primavera brasileira", e a fraude se torna perfeita: reconhecida, aplaudida, admirada. Mas, na verdade, quem até agora ganhou e colheu frutos com a "primavera brasileira" foram as forças mais conservadoras do país. Como isso se explica? Como tantos se deixam enganar?

Para esclarecer este ponto central, temos que analisar o que quase nunca chama a atenção de ninguém entre nós: a "sociedade" brasileira e seus conflitos de classe essenciais. É certo que, no início das manifestações em São Paulo e outras capitais do Brasil, o tema da mobilidade urbana associado às demandas de melhor educação e saúde, sob a pressão de estudantes tanto da classe média quanto da periferia das capitais, dominou a pauta de reivindicações. É certo também que as manifestações se irradiaram, de modo tópico e passageiro, para favelas e para a periferia não estudantil. Nos primeiros dias, uma aliança entre estudantes e "batalhadores" da classe trabalhadora precária, dos quais tratamos aqui anteriormente, foi a grande responsável por uma pauta de reivindicações em consonância com os interesses das classes populares.

No entanto, o dia 19 de junho – fato comprovado pelas pesquisas do IBOPE feitas com os manifestantes em dimensão nacional[1] – foi um ponto de inflexão fundamental que ajuda a esclarecer a força narrativa e institucional do pacto conservador brasileiro contemporâneo. Foi a partir deste dia que as manifestações se tornaram massificadas e ganharam todo o apoio da mídia nacional, assumindo a "classe média verdadeira" – os 20% mais escolarizados e de maior renda segundo a pesquisa – de modo claro e inconteste o protagonismo do movimento.

Quem são as classes médias e o que querem? Essa simples pergunta já muda todo o horizonte dominante das questões associadas às manifestações. As classes médias são certamente segmentadas, ou seja, possuem grupos com interesses e ideias distintas, mas os segmentos mais numerosos e importantes das classes médias brasileiras defendem com paixão incomum um núcleo de ideias comuns. Para que possamos compreender a singularidade da "visão de mundo" da classe média brasileira, precisamos, antes de tudo, perceber o que existe de não específico nesta classe, ou seja, o que compartilha com todas as outras classes médias do mundo.

As classes médias são classes do privilégio no mundo todo. Como toda classe privilegiada, a classe média tem interesse em "esconder as causas do privilégio injusto". Ao contrário da "classe dos endinheirados" acima dela, cujo prestígio se baseia no monopólio do capital econômico, o privilégio da classe média se baseia, como vimos, na apropriação de capital cultural altamente valorizado e indispensável para a reprodução de mercado e Estado. Este tipo de capital se materializa, por exemplo, no conhecimento oferecido nos cursos universitários de prestígio, nas pós-graduações, no conhecimento de línguas estrangeiras etc. Mais importante ainda é perceber que o capital cultural não é formado apenas por títulos escolares, mas, antes de tudo, pelo aprendizado na socialização familiar, desde tenra idade, de certas "disposições invisíveis para o comportamento competitivo".

Essas disposições são transmitidas pelos pais aos filhos como uma "herança cultural": ensina-se aos filhos a disposição para o autocontrole, para a disciplina, para o pensamento prospectivo (que percebe o futuro como mais importante que o presente) ou ainda para a capacidade de concentração. Em seu conjunto, essas disposições serão o fundamento do sucesso escolar e depois profissional. Como essa transmissão é "invisível", posto que "naturalizada" e realizada no interior dos lares, a classe média tende a se acreditar como a classe do "milagre do mérito individual", conquistado pelo esforço, e não por privilégios de nascimento. A classe média é a classe da "meritocracia" por excelência, retirando dessa falácia sua "dignidade" específica.

Max Weber percebia claramente, como vimos, que todas as classes dominantes em todo lugar e em todas as épocas não querem apenas usufruir os privilégios que são a base de sua felicidade, querem também saber que "têm direito aos privilégios". Assim, é necessário tornar invisíveis todos os privilégios de nascimento que possibilitam, por exemplo, sua transformação no "milagre do mérito individual". Isso não acontece só no Brasil, mas nos Estados Unidos, na França, na Alemanha. Garante-se a "boa consciência" do privilegiado, que passa a achar que tem "direito" a prestígio, reconhecimento e melhores salários e a culpar as vítimas, de um processo social que torna invisível a injustiça, por sua própria miséria e sofrimento, como se fosse possível "escolher" ser humilhado e pobre.

Mas o mais importante para nossos fins é o fato de que a dominação social no Brasil se enfeita de outros atributos que não existem em outros lugares. Aqui, afinal, é o país em que a classe média "tira onda" de revolucionária, de agente da mudança e de lutadora por um "Brasil melhor". Nenhum europeu imagina isso de suas classes médias. As conquistas sociais das democracias europeias foram fruto das lutas das classes trabalhadoras, e ninguém sensato por lá duvida disso. Mas, no Brasil, uma classe privilegiada, cujo interesse primeiro é na reprodução do mundo como ele é, adora se imaginar como "radical" e agente da mudança. É isso que é necessário esclarecer e compreender porque é o que nos singulariza.

É isso também que pode nos mostrar como a extraordinária vitalidade das ruas é capaz de se transformar no reforço do que há de pior e de mais conservador no Brasil. Do mesmo modo que as classes do privilégio em todo o mundo realmente acreditam que seus privilégios são "merecidos", posto que advindos supostamente de seu mérito pessoal, cada sociedade constrói também um "mito nacional" dominante, que ajudará a explicar a pessoas que não são especialistas no funcionamento de uma sociedade tão complexa como a moderna, de modo simplificado, em que sociedade vivemos e quais são suas virtudes e defeitos. Toda sociedade moderna produz, portanto, um "mito", uma espécie de "conto de fadas para adultos" que distorce a realidade tanto quanto a falácia da meritocracia para justificar a dominação social.

No Brasil, como vimos, esse "conto de fadas" assume a forma da oposição mercado/Estado. Sérgio Buarque foi o primeiro a inverter o diagnóstico positivo de Gilberto Freyre acerca das virtudes da cultura brasileira, ao perceber o "brasileiro" como um tipo singular, sem pertencimento de classe – como se o brasileiro do Leblon fosse o mesmo do Complexo do Alemão –, e a chamá-lo de "homem cordial". O "homem cordial" é emotivo e prefere os amigos à lei nesta leitura. Interessante é que Buarque associará o "homem cordial" ao Estado, supostamente patrimonial e corrupto, e principal obstáculo à modernização brasileira.

Com Raymundo Faoro e seu *Os donos do poder*, esta mesma perspectiva contrapõe de modo decidido o mercado como "virtude" e berço da democracia, e o Estado como "vício", sendo só entrave, berço da ineficiência e da corrupção. É esta perspectiva de Faoro que produziu o "conto de fadas" dominante do Brasil moderno. Não se compreendem as ideias que dominam o imaginário social de uma sociedade sem compreender que são sempre ideias difusas no meio social, articuladas por intelectuais. Para que estas possam então conquistar as universidades, as escolas, os partidos, a mídia e ganhar espaço para exercer influência e se institucionalizar, têm que estar associadas a interesses poderosos. Nesse sentido é interessante notar que a segunda edição do livro de Faoro foi editada em meio à luta contra a ditadura militar, quando o Estado era efetivamente, para todos de modo indistinto, da direita liberal/conservadora à esquerda, o mal enquanto tal, o vício. E foi precisamente a partir dos anos 1970 que essa leitura da realidade se tornou "visão de mundo" institucionalizada, com influência em todos os partidos, universidades e imprensa, supostamente defendendo o interesse maior de todos, representando o "bem" enquanto tal.

Esse "conto de fadas para adultos", como todo conto de fadas, infantiliza, distorce o mundo e nos faz de tolos por não termos mais cinco anos de idade. A simples ideia da separação entre mercado e Estado é absurda. Os dois formam, afinal, um complexo único, dependente um do outro. Não existem, por exemplo, contratos válidos no mercado – e todos os atos do mercado são contratuais – sem que o Estado forneça o aparato de Justiça e de repressão para obrigar o cumprimento contratual. Por outro lado, o Estado depende da produtividade do mercado para sua receita fiscal. Esses exemplos podem ser multiplicados por mil. Um não existe sem o outro. Antes de tudo, para tocar no tema central das manifestações, não há corrupção sistemática no Estado sem que seja provocada por interesses de mercado. Aqui não tem "santinho" nem "virtuoso". Então, por que "escolher" mercado e Estado como os termos de nosso "conto de fadas"? Porque, mesmo em sociedades que se percebem como formadas por indivíduos e não por classes – para melhor ocultar os conflitos e exploração de classes –, os conflitos de classes precisam ser articulados de algum modo, ainda que distorcido.

Nada mais natural que mercado e Estado constituam a "semântica possível" de uma luta de classes encoberta, já que nas sociedades modernas a proteção às classes dominadas tem sido historicamente tarefa do Estado, por exemplo, garantindo educação e saúde mesmo para os mais pobres. É vontade dos "endinheirados", no entanto, que todas as dimensões da vida social fiquem à mercê do interesse de lucro. Quando Fernando Henrique dizia em seu governo que o Estado era ineficiente e, portanto, não deveria investir nas universidades públicas, as universidades privadas – todas muito mais eficientes que as públicas como todos sabemos – tiveram campo livre para expandir seus interesses. É para isso que serve o conto de fadas do mercado virtuoso e do Estado corrupto e ineficiente. Assim, podem-se concentrar fatia desproporcional do PIB brasileiro em ganhos de capital, cuja parte do leão vai para o bolso dos endinheirados que perfazem menos de 1% da população, ficando uma pequena parte para a enorme maioria da população que vive de salários.

Nas democracias europeias, por exemplo, essa relação é inversa. Para o punhado de "endinheirados" que controla mídia conservadora, Parlamento e finanças, nosso "conto de fadas" é caído do céu. Temos um capitalismo selvagem e concentrador, um debate público superficial e pobre como as histórias infantis, uma das sociedades mais desiguais e perversas do planeta, e a raiz dos problemas brasileiros é vista em um espantalho: o Estado, pois supostamente só ele é corrupto e ineficiente.

A classe média que foi em massa às ruas a partir do dia 19 de junho e que foi a responsável pela mudança de pauta das demandas por melhor transporte, escolas e saúde, típicas das classes populares, em favor das suas demandas centralizadas nas denúncias de corrupção – sempre estatal e personalizada –, na verdade agiu tanto como "tropa de choque" dos interesses dos endinheirados quanto em interesses próprios. O tema da corrupção, lá longe em Brasília, ajuda a reproduzir também seus próprios privilégios de classe. Para uma classe social, como a classe média brasileira, que explora os excluídos sociais em serviços domésticos que lhe permitem poupar tempo livre para incorporar ainda mais conhecimento e capital cultural para a reprodução indefinida de seus privilégios – enquanto condena os excluídos à reprodução de sua própria miséria –, e que pode "posar" de humana, corajosa e virtuosa, ao sair às ruas para condenar sempre um "outro" que não nós mesmos. O privilégio, afinal, precisa ser justificado ou tornado invisível para se reproduzir.

Toda distorção da realidade bem-sucedida precisa criar um vínculo "afetivo" no seu público, o qual é muito mais importante que seu poder de esclarecimento. A classe média "deseja" acreditar nesse "conto de fadas" porque ele transforma milagrosamente sua extraordinária "irresponsabilidade social" – uma classe dominante que nem sequer percebe as necessidades de 70% de seus compatriotas condenados a uma subvida – em "heroísmo". Este heroísmo é prontamente glorificado por uma grande imprensa que "posa" de neutra, como se fosse uma sociedade de fins públicos e não tivesse proprietários privados "endinheirados" e interessados em continuar a curtir as benesses da riqueza socialmente produzida concentrada em suas mãos.

Mas a classe média é também vítima da "violência simbólica" que a infantiliza. Ela é heterogênea e também tem parcelas expressivas que desejariam se engajar para melhorar a sociedade brasileira e só tem – no contexto da pobreza de nosso debate público – o mesmo "conto de fadas" repetido a exaustão e em mil variações. A abissal desigualdade brasileira não humilha e desumaniza apenas os excluídos sociais que perfazem ainda 30% da população. Não existe problema real no Brasil que não advenha de sua monumental desigualdade: (in)segurança pública, gargalo da mão de obra qualificada, escola e saúde pública de má qualidade. O que distancia o Brasil das sociedades que admiramos não é a corrupção do Estado, que é um problema real em qualquer lugar. O que nos afasta das sociedades "moralmente superiores" é que exploramos, aceitamos e tornamos fato natural e cotidiano conviver com gente sem qualquer chance real de vida digna sem ter nenhuma culpa nisso.

A ressaca da frustrante "primavera brasileira" foram as últimas eleições presidenciais de 2014 vencidas por pouco pelo partido do governo. Nelas, mais uma vez os setores conservadores das classes médias, os mesmos que saíram às ruas em 2013, exerceram papel de protagonista. Lograram inclusive contaminar parte importante das classes trabalhadoras ascendentes com seu discurso, incensadas pela mídia do "Petrolão". Juntando os dois momentos, as Jornadas de Junho de 2013 e a eleições presidenciais de 2014, notamos uma guinada conservadora clara na política brasileira.

O economicismo superficial e o culturalismo conservador lograram se institucionalizar como discurso dominante e institucionalizado capaz de ser mobilizado a bel-prazer pela mídia escrita e televisiva. Essas circunstâncias envolvem sempre um "escândalo" à mão, que a exime de discutir e debater como em uma esfera pública minimamente plural, e apenas manipular a opinião pública. O drama é tão repetitivo como o das telenovelas, da mesma forma que seu enredo infantil de bandido e mocinho como oposição binária do mal contra o bem. O "mal", definido como a corrupção apenas do Estado, é de uma ingenuidade tocante. Mas essa cantilena acompanha os últimos oitenta anos da história brasileira desde Vargas.

Na verdade, trata-se da luta entre dois projetos históricos para o Brasil, oportunidade esta que se abriu com a industrialização brasileira comandada por Getúlio Vargas a partir de 1930: ou bem o Brasil se transforma em uma sociedade de consumo de massas e inclui a maior parte de sua população; ou o país mantém intactas todas as estruturas de privilégio e se constitui em uma sociedade de consumo para 20% da população. Por conta disso, os últimos doze anos de "reformismo fraco",[2] apesar de sua timidez e fraqueza, produziram uma reação sem precedentes em uma das sociedades complexas mais perversas e conservadoras da história moderna. Essa pequena mudança ousou tocar nos mecanismos de exploração e humilhação seculares de classe no Brasil. Daí o ódio enfim expresso sem qualquer pejo nessas últimas eleições. É esse embate entre um projeto de *apartheid* excludente e outro um pouco mais inclusivo que reflete a história política do Brasil moderno. O problema maior é que o Brasil que hoje nos domina tanto no dia a dia da economia e da sociedade quanto na vida da inteligência é o que foi gestado em 1964 e consolidado nos anos 1990 do governo FHC.

O modelo alternativo, ao contrário, representa o anseio das forças derrotadas em 1964 por uma sociedade mais inclusiva. Modelo este que vingou na esfera política nos últimos doze anos ainda que longe de possuir a hegemonia na esfera pública que constrói a "opinião pública" e, portanto, não detém o efetivo controle da prática econômica e social. Afinal, existem limites claros para um Estado reformador em meio a uma sociedade conservadora. Ainda que este segundo modelo tenha conseguido incluir, de modo precário e instável, outros 20% adicionais da população no mercado de consumo e reduzido formas extremas de miséria material, seu desenvolvimento se deu de modo errático, incompleto, sem efetivo planejamento e ao sabor das conjunturas.

A fragilidade das conquistas realizadas pelo segundo modelo é explicada pela manutenção da força social e econômica do modelo anterior, as quais se mantiveram intocadas mesmo depois da eventual perda do poder político.

Para que compreendamos a força inabalada do modelo excludente dominante, mesmo com a perda eventual do poder político, é preciso entender como funciona a íntima e orgânica relação entre economia e política, por um lado, e mídia e esfera pública por outro. A pedra de toque para que possamos perceber esse jogo, sempre mantido cuidadosamente nas sombras, é o mote da "corrupção e ineficiência estatal" contraposto à suposta virtude e eficiência do mercado. Essa é, na realidade, a "única bandeira" de legitimação do modelo excludente de sociedade ainda no poder real e construído pelos "intelectuais orgânicos" do *apartheid* conservador. É, afinal, o único pretexto por meio do qual os interesses mais privados do 1% mais rico podem ser travestidos em suposto interesse geral. A centralidade dos temas do Mensalão e agora da Petrobras antes de todas as eleições comprova facilmente o que estamos dizendo. Todos os outros motes, como o elogio da "gestão enxuta", do Estado mínimo etc., são variações de um mesmo tema.

Na verdade, o mercado capitalista, aqui e em qualquer lugar, sempre foi uma forma de "corrupção organizada", começando com o controle dos mais ricos acerca da própria definição de crime: criminoso passa a ser o funcionário do Estado ou o batedor de carteiras pobre enquanto o especulador de Wall Street – a matriz da avenida Paulista – que frauda balanços de empresas e países e arruína o acionista minoritário, embolsa, hoje mais que antes da crise, bônus milionários. Enquanto os primeiros vão para a cadeia, o segundo, que às vezes arrasa a economia de países inteiros, ganha foto na capa da revista *The Economist* como financista do ano. Quem é que ganha, na verdade, com a corrupção tornada legal do mercado e celebrada como mérito? É isso que o cidadão feito de tolo não vê. No Brasil, inclusive, a tolice é ainda muito pior do que em qualquer outro lugar. Nenhuma sociedade complexa é tão absurdamente desigual como a nossa. Essa deveria ser a real vergonha nacional.

Mas tem muito mais. Essa transferência grotesca de riqueza entre nós é realizada por serviços e mercadorias superfaturados – cobrados pelo mercado e não pelo Estado – com as taxas de juros e de lucros mais altas do mundo, cobradas pelos bancos e pelas indústrias cujos lucros e juros vão para o 1% mais rico. E quem são as classes cujos indivíduos são feitos de tolos, senão as classes médias e trabalhadoras ascendentes que são quem, precisamente, consomem os carros com o triplo da taxa de lucro dos carros europeus; pagam taxas de juros estratosféricas para bancos em qualquer compra a prazo; e serviços de celular dos mais caros do mundo ainda que seja incomparavelmente pior? Quem é feito de tolo aqui são partes significativas das classes médias e trabalhadoras ascendentes, muitas delas que defendem o Estado mínimo e o mercado máximo e que pagam preços máximos por produtos e serviços mínimos e de baixa qualidade a capitalistas que possuem monopólios para produzir mercadorias e serviços de segunda categoria. Essa é a corrupção invisível para o cidadão feito de tolo e que nenhum jornal ou TV comprada por ou de propriedade do 1% mais rico mostra.

É essa "corrupção organizada" do mercado que "aparece" como milagre do mérito de capitalistas que na verdade herdaram o privilégio e nunca correram nenhum risco. E é essa visão das coisas que é difundida na esfera pública. Se pensarmos duas vezes, no entanto, perceberemos que o Estado é, pasme-se, o único lugar onde a corrupção ainda é visível como tal, e tem, portanto, alguma possibilidade de controle real.

E ainda, com esse dinheiro "extra" dos tolos, compram partidos políticos que defendem seus privilégios e jornais e redes de TVs que repetem todo dia que o problema nacional é a corrupção apenas no Estado. A lorota do mercado "virtuoso" entre nós só pode ser compreendida pelo sequestro dos meios de comunicação em favor dos interesses do 1% mais rico da população. Tão importante quanto o direito ao voto em uma democracia é o direito à informação plural onde o contraditório e a notícia percebida e discutida por diversas perspectivas e aos olhos dos interesses mais diversos têm o lugar central. Sem uma mídia plural não existe democracia digna deste nome, nem processo coletivo de aprendizado durável. A manipulação grotesca, por exemplo, da TV brasileira – talvez só comparável à das ditaduras – nem sequer é percebida pelo público. Como sempre foi assim, não existe padrão de comparação crítica. Nesse contexto, a "opinião pública" tende a equivaler à "opinião que se publica".

Decisivo também é o papel das frações majoritárias e conservadoras da classe média de "verdade" entre nós, aquela que tem um estilo de vida e um padrão de consumo semelhantes aos da sua irmã europeia e norte-americana. Essa classe média é a sócia menor do modelo de sociedade para 20% da população e ocupa os cargos de prestígio do mercado superfaturado e monopolizado. Essas frações são a "tropa de choque" do 1% de endinheirados não só porque a defendem na prática nos tribunais, nas salas de aula, nos jornais e em todas as dimensões do cotidiano em que a defesa dos privilégios dessa pequena minoria e de seu sócio menor está em jogo. Ela também é quem sai à rua, como vimos anteriormente, como nas manifestações de Junho de 2013 – sequestrando as demandas populares do início das manifestações em nome da eterna corrupção só da política – para defender os interesses da classe de endinheirados que as explora. Afinal, este 1% é a única parcela que efetivamente tem algo a ganhar quando se encurta o Estado e se mercantiliza toda a sociedade. Nas sociedades que aprenderam a mitigar a produção de desigualdades que o capitalismo estimula, foi o Estado que retirou a saúde, a educação e a previdência das mãos do mercado, de modo a garantir um mínimo de condições básicas de competição social mesmo para quem não nasceu em berço privilegiado. Demonizar o Estado é o pretexto perfeito para quem ganha com a mercantilização total da sociedade, ou seja, o mesmo 1% que já controla toda a riqueza. Mas a tolice das classes médias e frações ascendentes que compram esse discurso como se fosse seu não explica a raiva e o ódio ao uso do Estado – ainda que de modo parcial, incipiente e inconcluso – para os interesses da maioria esquecida da população brasileira.

Isso acontece hoje em dia em muito maior número, posto que essa classe, agora, teme por seu lugar de privilégio devido ao encurtamento do espaço social com as classes populares, que foi a principal obra dos últimos governos. O Brasil de hoje ainda marginaliza a maior parte de sua população das benesses da sociedade moderna, mas o Estado ousou aumentar o número de incluídos no mundo do consumo de modo significativo. É a raiva ancestral de uma sociedade escravocrata, acostumada a um exército de servidores cordatos e humilhados, que explica a tolice dos que compram a ideia absurda de mais mercado no país do mercado mais injusto e concentrado do mundo. A raiva, no fundo, é contra o fato de que muitos desses esquecidos estão agora competindo pelo espaço antes reservado à classe média, como vimos nos "rolezinhos", nas reclamações dos aeroportos cheios e na perda dos valores de distinção com relação à "gentinha" não mais tão cordata e humilhada. Sem o ressentimento e o desprezo ao populacho – no fundo o medo da competição social revertido em agressão –, não há como entender que tanta gente seja manipulada por um discurso hoje tão descolado da realidade como o da virtude do mercado e o da demonização do Estado.

Se existe algum bem na polarização das últimas eleições, é que ela mostra os conflitos reais que racham a sociedade contemporânea brasileira: a contradição das classes sócias no projeto de construção de uma sociedade para 20%; e o projeto inconcluso e incipiente de um Brasil para a maioria da população. A segunda "abolição da escravatura" – hoje não mais de uma raça, mas de uma grande classe de excluídos – proposta por Joaquim Nabuco há mais de cem anos é mais atual do que nunca. Esse é o núcleo do modelo alternativo de sociedade para o Brasil moderno. Central para o sucesso deste projeto é que tanto as frações progressistas da classe média – elas também existem – quanto as que hoje são feitas de tolas por seus verdadeiros algozes compreendam que têm muito mais a ganhar com um Brasil mais inclusivo.

A última década de crescimento econômico brasileiro, depois de trinta anos de estagnação, foi obra, como vimos no decorrer deste livro, do esforço e do trabalho da parte de baixo da população brasileira, que logrou dinamizar a economia e a sociedade como um todo. Com um mínimo de estímulo, foram as classes populares voluntariosas que encheram de otimismo e vigor uma sociedade estagnada e decadente. O futuro do Brasil, em especial das classes médias e ascendentes, não aponta para a aliança subordinada com os endinheirados, em que o lugar do otário e do esperto já está pré-decidido. Aponta para o novo, para o nunca realizado, que é a verdadeira cura para a doença brasileira: o câncer do Brasil para poucos.

Problemático, para não se dizer desesperador, neste contexto é perceber que os dois pilares da (des)inteligência brasileira colonizam não apenas os que apoiam o Brasil para 20%, mas também os que querem um projeto mais inclusivo. Todos são contaminados pelo economicismo e todos os partidos e correntes de opinião têm Sérgio Buarque e Raymundo Faoro – PSDB e PT, por exemplo, têm nesses autores suas referências – como os pensadores-chave para compreender o Brasil moderno. Estou convencido de que parte importante da tibieza do projeto inclusivo entre nós, de sua "fraqueza" e timidez, tem a ver com esse compartilhamento último de um pano de fundo interpretativo que é míope, superficial, fragmentado e, em última instância, excludente.

Neste contexto, o papel da ciência verdadeiramente crítica não é pequeno. Afinal, é ela que pode desmascarar as ideologias que nos fazem de tolos ao colonizar e manipular sentimentos e anseios não compreendidos em nós mesmos – como no caso da "tiração de onda" dos tolos que posam de críticos e éticos e se esquecem da mesquinharia e humilhação cotidiana da qual são cúmplices. É a ciência crítica que pode também desconstruir a fragmentação míope que a ótica econômica unilateral cria para a percepção do mundo como ele é. É ela também que pode mostrar, afinal, que é a "relação entre as classes", a ênfase no aspecto "relacional", que permite esclarecer tanto a exploração de classe escondida sob formas "não econômicas" – ainda que tenha sempre consequências também econômicas – quanto sua justificação e encobrimento. É ela, ao explicitar a dualidade dialética entre exploração e justificação, que permite dotar o cidadão inteligente que foi feito de otário das armas necessárias, primeiro, para sua mudança como ser humano e, depois, como mecanismo de aprendizado coletivo.

Por fim, mais uma vez, é ela que pode dar voz ao sofrimento, à humilhação e à dor, silenciados pelas interpretações dominantes daqueles a quem faltam as armas para expressar e fazer valer sua indignação e revolta justa. A ciência social crítica não é algo que se deve deixar às salas de aulas dos privilegiados e aos jornais da ínfima oligarquia dominante. Seu dever é, em resumo, parafraseando Pierre Bourdieu, restituir, àqueles que foram transformados em marionetes de um drama que não compreendem e do qual não são os autores, o sentido e o comando sobre sua própria vida.

A ausência crônica de debates no Brasil, seja na universidade (que repete ideias e autores de oitenta anos atrás como se fossem válidos hoje), seja no espaço público do debate político (sequestrado pelos interesses mais privados de uma ínfima elite que se expressa na mídia mais servil e controlada pelo dinheiro de que se tem notícia), torna um país de pessoas inteligentes em uma multidão de tolos manipulados e incapazes de perceber o próprio interesse real. Somos uma nação onde a capacidade de reflexão de homens e mulheres comuns – essa dádiva divina que permite que possamos aprender com a vida – foi reduzida ao mínimo, como comprova a discussão e o debate que levamos a cabo agora há pouco. E essa é uma cegueira que condena não apenas milhões de pessoas a uma vida indigna deste nome, mas que também sentencia toda a sociedade a uma reflexão amesquinhada e a uma vida apequenada em todas as suas dimensões.

CAPÍTULO 3

O golpismo de ontem e de hoje: considerações sobre o momento atual

DURANTE TODO O ano de 2015, o segundo mandato da presidente Dilma foi marcado por intenso ataque, tanto da mídia quanto do Congresso Nacional e de suas chamadas "pautas-bomba". A presidente eleita foi posta na defensiva e ameaçada por diversos pedidos de *impeachment*, além de ter sido pressionada para renunciar desde o início de seu segundo mandato. O mais importante aqui não é apenas a seletividade com a qual a questão da corrupção é abordada ao se concentrar apenas no PT e procurar atingir de qualquer modo o ex-presidente Lula de forma a inviabilizar sua reeleição em 2018. Ainda que isso seja parte da verdade, não é, nem de longe, o ponto mais interessante dessa história. Inicialmente, o que fica evidente, como a luz do sol de meio-dia, nesta crise política, criada e manipulada midiaticamente, é mais uma comprovação empírica do nosso argumento central neste livro: o tema da corrupção só pode ser usado para enganar e manipular porque a definição do que é corrupção é arbitrária e pode ser aplicado ao bel-prazer de quem realiza o ataque.

Recentemente, por exemplo, veiculou-se na imprensa que o ex-presidente Lula foi "lobista" da Odebrecht no exterior. Esse fato é corriqueiro em todos os países avançados onde os presidentes fazem constante pressão para conseguir contratos para suas grandes indústrias e prestadoras de serviço. Ao contrário de despertar desconfiança, esse fato é visto como engajamento dos dirigentes da nação pela manutenção da riqueza e dos empregos nacionais e cada êxito é comemorado por todos. Como a noção de corrupção é vaga e indefinida e pode ser aplicada seletivamente, vale tudo a favor dos amigos e contra os inimigos.* A estratégia passa a ser um "se pegar, pegou", e manchetes diárias constroem a artilharia pesada contra governos com relações e compromissos – os quais, no caso em apreço, poderiam e deveriam ser, inclusive, bem mais profundos – com as classes populares.

O ataque tem que ser realizado contra o suposto e, na realidade, falso** "inchaço" e "aparelhamento" do Estado sempre que este é usado não para ser privatizado pelo 1% mais rico, como sempre foi o caso, mas sim para a maioria da população. A narrativa do Estado demonizado e do mercado virtuoso, primeiro construída "cientificamente" como analisamos em detalhe neste livro, e depois reproduzida de modo "naturalizado" e "autoevidente" como truísmo aceito por todos, seja nas práticas de todas as instituições seja nas esquinas de todo o país, criando o pano de fundo perfeito para o assalto à inteligência nacional. Os próprios ministros de Estado do governo usam Raymundo Faoro e sua balela sobre o patrimonialismo para amparar seus discursos, tanto de defesa do Estado*** como de ataque e de apelo ao desmonte estatal,**** finalmente aceito e implementado pela própria presidente posta na defensiva por essa mesma narrativa.***** Maior prova de que essa

---

* Aécio Neves, por exemplo, teve sua menção no escândalo do Lava Jato simplesmente silenciada pela imprensa.

** Segundo o trabalho do técnico do IPEA Félix Garcia Lopes, as despesas líquidas com pessoal em relação à receita líquida da União diminuíram entre 1995 e 2014 negando um suposto "inchaço" do Estado. Ao mesmo tempo apenas 13,1% de todos os cargos DAS tem alguma relação partidária, negando a tese do aparelhamento. Ver Lopez, Félix Garcia. *Evolução e origem dos nomeados para cargos DAS na administração pública federal no período 1992 a 2014*. Brasília: IPEA, 2015.

*** O ministro da Justiça Cardozo lembrou na imprensa, quando estourou o escândalo Lava Jato, que todos os brasileiros, na verdade, usam o "jeitinho", como ensinado por Faoro e DaMatta, na vida cotidiana.

**** O ministro Levy, na sua posse, cita Raymundo Faoro, cuja "teoria" não vale um vintém furado, como mostramos aqui, para legitimar o Estado mínimo.

***** O trabalho de Félix Lopes, citado logo acima, mostra que toda esta discussão do "inchaço" e do "aparelhamento" estatal não guarda nenhuma relação com a realidade.

interpretação de mundo tornada prática continua comandando nosso horizonte de pensamento e de ação, é impossível.

Na verdade, a corrupção, entendida como negação do "*fair play*", é endêmica ao capitalismo – e certamente endêmica a todas as outras formas históricas de apropriação do excedente social – em todos os lugares e em todas as épocas históricas. Assim como as classes endinheiradas brasileiras construíram uma ideologia antiestatal para melhor monopolizar e instrumentalizar o Estado ao seu favor, os capitalistas históricos também criaram uma ideologia do "mercado justo" para se autolegitimar. Max Weber, com sua extraordinária influência em todas as disciplinas sociais, contribuiu em muito para isso ao vincular o capitalismo à temperança protestante. Com isso construiu uma falsa oposição, hoje aceita por quase todos, entre "capitalismo aventureiro", enquanto o capitalismo do saque e dos grandes lucros eventuais, e o "capitalismo moderno", sóbrio, construído sob a noção do lucro cotidiano, permanente, mas "justo" e "contido". Com isso o capitalismo moderno é percebido não apenas como "ganho em racionalidade", mas, também como "ganho em moralidade", perfazendo os dois grandes elementos da virtude e da perfeição humana como percebida pelo ocidente.

Nada mais falso. O "saque", como o dos campos de petróleo do Oriente Médio sob a batuta das grandes petrolíferas no governo Bush, continua um método cotidiano do capitalismo dito "moderno", desde que seja exequível militar e politicamente. Quanto à sobriedade e à temperança, se de fato existiram algum dia, não resiste a qualquer análise mais "sóbria". O capitalismo monopolizado de hoje não só fabrica balanços falsos de empresas e países com interesse de lucro e cria a ilusão de que grandes empresas e bancos fraudulentos são "muito grandes para quebrar"; como ficou patente na crise financeira de 2008, ele cria o patamar de preços que deseja sem qualquer relação racional com custos efetivos. Os produtores recebem uma ínfima parte do lucro e os grandes atravessadores ganham até quarenta vezes mais sem qualquer adição ao valor dos produtos pelo simples fato de controlar monopolisticamente o mercado.[1] Ou seja, a "corrupção" percebida como engano e falseamento da "troca justa" é o dia a dia do mercado em todo lugar ainda que muito maior em um mercado tão mal regulado como o nosso.

Mas no Brasil o superlucro é visto como "inteligência" e "esperteza" – esquecendo-se que se há um "esperto" é por que há milhões de "tolos" – e a corrupção é sempre estatal ou tem relação com o Estado. Uma ideia absurda ganhou o coração e a mente de todos indistintamente, independente de coloração política, e é hoje como uma espécie de "segunda pele" de todo brasileiro. Ela se presta antes de tudo, ao "sequestro da política" pelos donos do dinheiro. Em fases de crise, como agora, quando a "farofa é pouca e todo mundo quer o pirão primeiro", então os mais ricos querem cortar os investimentos sociais e ficar com o Estado só para eles. E esta história tem larga tradição entre nós. Ela funciona do mesmo modo desde o início do século XX – quando o Brasil começa a se transformar em sociedade urbana e industrial – e reúne os mesmos elementos desde o princípio: imprensa, setores moralistas da classe média e interventores da ordem constitucional.

O moralismo da classe média no Brasil sempre foi extremamente seletivo e antidemocrático ao mesmo tempo. Sua seletividade implica em ver o mal sempre "fora de si mesma", e nunca na sua própria ação cotidiana de exploração de outras classes de quem a classe média rouba o tempo, a energia e qualquer possibilidade de redenção futura. O caráter antidemocrático que vemos nas manifestações recentes dos "coxinhas politizados" não tem nada de novo. Desde o tenentismo de 1922 a política e o sufrágio universal já eram os empecilhos maiores da renovação verdadeira da sociedade brasileira. O moralismo de classe média sempre une o desprezo pela política em geral e a busca por uma "virtude idealizada"; que espelha por sua vez uma "vontade geral" indivisa, ilusão autoritária que foi o mote de toda revolta política com base de classe média – e de seus estratos pequeno-burgueses – desde o jacobinismo francês até o fascismo europeu deste século.

É esse caldo autoritário que tem que ser mobilizado pela imprensa conservadora – como verdadeiro partido da ordem dominante e de seus privilégios – sempre que a política tenda a sair do acordo de gabinete dos poderosos e endinheirados para o interesse da maioria da população. Isso aconteceu sem nenhuma exceção até hoje na história brasileira sempre que o sufrágio universal conseguiu colocar no poder líderes identificados com as classes populares. Em *literalmente todos os casos* a classe média conservadora foi usada como massa de manobra para derrubar os governos de Vargas, Jango e agora Lula-Dilma e conferir o "apoio popular" e a consequente legitimidade para esses golpes sempre no interesse de meia dúzia de poderosos. A corrupção e sua vagueza conceitual é sempre o mote que galvaniza a solidariedade "emocional" das classes médias, que se imaginam moralmente superiores às outras classes,* e confere respeitabilidade moral e política a esses assaltos à soberania popular. Como já dissemos acima, a corrupção, definida seletiva e arbitrariamente, é única forma de transformar os interesses mais privados em supostos interesses universais.

A imprensa é fundamental neste processo, posto que é necessário "legitimar" o assalto ao princípio da soberania popular como única fonte que permite vincular legalidade e legitimidade do regime democrático e representativo. Como a soberania popular consagrada no voto é a única fonte de legitimidade do poder moderno em todas as suas dimensões, inclusive das regras consagradas constitucionalmente;[2] a imprensa conservadora sempre teve que fazer estripulias de contorcionista chinês para deslegitimar a única fonte de todo o Direito e de toda vida democrática moderna. Para isso sempre foi e ainda é necessário, como veremos, insuflar o público conservador cativo – o qual, em uma sociedade perversa e desigual como a nossa, é antipopular na sua essência – com referências a uma "vontade geral" indivisa[3] a qual, supostamente, seria mais importante que a vontade individual manifesta nas urnas. O terceiro elemento formal de toda estratégia golpista é encontrar, portanto, um ator institucional que possa incorporar a "vontade geral" pré-fabricada. Na verdade, é uma vontade de meia dúzia de endinheirados que manipulam sua tropa de choque de uma classe média infantilizada que se autoidealiza.

---

* O fato de estar no "meio da sociedade" implica submissão ressentida aos poderosos acima dela e ódio aos de "baixo". A superioridade "fabricada" com relação aos que possuem poder é baseada na ilusão de que estes são sempre "corruptos", transformando a inferioridade econômica e social real em superioridade "moral" fantasiada. Como diz Max Weber, a primeira necessidade das pessoas não é ver a verdade, mas, ao contrário, "legitimar" a vida que efetivamente levam como a melhor possível.

Falta, então, encontrar o terceiro elemento formal presente em todos os golpes contra o princípio da soberania popular o qual deve incorporar precisamente esse elemento "apolítico" que responde aos anseios da antipolítica moralista construída entre nós com foro de "ciência". Esse terceiro elemento deve ser uma espécie de "rainha da Inglaterra", ou seja, ser visto como neutro e acima dos interesses em disputa. Em parte a própria imprensa conservadora no Brasil sempre posou de "neutra" e gosta de se vender como uma instituição de "interesse público", como se não fosse uma empresa qualquer disposta a (quase) tudo para aumentar seu lucro. Como nunca houve regulação da imprensa entre nós, esse tipo de empresa peculiar – que lida com a informação e, portanto, com a possibilidade de manipular a informação para fins empresariais e políticos – sempre foi historicamente comprada por todo tipo de interesse econômico que pagasse o maior preço.[4] A figura emblemática desse fenômeno histórico entre nós foi Assis Chateaubriand, uma espécie de "patrono da imprensa brasileira", e o mais puro exemplo – depois seguido por muitos outros – do uso político indiscriminado e truculento dos veículos de imprensa para auferir ainda mais dinheiro e poder.[5]

Mas sempre foi necessário que o terceiro elemento estivesse ancorado na própria ordem constitucional, que no caso brasileiro já tinha a tradição do "poder moderador" imperial. Assim, nessa "repartição de trabalho do golpismo", cabia à imprensa "neutra" e "desinteressada" passar a "senha", ou seja, criar o "convencimento" para o clima de "crise" sempre com base na crítica seletiva da corrupção, para que a baioneta pudesse exercer sem peias seu papel. Essa repartição de trabalho do golpismo para a manutenção de uma sociedade para poucos foi reproduzida também na constituição da "redemocratização" de 1946 no seu artigo 177 que garantia aos chefes militares a possibilidade de julgar se o presidente havia desrespeitado os demais poderes constitucionais, a lei e a ordem.[6] Estava transposto à constituição o princípio de uma espécie de "democracia tutelada", ancorada nas forças armadas e na sua possibilidade expressa de intervir quando a "ordem Pública", ou seja, sempre que os interesses do 1% dominante e mais rico estivesse em perigo. Estava então consolidado o terceiro elemento formal de todo golpe de Estado entre nós, como princípio constitucional, baseando-se na ficção da existência de uma instituição acima da política e dos partidos.

O jogo da pseudodemocracia moderna brasileira estava armado: o aproveitamento consequente do moralismo de fachada dos setores médios baseado no ressentimento contra os de cima (sempre corruptos, especialmente no Estado) e o ódio contra os de baixo, destinado a ser astuciosamente insuflado sempre que a imprensa, "neutra como o dinheiro", visse seus interesses na ordem para poucos de algum modo ameaçado. Os dois juntos, "povo" (ainda que 80% estivessem de fora) e "imprensa neutra" clamam pela intervenção do elemento "não político" e "não corrupto" (como hoje todos sabemos "nunca houve corrupção na ditadura") das forças armadas que incorporaria a "vontade geral" para o povo tutelado e submetido. No caso de Vargas, que refletia formas suaves de inclusão social-democrata perfeitamente compatíveis com um capitalismo dinâmico, a "corrupção seletiva" só dos líderes ligados aos setores populares já foi o mote principal para sua derrubada.[7] Com Jango as reformas de base foram interpretadas como comunismo e o combate à corrupção, mais uma vez seletivo – e que seria muito maior nos governos militares sem qualquer controle – foi o grande mote para a continuidade do regime de exceção.

Poucos vêm hoje em dia a continuidade desse processo antipopular de intervenção antidemocrática no "golpismo branco" de hoje em dia. A única mudança realmente efetiva nos processos de golpes anteriores – fato que ainda não foi percebido no debate brasileiro atual sempre muito preso na conjuntura, pobre teoricamente e sem perspectiva histórica – em relação ao atual em curso é mais aparente que real. Como os militares perderam a legitimidade de "guardião da ordem", primeiro pela violência das torturas e depois pelos próprios casos de corrupção entre os militares no poder ou acobertados por eles, surge a necessidade de outro "justiceiro" para incorporar a "vontade geral" acima da política, para fazer justiça com as próprias mãos, bem ao gosto de nossa classe média que aprova, por exemplo, a matança indiscriminada de pobres pela polícia.*

O candidato perfeito, para ocupar o lugar vazio deixado pelos militares, surge no aparato de órgãos de controle do governo e do judiciário criados pela constituição de 1988 que reúne ambiguamente não apenas a tentativa de universalizar direitos, mas, também, a desconfiança da política – criada por meios pseudo-científicos entre nós como vimos – e a necessidade de se instaurar um novo "poder tutelar" de modo a resguardar os interesses do 1% mais rico e poderoso.

Esses órgãos não apenas recrutam seus quadros prioritariamente na classe média conservadora e moralista. Todos os interesses materiais e ideais dessas corporações – como alguns dos mais altos salários da república, além de benesses e privilégios de todos os tipos aliados ao prestígio social, especialmente na sua classe de origem, reservado aos que lutam contra a corrupção – ganham com o projeto de substituir as forças armadas como nova instância do poder moderador da pseudo-democracia brasileira. São os órgãos de controle como TCU, MP e Polícia Federal, aliados aos "Juízes justiceiros", incensados pela mídia conservadora como os novos "heróis do povo" (leia-se classe média conservadora), como os novos representantes da "vontade geral" (ou seja, os interesses econômicos do 1% mais rico); supostamente "acima da política", que são os novos candidatos a incorporar o "poder moderador" da pseudo-democracia tutelada brasileira.

O "Direito" moderno, cuja única grandeza é ser reflexo e incorporação da soberania popular na sociedade moderna, é o primeiro a se perder com a substituição do juiz sóbrio e objetivo** pela figura narcísica do "justiceiro" que aceita incorporar e teatralizar a "vontade geral" pré-fabricada. A própria definição do Direito formal moderno, estabelecida pelo respeito ao procedimento legal e como garantidor do

---

* A matança de pobres, com ou sem a desculpa do tráfico, no Brasil, é uma "Política pública informal" com alto apoio popular.

** É patente a diferença entre um juiz alemão, por exemplo, sempre sóbrio e discreto, com o desavergonhado "narcisismo midiático" de vários juízes brasileiros, em todas as instâncias, em uma função onde a distância das paixões políticas é pré-condição para seu bom desempenho.

contraditório como meio de se assegurar previsibilidade e segurança jurídica, tende a ser substituído pelo que Max Weber chamava de "justiça do Kadi", padrão de justiça material, construída sob o comando de aspectos extrajurídicos ditados pela conjuntura, sujeita a todo tipo de pressão emocional e de interesse de ocasião.[8]

Mudam-se as vestes e as fantasias, "moderniza-se" o golpe, substitui-se o argumento das armas pelo argumento "pseudo-jurídico", amplia-se a aparência de "neutralidade", sai de cena a baioneta e entra no palco da ópera bufa a toga arrogante e arcaica do operador jurídico, mas preserva-se o principal: Quem continua mandando de verdade em toda a encenação do teatro de marionetes são os mesmos 1% que controlam a riqueza, o poder e instrumentalizam a informação a seu bel-prazer. Os outros 99% ou são manipulados diretamente, como a classe média "coxinha", ou assistem de longe, bestializados, a um espetáculo o qual, como sempre, vão ter que pagar sem participar do banquete.

NOTAS

PARTE I

1. A falsa ciência

1. Taylor, Charles. *Human Agency and language*. Philosophical Papers 1. Cambridge: Cambridge University Press, 1985.
2. Ver Souza, Jessé. *Patologias da modernidade: um diálogo entre Weber e Habermas*. São Paulo: Annablume, 1997.

2. Um teatro de espelhos do patrimonialismo brasileiro

1. Knöbl, Wolfgang. *Spielräume der Modernisierung*. Weilerswist: Velbrück Wissenschaft, 2002.
2. Stocking, George. *Volksgeist as method and ethic: essays on boasian ethnography and the german anthropological tradition*. Wisconsin: Wisconsin University Press, 1996.
3. Parsons, Talcott *et al. Toward a general theory of action*. Londres: Harper Torchbooks, 1965.
4. Ver Latham, Michael. *Modernization as ideology*. Carolina do Norte: The University of North Caroline Press, 2000; e Gilman, Nils. *Mandarins of the future*. Baltimore: John Hopkins University Press, 2007.
5. Por exemplo, os livros clássicos de Banfield, Edward. *The moral basis of a backeard society*. Nova York: Free Press, 1967; e Almond, G. e Verba, S. *The civic culture: political attitudes and Democracy in five nations*. Nova York: Sage, 1989.
6. Weber, Max. *Die protestantische Sekten und der Geist des Kapitalismus*. Munique: C.H. Beck, 2011.
7. Gilman, Nils. *Mandarins of the future*. Baltimore: John Hopkins University Press, 2007.
8. Souza, Jessé. *A modernização seletiva*. Brasília: UnB, 2000. Tese desenvolvida depois em outros livros, especialmente no *A ralé brasileira: quem é e como vivem*. Belo Horizonte: UFMG, 2009.
9. Freyre, Gilberto. *Casa-grande & senzala*. Rio de Janeiro: Record, 1990.

10. Maciel, Fabrício. *O Brasil nação como ideologia*. São Paulo: Annablume, 2007.
11. Buarque, Sérgio. *Raízes do Brasil*. São Paulo: Companhia das Letras, 2001.
12. Ver, por exemplo, Schwartsmann, Simon. *São Paulo e o Estado nacional*. São Paulo, Difel, 1975; e Faoro, Raymundo. *Os donos do poder*. São Paulo: Globo, 1984.
13. Por exemplo, Cohn, Gabriel. *Crítica e resignação*. São Paulo: Tao, 2002.
14. Ver, por exemplo, Luhmann, Niklas. "Inklusion und Exklusion". *In: Soziologische Aufklärung 6*. Wiesbaden: VS Verlag, 2008; ou ainda, Luhmann, Niklas. "Kausalität im Suden". *In: Soziale Systeme 1*. (1995), H.1. Stuttgart: Lucius et Lucius, 2003, pp. 7-28.
15. Ver Inglehart, Ronald. *Cultural shift in advanced societies*. Princeton: Princeton University Press, 1990, Inglehart, Ronald. *Modernization and postmodernization*. Princeton: Princeton University Press, 1997 e Fukuyama, Francis. *The end of history and the last man*. Nova York: Free Press, 1992.
16. Um exemplo recente é Lamounier, Bolivar; Souza, Amaury. *A classe média brasileira*. Rio de Janeiro: Campus-Elsevier, 2009. Ver também o "best-seller" *A Cabeça do brasileiro* de Alberto Carlos de Almeida, Rio de Janeiro: Record, 2007.
17. Ver Souza, Jessé. *Die Naturalisierung der Ungleichheit*. Wiesbaden: VS Verlag, 2007; *A construção social da subcidadania*, Belo Horizonte: UFMG 2012, 2ª ed.; *A ralé brasileira: quem é e como vive*. Belo Horizonte: UFMG, 2009.

3. Cordial e colonizado até o osso

1. Elias, Norbert. *Über den Prozess der Zivilisation*. Frankfurt: Suhrkamp, 1986.
2. Franco, Maria Sylvia de Carvalho. *Homens livres na ordem escravocrata*. São Paulo: Unesp, 1997.
3. Ver Souza, Jessé. *A construção social da subcidadania*. Belo Horizonte: UFMG, 2003/2012.
4. Ver Murray, Gordon. *Slavery in the Arab World*. Nova York: New Amsterdam, 1989.
5. Anderson, Benedict. *Imagined Comunities*. Londres: Verso Books, 1991.
6. Weber, Max. *Die protestantische Sekten und der Geist des Kapitalismus*. Munique: C.H. Beck, 2011.
7. Moog, Viana. *Bandeirantes e Pioneiros*. Coleção livros do Brasil, Lisboa: s/d, p. 227.

4. Donos do poder

1. Faoro, Raymundo. *Os donos do poder*. Porto Alegre: Globo, 1984, p. 4.
2. Weber, Max. *Die Wirtschaftsethik der Weltreligionen: Konfuzianismus und Taoismus*. Tubinga: J.C.B. Mohr, 1991.
3. Faoro, Raymundo. *Op. cit.*, 1984, pp. 46-47.
4. Entrevista ao jornalista Marcelo Coelho, *Folha de São Paulo*, Suplemento MAIS de 14/05/2000, *As ideias no lugar de Raymundo Faoro*.
5. Weber, Max. *Wirtschaft und Gesellschaft*. Tubinga: J.C.B.Mohr, 1985, pp. 130-139.
6. *Ibid.*, pp. 134-137.
7. *Ibid.*, capítulo V, pp. 245-381 e texto primoroso de Pierre Bourdieu acerca da estrutura triádica do campo religioso verificável em várias esferas importantes, como

a política, por exemplo. Bourdieu, Pierre. "Uma interpretação da teoria da religião de Max Weber". *In*: *A economia das trocas simbólicas*. São Paulo: Perspectiva, 2011, pp. 79-181.
8. *Ibid.*, p. 126.
9. *Ibid.*, pp. 671, 676.
10. *Ibid.*, p. 662; e Schwinn, Thomas. *Differenzierung ohne Gesellschaft: umstellung eines soziologischen Konzepts*. Weinheim: Velbrück Wissenschaft, 2001, p. 216.
11. *Ibid.*, pp. 211-302.
12. *Ibid.*, p. 217.
13. Weber, Max. *Op. cit.*, 1985, pp. 646, 642.
14. *Ibid.*, p. 650.
15. Weber, Max. *Die Wirtschaftsethik der Weltreligionen: Konfuzianismus und Taoismus*. Tubinga: J.C.B. Mohr, 1991.
16. Schwinn, Thomas. *Op. cit.*, 2001, pp. 259-277.
17. Weber, Max. *Op. cit.*, 1999, pp. 54-79.
18. Lamounier, Bolivar; Souza, Amaury. *A classe média brasileira*. Rio de Janeiro: Campus-Elsevier, 2009. Ver também o "*best-seller*" *A cabeça do brasileiro* de Alberto Carlos de Almeida, Rio de Janeiro: Record, 2007.
19. Faoro, Raymundo. *Os donos do poder*. São Paulo: Globo, 1984.

5. O jeitinho brasileiro

1. DaMatta, Roberto. *Carnavais, malandros e heróis*. Rio de Janeiro: Zahar, 1981.
2. Dumont, Louis. *Homo Hierarchicus*. São Paulo: Edusp, 1992.
3. DaMatta, Roberto. *Op.cit.*, 1981, p. 23.
4. DaMatta, Roberto. *A casa e a rua*. Rio de Janeiro: Guanabara Koogan, 1991, pp. 24-29.
5. DaMatta, Roberto. *Op. cit.*, 1981, pp. 74-75.
6. DaMatta, Roberto. *Op.cit.*, 1981, p. 116.
7. *Ibid.*, p. 142.
8. *Ibid.*, p. 167.
9. *Ibid.*, p. 169.
10. *Ibid.*, p. 170.
11. DaMatta, Roberto. *O que faz o brasil, Brasil?* Rio de Janeiro: Rocco, 1999.
12. DaMatta, Roberto. *Op. cit.*, 1991, p. 15.
13. *Ibid.*, p. 17.
14. *Ibid.*, pp. 50, 52, 69, 98. Ou ainda, DaMatta, Roberto. *Op. cit.* 1981, p. 178.
15. Norbert, Elias. *Über den Prozess der Zivilisation*. Berlim: Suhrkamp, 1986, Vol(s) I e II.
16. DaMatta, Roberto. *Op. cit.*, 1991, p. 100.

6. O patrimonialismo mostra a que veio

1. Publicada no livro Souza, Jessé *et al.* *Os batalhadores brasileiros: nova classe média ou nova classe trabalhadora?* Belo Horizonte: UFMG, 2010.

2. Lamounier, Bolívar; Souza, Amaury de. *A classe média brasileira: ambições, valores e projetos de sociedade*. Rio de Janeiro: Campus-Elsevier, 2010.
3. Dados IPEA. *Economia brasileira: indicadores de performance macroeconômicas e perspectivas*, 2009.
4. Lamounier, Bolívar; Souza, Amaury de. *Op. cit.*, 2010, p. 9.
5. *Ibid.*, p. 91.
6. Putnam, Robert *et al. Making Democracy work: civic traditions in modern Italy*. Princeton: Princeton University Press, 1994.
7. Lamounier, Bolívar; Souza, Amaury de. *Op. cit.*, 2010, p. 108.
8. Knöbl, Wolfgang. *Spielräume der Modernisierung*. Weilerswist: Velbrück Wissenschaft, 2002.
9. Tocqueville, Alexis. *Democracia na América*. São Paulo: Martins Fontes, 2000.
10. Weber, Max. "Die protestantische Sekten und der Geist des Kapitalismus". *In: Gesammelte Aufsätze zur Religionssoziologie I*. Sttutgart: UTB Verlag, 1988.
11. Eisenstadt, Shmuel. *Tradition, change and modernity*. Nova York: John Wiley & Sons, 1983.
12. Almeida, Alberto. *A Cabeça do Brasileiro*. Rio de Janeiro: Record, 2008.
13. Banfield, Edward. *The moral basis of a backword Society*. Nova York: Free Press, 1980.
14. Lamounier, Bolívar; Souza, Amaury de. *Op. cit.*, 2010, p. 133.
15. Stocking, George (ed.). *Volksgeist as Method and Ethic: Essays in Boasian Ethnography and the German Anthropological Tradition*. Madison: University of Wisconsin Press, 1998.
16. Grün, Roberto. "Entre a plutocracia e a legitimação da dominação financeira". *Revista Brasileira de Ciências Sociais*, São Paulo, vol. 22, nº 65, 2007.

PARTE II

1. Nada além do bolso?

1. Ver Simmel, Georg. "O dinheiro na cultura moderna". *In:* Souza, Jessé; Öelze, Berthold. *Simmel e a modernidade*. Brasília: Editora UnB, 2005, 2ª ed.

2. O economicismo como "cegueira" da dimensão simbólica do capitalismo

1. Prado Jr., Caio. *Formação do Brasil contemporâneo*. São Paulo: Brasiliense, 1996.
2. Ver Mantega, Guido. *A burguesia industrial brasileira, o PCB e o nacional desenvolvimentismo*. Relatório de Pesquisa nº 28, FGV, 1983.
3. Oliveira, Francisco. *Crítica à razão dualista*. São Paulo: Boitempo, 2003, p. 42.
4. *Ibid.*, p. 48.
5. *Ibid.*, pp. 48-51.
6. *Ibid.*, pp. 71-75.
7. *Ibid.*, p. 84.
8. *Ibid.*, p. 92.

9. Henrique Cardoso, Fernando; Falleto, Enzo. *Dependência e Desenvolvimento na América Latina*. Rio de Janeiro: Zahar, 1981.
10. *Ibid.*, p. 15.
11. *Ibid.*, p. 27.
12. *Ibid.*, pp. 91-106.
13. *Ibid.*, p. 123.
14. *Ibid.*, p. 121.
15. *Ibid.*, p. 128.
16. *Ibid.*, p. 143.
17. *Ibid.*, p. 15.

3. Da ralé à revolução burguesa

1. Fernandes, Florestan. *A revolução burguesa no Brasil: Ensaio de interpretação sociológica*. Rio de Janeiro: Editora Guanabara, 1987, p. 17.
2. *Id.*
3. Franco, Maria Sylvia de Carvalho. *Homens livres na ordem escravocrata*. São Paulo: Unesp, 1997.
4. Souza, Jessé. *A construção social da subcidadania*. Belo Horizonte: UFMG, 2003/2012.
5. Fernandes, Florestan. *Op. cit.*, 1987, p. 18.
6. *Ibid.*, p. 48.
7. *Ibid.*, pp. 22-24.
8. *Ibid.*, p. 19.
9. *Ibid.*, p. 40.
10. *Ibid.*, p. 48.
11. *Ibid.*, p. 71.
12. *Ibid.*, p. 58.
13. Taylor, Charles. *Modern social imaginaries*. Durham: Duke University Press, p. 26.
14. Fernandes, Florestan. *Op. cit.*, 2006, pp. 121-146.
15. Para uma excelente análise dessa relação entre ideias e projetos políticos, ver: Werneck, Vianna. "Weber e a interpretação do Brasil". *In:* Souza, Jessé (org.). *O malandro e o protestante*. Brasília: UnB, 1999.
16. Essa é uma das teses centrais do livro de Souza, Jessé. *A construção social da subcidadania*. Belo Horizonte: UFMG, 2003/2012.
17. Fernandes, Florestan. *A integração do negro na sociedade de classes*. São Paulo: Globo Editora, 2008, p. 9, vol. 1.
18. *Ibid.*, p. 20.
19. *Ibid.*, pp. 26-27.
20. *Ibid.*, p. 28.
21. *Ibid.*, p. 30.
22. *Ibid.*, pp. 137-221.
23. *Ibid.*, p. 154.
24. *Ibid.*, pp. 168-169.
25. *Ibid.*, pp. 142-143.
26. *Ibid.*, p. 218.

27. *Ibid.*, p. 169.
28. *Ibid.*, p. 200.
29. *Ibid.*, pp. 183-184.
30. *Ibid.*, p. 230.
31. *Ibid.*, p. 208.
32. *Ibid.*, p. 148
33. Fernandes, Florestan. *A integração do negro na sociedade de classes.* São Paulo: Globo Editora, 2008, p. 280, vol. II.
34. *Ibid.*, p. 92.
35. *Ibid.*, pp. 283, 316.
36. Sobre o caráter passageiro e transitório da situação à época, ver Fernandes, Florestan. *A integração do negro na sociedade de classes.* São Paulo: Globo Editora, pp. 144 e 156.
37. Fernandes, Florestan. *A integração do negro na sociedade de classes.* São Paulo: Globo Editora, 2008, pp. 19, 20, 25, 26, 28, 29, 30, 50, 52, 58, 73, 82.
38. *Ibid.*, p. 144.
39. Fernandes, Florestan. *Op. cit.*, 2008, p. 300, vol. II.
40. *Ibid.*, pp. 144,156, 181, 183, 280.
41. Apenas a título de exemplo, ver Fernandes, Florestan. *Op.cit.*, 2008, pp. 174, 196, vol. I e pp. 7, 119, 120, 166, 185, 187, vol. II.
42. Fernandes, Florestan. *Op.cit.*, 2008, p. 174.
43. *Ibid.*, p. 166, vol. II.

PARTE III

1. Contribuição à inteligência brasileira

1. Ver Rehbein, Boike; Souza, Jessé. *Ungleichheit in kapitalistischen Gesellschaften.* Weinhein: Beltz-Juventa, 2014.

2. A miséria deles e a nossa

1. Bourdieu, Pierre. *A distinção.* São Paulo: Edusp, 2012.
2. Bourdieu, Pierre (org.). *A miséria do mundo.* Petrópolis: Vozes, 2001.

3. Tão longe, tão perto

1. Simmel, Georg. *Die Philosophie des Geldes.* Berlim: Suhrkamp, 1991.
2. Ver minha introdução em Souza, Jessé; Öelze, Berhold. *Simmel e a modernidade.* Brasília: EDUnB, 1998/2005/2014.

4. Existe algo de comum na reprodução simbólica das sociedades modernas?

1. Habermas, Jürgen. *Die Theorie des kommunikativen Handelns*. Frankfurt: Suhrkamp, 1986.
2. Mattos, Patrícia. *A teoria do reconhecimento social*. São Paulo: Annablume, 2007.
3. Taylor, Charles. *Sources of the Self: The Making of the Modern Identity*. Cambridge: Harvard Press, 1989.
4. Honneth, Axel. *Kampf um Annerkenung*. Frankfurt: Suhrkamp, 1994.
5. Taylor, Charles. "To follow a rule". *In: Bourdieu: critical debates*. Calhoun, Craig *et al.* (orgs.). Chicago: Chicago University Press, 1993.
6. Weber, Max. *Hinduismus und Buddhismus*. Tubinga: J.C.B. Morh, 1991.
7. Taylor, Charles. *Op. cit.*, 1989, pp. 159-176.
8. *Ibid.*, pp. 289-290.
9. Taylor, Charles. "The Politics of Recognition". *In: Multiculturalism*. Gutmann, Amy (org.). Princeton: Princeton University Press, 1994.
10. Taylor, Charles. *Op. cit.*, 1989, p. 375.
11. *Ibid.*, p. 28.
12. Bourdieu, Pierre. *A distinção*. Zouk/Edusp, 2009.
13. Taylor, Charles. *Op cit.*, 1989, p. 390.
14. Weber, Max. *Op. cit.*, 1991, pp. 1-97.
15. Para uma crítica das posições de Taylor e Fraser, veja Honneth, Axel. "Recognition or Distribution?". *In: Theory, Culture and Society*, Nova Yotk, vol. 18, nº. 2 e 3, 2001, pp. 52-53.
16. Honneth, Axel. "Die zerissene Welt der symbolischen Formen: zum kultursoziologischen Werke Pierre Bourdieus". *In: Die zerissene Welt des Sozialen*. Frankfurt: Suhrkamp, 1990.
17. Foucault, Michel. *Vigiar e Punir*. Petrópolis: Vozes, 1991.
18. *Ibid.*, p. 23.
19. *Ibid.*, p. 123.
20. *Ibid.*, p. 129.
21. Bourdieu, Pierre. *O camponês e seu corpo*. Revista de sociologia política, nº. 26, 2006.
22. Ver Souza, Jessé. *Op. cit.*, 2006.
23. Bourdieu, Pierre. *The Logic of praxis*. Stanford University Press, 1992, p. 56.
24. *Ibid.*, p. 68.
25. *Ibid.*, p. 71.
26. Bourdieu, Pierre. *Op. cit.*, 2009.
27. Souza, Jessé *et al. Op. cit.*, 2009/2011.
28. Bourdieu, Pierre. *O desencantamento do Mundo*. São Paulo: Perspectiva, 1979.
29. Lahire, Bernard. Retratos sociológicos. São Paulo: Artmed, 2003.
30. Bourdieu, Pierre. *Op. cit.*, 1979.
31. Lahire, Bernard. *Op. cit.*, 2003.
32. Ver levantamento estatístico de José Alcides para o livro *A ralé brasileira: quem é e como vive*. Belo Horizonte: UFMG, 2009/2011.
33. Honneth, Axel. *Der Kampf um Anerkennung: zur moralischen Grammatik sozialer Konflikte*. Frankfurt: Surhkamp, 1994.
34. Souza, Jessé *et al. Os batalhadores brasileiros: nova classe média ou nova classe trabalhadora?* Belo Horizonte: Editora UFMG, 2010/2012.

35. Neri, Marcelo. *A nova classe média: o lado brilhante da base da pirâmide*. São Paulo: Saraiva, 2012.
36. Souza, Jessé *et al. Os batalhadores brasileiros: nova classe média ou nova classe trabalhadora?* Belo Horizonte: Editora UFMG, 2010/2012.
37. Ver minha crítica ao trabalho de Lamounier, Bolívar e Souza, Amaury. *A classe média brasileira: ambições, valores e projetos de sociedade*. Rio de Janeiro: Elsevier; Brasília: CNI, 2010, em Souza, Jessé *et al. Ibid.*, 2010. p. 349 e seguintes.
38. Ver o trabalho de Arenari, Brand e Dutra, Roberto em Souza, Jessé *et al. Ibid.*,p. 311 e seguintes.
39. Ver o trabalho de Maria de Lourdes de Medeiros em Souza, Jessé *et al. Ibid.*, p. 199 e seguintes.
40. Ver o trabalho de Djamila Olivério em Souza, Jessé *et al. Ibid.*, p. 173 e seguintes.
41. Ver o trabalho de Fabrício Maciel em Souza, Jessé *et al. Ibid.*, p. 173 e seguintes.
42. Ver o trabalho de Ricardo Visser, em Souza, Jessé *et al. Ibid.*, p. 61 e seguintes.
43. Ver meu capítulo inicial em Souza, Jessé *et al. Ibid.*, p. 19 e seguintes.

PARTE IV

1. A cegueira do debate brasileiro sobre as classes sociais e a pobreza do debate político

1. Pochmann, Márcio. *Nova classe média? O trabalho na base da pirâmide social brasileira*. São Paulo: Boitempo, 2012.
2. Neri, Marcelo. *A nova classe média: o lado brilhante da base da pirâmide*. São Paulo: Saraiva, 2012.
3. Neri. *Op. cit.*, 2012, p. 19.
4. Pochmann. *Op. cit.*, 2012, p. 38 e Neri. *Ibid.*, p. 183.
5. Pochmann. *Ibid.*, p. 46 e Neri. *Ibid.*, p. 85.
6. Pochmann. *Ibid.*, p. 31 e Neri. *Ibid.*, p. 59.
7. Pochmann. *Op. cit.*, p. 19 em diante, e Neri. *Op. cit.*, p. 81.
8. Neri. *Ibid.*, p. 17.
9. Pochmann. *Op. cit.* p. 8.
10. Marx, Karl. “Das Kapital”. Tomo I. *In*: *Marz-Engels Werke*. Berlim oriental: 1953. Vol. 23.
11. Bourdieu, Pierre. *A Distinção*. São Paulo: Zouk/Edusp, 2010 e Boike, Rehbein; Fröhlich, Gerhard. *Bourdieu Handbuch: Leben, Werke, Wirkung*. J.B. Metzler, 2009, p. 134 e seguintes.
12. Souza, Jessé *et al. Op. cit.*, 2009.
13. Souza, Jessé *et al. Op. cit.*, 2010.
14. Ver Souza, Jessé. *Op. cit.*, 2012.
15. Taylor, Charles. *Op. cit.*, 1989.
16. Bourdieu, Pierre. *Op. cit.*, 2010.
17. Ver o trabalho de Patrícia Mattos em Souza, Jessé *et al. Op. cit.*, 2009, p. 173 e seguintes.
18. Ver o trabalho de Lorena Freitas em Souza, Jessé *et al. Op. cit.*, 2009, p. 281 e seguintes.

19. Ver minha crítica ao trabalho de Lamounier, Bolívar e Souza, Amaury de. *A classe média brasileira: ambições, valores e projetos de sociedade.* Rio de Janeiro: Campus-Elsevier, 2010, em Souza, Jessé *et al. Op. cit.*, 2010, p. 349 e seguintes.
20. Ver o trabalho de Arenari, Brand e Dutra, Roberto em Souza, Jessé *et al. Ibid.*, 2010, p. 311 e seguintes.
21. Ver o trabalho de Fabrício Maciel em Souza, Jessé *et al. Ibid.*, 2010. p. 173 e seguintes.
22. Ver o trabalho de Ricardo Visser, em Souza, Jessé *et al. Ibid.*, p. 61 e seguintes.
23. Ver meu capítulo inicial em Souza, Jessé *et al. Ibid.*, p. 19 e seguintes.

2. As manifestações de junho e a cegueira política das classes

1. Pesquisa IBOPE, setembro de 2013. Disponível em: http://g1.globo.com/brasil/noticia/2013/06/veja-integra-da-pesquisa-do-ibope-sobre-manifestantes.html.
2. Ver Singer, André. *Os sentidos do Lulismo.* São Paulo: Companhia das Letras, 2012.

3. O golpismo de ontem e de hoje: considerações sobre o momento atual

1. Ver Dowbor, Ladislau. *Produtores, intermediários e consumidores: o enfoque da cadeia de preços.* Revista econômica do Nordeste, vol. 45, nº 3, pp. 7-16.
2. Ver sobre isso o clássico de Jürgen Habermas, *Faktizität und Geltung.* Frankfurt: Suhrkamp, 1992.
3. Rosanvallon, Pierre. *La légitimité démocratique. Impartialité, réflexivité, proximité.* Paris: Éditions du Seuil, 2008.
4. Ver Amorim, Paulo Henrique. *O quarto poder.* São Paulo: Hedra, 2015.
5. Morais, Fernando. *Chatô, O rei do Brasil.* São Paulo: Companhia das Letras, 1994.
6. Carvalho, José Murilo de. *Forças armadas e a política no Brasil.* Rio de Janeiro: Zahar, 2005.
7. Ver a excelente trilogia de Neto, Lira. *Getúlio.* São Paulo: Companhia das Letras, 2014, vols. I, II, III.
8. Weber, Max. “Rechtssoziologie”. *In: Wirtschaft und Gesellschaft.* Tubinga: J.C.B. Mohr, 1985, p. 471.

QUER SABER MAIS SOBRE A LEYA?

Em www.leya.com.br você tem acesso a novidades e conteúdo exclusivo. Visite o site e faça seu cadastro!

A LeYa também está presente em:

www.leya.com.br

facebook.com/leyabrasil

@leyabrasil

instagram.com/editoraleya

google.com/+LeYaBrasilSãoPaulo

skoob.com.br/leya

IMPRESSO EM PAPEL Pólen® mais prazer em ler

2ª edição	Junho de 2018
papel de miolo	Polen Soft 70g/m²
papel de capa	Cartão Supremo 250g/m²
tipografia	ITC Century Std
gráfica	A.R. Fernandez